Gardasee

Zeit für das Beste

Monika Kellermann
Udo Bernhart

BRUCKMANN

Seite 1: Blick auf Malcesine
Seite 2/3: Aquaria Thermal in Sirmione
Oben: Sirmione mit seiner prachtvollen Scaligerburg
Mitte: Köstliche Fischgerichte
Unten: Ruhe und Entspannung im Hinterland

INHALTSVERZEICHNIS

NÖRDLICHES SEEUFER

ÖSTLICHES SEEUFER

Gardasee

SÜDLICHES SEEUFER

WESTLICHES SEEUFER

DIE STÄDTE

REISEINFOS

Oben: Palio delle Contrade in Garda
Mitte: Badespaß für die ganze Familie
Unten: Bars und Discos garantieren heiße Nächte.

DIE TOP TEN

GROTTA CASCATA DEL VARONE (S. 46)

Wenn man am Nordufer des Gardasees Urlaub macht, darf man es nicht versäumen, sich den beeindruckenden Wasserfall – die Cascata del Varone – anzuschauen. Ob von Riva oder von Arco, es ist immer nur ein Katzensprung zur engen Klamm, wo das Wasser mit tosendem Lärm in die Tiefe stürzt.

VON MALCESINE AUF DEN MONTE BALDO (S. 62)

Malcesine mit seiner Burg ist reizvoll und sehenswert, die Fahrt mit der Funivia auf den Monte Baldo ebenso. Nicht nur, weil sich die Gondel während der Fahrt um 360 Grad dreht und man dadurch eine tolle Aussicht auf den See hat, sondern auch, weil es auf dem Monte Baldo wunderschöne Wanderpfade und im Winter Skipisten gibt.

LAZISE (S. 102)

Für mich hat Lazise mit seiner vollständig erhaltenen Burganlage samt Mauer, den heimeligen Gassen und dem in den Ort hineinragenden romantischen Hafen ein ganz besonderes Flair. Das mag daran liegen, dass hier zu allen Jahreszeiten auch viele Veroneser herkommen, zum Essen und zum Flanieren. Und sicher auch, weil ich hier wohne ...

VALPOLICELLA (S. 116)

Rund um den Gardasee gibt es sieben Weinregionen und Kenner sollten sie alle mal besuchen. Ganz besonders anziehend für Rotweingenießer ist das Valpolicella, nicht nur wegen Amarone & Co. sondern auch, weil die Landschaft mit den terrassenförmig angelegten Weinbergen und den Tälern mit den Kirschbäumen einfach wunderschön ist! Nicht zu vergessen, die vielen guten Ristoranti.

VALEGGIO SUL MINCIO (S. 132)

Das Städtchen Valeggio am Fluss Mincio, bewacht von der mächtigen Scaligerburg, ist so richtig typisch italienisch – Touristen sind da noch in der Minderheit. Hier gibt es in jedem Ristorante die feinen, kleinen, hauchzarten Tortellini di Valeggio, und das nahgelegene Mühlendorf Borghetto ist perfekt für einen romantischen Spaziergang.

VALTÈNESI (S. 164)
Die liebliche Hügellandschaft im Hinterland der südlichen Gardaseestrände sollte man am besten mit dem Fahrrad erobern. Die Hügel sind sanft, und immer wieder verlocken Olivenölmühlen, Winzer, appetitanregende kleine Läden und natürlich Ristoranti und Trattorien zum Verweilen. Blicke auf den See sind fast immer garantiert.

SALÒ (S. 180)
Noble Palazzi, ein monumentaler Dom, eine lange Strandpromenade, gesäumt von Bars und Cafés, sowie enge Gassen mit eleganten Geschäften verleihen der Stadt einen unglaublichen Charme. Dennoch ist sie vom Massentourismus weitgehend verschont geblieben, und wahrscheinlich ist sie gerade deshalb so anziehend für Individualtouristen.

LAGO D'IDRO UND LAGO DI VALVESTINO (S. 204)
Wer Ruhe sucht, wird die unverfälschte Natur auf dem Hochplateau über Gargnano genießen. Surfer und Segler schätzen vor allem den von Wäldern umgebenen Lago d'Idro, Angler und Wanderer fasziniert der Stausee Valvestino. Eine Tour entlang der beiden idyllisch gelegenen Seen ist, vor allem im Cabrio, ein wahres Vergnügen.

LIMONAIA DEL CASTÈL VON LIMONE (S. 220)
Auch wer normalerweise nicht so gerne in Museen geht – dies ist ein Museum der besonderen Art. Zum einen erhält man einen Einblick über die mühevolle Arbeit in den Zitronenplantagen vergangener Zeiten, aber zugleich kann man zwischen siebzig verschiedenen Zitrusbaumsorten wandeln und sich an ihrem Duft erfreuen.

VERONA (S. 242)
Verona, die »Schöne an der Etsch« ist zu jeder Jahreszeit einen Besuch wert. Ein Bummel von der weitläufigen Piazza Brà, vorbei an der Arena, über die Via Mazzini mit ihren vielen schicken Geschäften, zur Piazza delle Erbe mit den faszinierenden Palazzi, Brunnen, Modeläden und einladenden Bars, das macht einfach Spaß!

Oben: Surferparadies mit Windgarantie
Mitte: Gemüse mit feinstem Gardasee-Olivenöl
Unten: Mit Speed über den See

Immer wieder zum Gardasee

Als dem Geheimrat Johann Wolfgang von Goethe 1786 im spießigen Weimar die Decke auf den Kopf fiel, setzte er sich kurzerhand in die nächste Postkutsche und fuhr an den Gardasee, um dort auf andere Gedanken zu kommen.

Durch Feld und Wald zu schweifen,
mein Liedchen weg zu pfeifen,
so geht's von Ort zu Ort!
und nach dem Takte reget
und nach dem Maß beweget
sich alles an mir fort.

Bis heute ist der Gardasee der Inbegriff für fröhliche Urlaubsstimmung. Jede Saison besuchen über zehn Millionen Menschen aus aller Welt seine Ufer. Ob Goethe, der diese Lawine vor über zweihundert Jahren losgetreten hat, damit zum Erfinder der deutschen Italiensehnsucht wurde, lässt sich nicht beweisen. Mit Sicherheit hat seine »Italienische Reise« dem Tourismus jenseits der Alpen bis heute Flügel verliehen. Ohne die »Kennst Du das Land, wo die Zitronen blühen«-Schwärmereien kommt auch in unserer nüchternen Zeit keine Reisebeschreibung über Italien mehr aus. Die Gemeinde Malcesine hat ihm zum Dank auf der Burg eine Bronzestatue errichtet. In Anbetracht des Umsatzes, den der Massentourismus heute in ihre Kassen spült, müssten die ansässigen Wirte und Hotelbesitzer sie eigentlich vergolden!

Vom Gletscher zum Badesee

Die Urkraft riesiger Gletscher hat das Becken geschaffen, das wir heute als Gardasee kennen. Vor etwa dreihundertfünfzig Millionen Jahren erstreckte sich da, wo heute der Gardasee liegt ein Ozean, dessen Ablagerungen vor sechzig Millionen

Steckbrief Gardasee

Lage: Der Gardasee liegt in Norditalien. Drei Regionen grenzen direkt an die Ufer des Sees: Im Norden das Trentino, an der Ostküste das Veneto sowie im Süden und Westen die Lombardei. Er ist der größte Binnensee Italiens und liegt 65 Meter über dem Meeresspiegel.

Größe: Fläche: 370 km^2, Länge: 51,6 km, Breite: 17,2 km, Umfang: 158,4 km, Maximale Tiefe: 346 m, Mittlere Tiefe: 133,3 m

Hauptstädte: Da sich drei Regionen um den See schmiegen, gibt es natürlich auch drei Hauptstädte. Die Hauptstadt von Trentino ist Trento, auf deutsch: Trient. Die Hauptstadt des Veneto ist Verona, und die Hauptstadt der Lombardei ist Brescia.

Flagge:

Sprache: Die Landessprache ist italienisch, jedoch spricht man in fast allen Ristoranti und Läden am See auch ein wenig deutsch. Im Hinterland sprechen zwar die Menschen kaum Deutsch, die Verständigung klappt aber dennoch – notfalls mit Händen und Füßen, aber immer sehr herzlich.

Währung: Euro

Geografie: Der Norden des Gardasees ist von hohen Bergen eingerahmt und stellt sich eher alpenländisch dar, wären da nicht Palmen, Olivenbäume und üppige Oleandersträucher. Je weiter man in den Süden kommt, umso lieblicher wird die Landschaft. Sanfte Hügel mit Weinreben und Olivenbäumen bestimmen das Landschaftsbild auf der Ost- und Südseite, Zitronen- und Orangenbäume entlang des Westufers.

Klima: Der Reiz des Gardasees liegt in den Kontrasten. Im Norden ist das Klima noch geprägt von den hohen Bergen, im Süden herrscht eher ein klassisches Mittelmeerklima. Es gibt rund um den See vier Jahreszeiten, aber die Winter sind, mit wenigen Ausnahmen, nicht sehr kalt, und sowohl Schneefall als auch Frost gehören eher zu den Ausnahmeerscheinungen. Das Optimale am Gardasee-Klima ist, dass die Winter nicht so lang und so ausgeprägt sind wie jenseits der Alpen. Die Nächte sind grundsätzlich etwas milder, und das macht auch das Überwintern am See für Wintermuffel interessant. Dennoch muss man sich gerade im Sommer auf überraschende Wetterstürze einstellen. Die Gewitter können heftig sein, und Hagel ist keine Seltenheit. Für Segler und Surfer sind die Hauptwinde am nördlichen See, der Ora und der Pelér, auch Vento genannt, interessant.

Tourismus: Wie viele Touristen Jahr für Jahr an den Gardasee pilgern, ist nicht nachvollziehbar. Das liegt zum einen an den drei verschiedenen Regionen, die an den See angrenzen, zum anderen aber ist es schwer einzugrenzen, welches Gebiet zählt noch zur Gardasee-Region. Schlussendlich ist es auch völlig gleichgültig. Eines steht jedoch fest, zum Gardasee fährt man nicht nur einmal: es ist »der« See, der immer wieder besucht wird.

Oben: Faszinierende Wasserfälle
Unten: Kiesstrände und kristallklares Wasser

Jahren zu Gebirgen zusammengeschoben wurden. Die nachfolgenden Eiszeiten bewirkten, dass die Bewegungen der Gletscher fjordartige Einschnitte in dem Seebecken hinterließen. Nachdem die Gletscher schmolzen, füllten sie es mit ihrem Schmelzwasser. Durch die Ablagerungen der Gletschermoränen bildete sich die Form des Sees fast birnenartig aus. Im Norden schmal und eng, und je weiter man nach Süden gelangt umso breiter wird der See. Fjordartig eingebettet ist der See am Nordufer, und steil fallen die vom Gletscher glattgeschliffen Felswände an der Westküste in den See. Über Jahrhunderte gab es hier nur Pfade, die mühsam und gefahrvoll zu begehen waren.

Erst nachdem die österreichischen Truppen aus dem Trentino abgezogen waren, machte man sich 1918 daran, Straßen zu bauen. Die Gardesana Orientale entlang des Ostufers wurde 1929 fertiggestellt, die Gardesana Occidentale entlang des Westufers erst zwei Jahre später. Bis dahin waren Boote die einzigen Verkehrsmittel am See.

Vielfalt der Landschaft

Gardasee ist nicht gleich Gardasee! Es ist ein See mit extremen Gegensätzen. Während sich im Norden die Landschaft fjordartig zeigt, könnte man im südlichen Teil des Sees vermuten, man wäre an einem Meeresufer. Die Westküste ist steil und die Felswände nur schwer erklimmbar. Entlang des Ostufers von Torbole bis auf die Höhe von Bardolino erstreckt sich der Bergrücken des Monte Baldo. Während sich entlang des Ufers die zahlreichen Dörfer wie Perlen aneinanderreihen, gedeihen an den Hängen des Monte Baldo seit Jahrhunderten Olivenbäume. Nicht umsonst nennt man diesen Küstenabschnitt auch »Riviera degli Olivi«. Zu den Olivenbäumen gesellen sich ab Garda mehr und mehr Rebstöcke, die, je weiter man

nach Süden kommt, an Bedeutung gewinnen. Mit zunehmender Höhe des Monte Baldo entdeckt man die einzigartige Flora und Fauna des Bergrückens, der die Alpenlandschaft des Trentino mit dem hügeligen Flachland im Süden verbindet. Der fünfunddreißig Kilometer lange Höhenzug ist ein wahres Pflanzenparadies, das auch gerne »Hortus Europa«, also Garten Europas genannt wird. Viele der Pflanzen, die hier gedeihen, wachsen ausschließlich hier. Und das kommt daher, weil die Gipfelregionen des Monte Baldo nicht vergletschert waren. Auf diese Weise konnten sich Pflanzen erhalten, die im Alpenraum normalerweise nicht vorkommen, wie etwa die wilden Pfingstrosen oder die Baldo-Anemonen.

Der ganze Bergrücken ist ein einziger faszinierender Alpengarten. Aus jeder Steinritze sprießen Blumen hervor, die man sonst kaum irgendwo sieht. Für Wanderer und Naturfreunde ein unvergessliches Erlebnis, vor allem im Juni wenn die maggiociondolo, der Goldregen in einer Fülle, wie man es sich nicht vorstellen kann, Berghänge in leuchtendem Gelb erstrahlen lässt.

Frühling am Lago

Er ist der größte der italienischen Seen, und er ist ein mediterraner, kein Bergsee, wie zum Beispiel der Lago Maggiore und der Comer See. Das bedeutet: mildes Klima, eine üppige mediterrane Vegetation und im Winter wenig frostige Tage. Am deutlichsten spürt man den klimatischen Unterschied, wenn man im Frühjahr zum Gardasee fährt. Während München oder Innsbruck noch im Schnee versinken, kann man in den Strandcafés am Lago bereits einen Cappuccino oder ein Gläschen Spumante im Freien genießen. Ein Frühlingserwachen der besonderen Art ist die Pfirsichblüte: Fährt man Ende März von Lazise aus über Busso-

Oben: Limonaia in Torri del Benaco
Mitte: Bigoli mit Ragout von Sardinen
Unten: Warten auf die Gäste

Oben: Hafen Gargnano
Mitte: Türkenbund, eine der zahlreichen Blumen vom Monte Baldo
Unten: Fischervergnügen

Rechts: Torbole von Nago aus betrachet

lengo nach Verona, erlebt man einen unvergleichlichen Augenschmaus. Es scheint so, als führe man durch ein pink-rosafarbenes Blütenmeer. Die Pfirsichblüte in der »Terra delle pesche« im Tal der Pfirsiche ist der schönste Einstieg in diese Jahreszeit. Man muss sich jedoch beeilen, denn die rosarote Pracht hält nur kurze Zeit, dann vermischen sich die Blüten mit dem Grün der Blätter und das nächste Highlight folgt erst wieder, wenn die goldgelben Pfirsiche reif an den knorrigen, weitausladenden Bäumen hängen. Während dieser Zeit kann man überall in den Bauernhöfen entlang der Straßen baumfrische Pfirsiche für wenig Geld kaufen.

Ein klein wenig später, Anfang April, rate ich Ihnen, ins Valpolicella zu fahren und die Kirschblüte zu genießen. Entlang der Hänge mit den noch blattlosen knorrigen Rebstöcken gibt es unzählige Kirschbäume, die um dieses Zeit ihre ganz Pracht entfalten. Eine Fahrt in die drei Täler des Valpolicella ist im Frühling ein wunderschönes Erlebnis, das sich erst wiederholt, wenn die knallroten Kirschen an den Bäumen hängen. Wer nun vermutet, dass die Früchte, egal ob Pfirsiche oder Kirschen, zu verführerischem Kuchen oder Gebäck verarbeitet werden, der irrt. Die Pfirsiche werden entweder roh oder eingeweckt als Dessert verspeist, und die Kirschen genießt der Italiener ebenso am liebsten roh oder eingelegt in Grappa!

Wind, Wasser und Wellen

Der knapp 52 Kilometer lange und an seiner tiefsten Stelle an die 350 Meter tiefe See ist besonders auch für Wassersportler DAS Objekt der Begierde. Wind, Wasser und Wellen sind magischer Anziehungspunkt für Surfer, Segler und Motorbootfahrer. Vor allem im nördlichen Bereich des Sees locken die steten Winde: bis Mittag der Nordwind,

Geschichte im Überblick

2000 v. Chr. In der Nähe von Malcesine, am Ledrosee und im Tennotal wurden die ersten Pfahlbauten errichtet.

1000 v. Chr. Ligurer lassen sich im Westen Oberitaliens nieder und die Veneter im Osten.

6. Jahrhundert v. Chr. Rückzug der Veneter nach Venedig, als sie von den einfallenden Hunnen vertrieben wurden.

5. Jahrhundert v. Chr. Die gallischen Cenomanen gründen die Städte Verona und Brixia, das heutige Brescia.

89 v. Chr. Verona wird zur römischen Kolonie.

59–49 v. Chr. Verona wird ein strategisch wichtiger Standort, und Trento wird militärischer Stützpunkt zur Sicherung der Via Claudia Augusta.

400 Das Christentum breitet sich aus.

452 Die Stadt Verona wird von Attilas Heer erobert und zerstört.

568 Unter der Führung von Alboin dringen die Langobarden in Oberitalien ein und machen Verona zum Sitz der langobardischen Fürsten und Könige.

773–774 Karl der Große erobert das langobardische Reich und macht seinen Sohn Pippin zum König von Italien. Zugleich Gründung der Mark Verona, zu der auch der Gardasee gehört.

888–924 Berengar I., der Langobardenkönig, möchte das italienische Reich wiederherstellen, wird aber von den Burgundern besiegt und ermordet.

951 Otto I. besetzt Oberitalien und wird 962 von Papst Johannes XII. zum Kaiser gekrönt. Verona und der Gardasee gehören fortan zum Herzogtum Bayern.

976 Beim Reichstag in Verona unter Otto II. werden unabhängige Stadtstaaten gegründet. Nun beginnen die Kämpfe zwischen den kaisertreuen Ghibellinen und den papsttreuen Guelfen.

1154–1183 König Barbarossa führt Krieg gegen die lombardischen Städte, wodurch das östliche Gardaseeufer stark in Mitleidenschaft gezogen wird. 1158 schlagen sich die Städte Garda und Torri tapfer gegen das kaiserliche Heer und besiegen es schlussendlich.

1168 Vereinigung der oberitalienischen Städte, die sich mit der Veroneser Liga zum Lombardischen Bund zusammengeschlossen haben.

1227–1259 Zwischen den Guelfen und den Ghibellinen gibt es heftige Auseinandersetzungen. Ezzelino da Romano, ein kaisertreuer Ghibelline, herrscht über Verona und erobert 1258 Brescia.

1260–1387 Mastino della Scala wird Capitano del Popolo in Verona. Die Veroneser und die Regionen am Gardasee erleben unter ihm eine Blütezeit.

1387–1404 Die Scaligerherrschaft endet. Die Visconti aus Mailand beherrschen nun Verona und den Gardasee.

1405 Mailand, Verona und die veronesischen Marken werden von Venedig erobert und in die Terra ferma (Festland) eingegliedert.

1437 Nach einem Konflikt der Viscontis mit Venedig kommt es zu einem Seekrieg auf dem Gardasee. Venedig befördert 6 Galeeren und 25 Barken von der Etsch über den Loppiosee und den Pass von Nago nach Torbole am Gardasee.

1521 Riva wird vom Fürstbistum Trient erobert.

1797 Der Frieden von Campo Formio wird geschlossen. Das Westufer des Gardasees fällt an Napoleon und die von ihm gegründete Cisalpinische Republik. Das Ostufer und Verona kommen unter österreichische Herrschaft.

1805 Österreich verliert gegen das von Napoleon gegründete Königreich Italien.

1814–1815 Der Wiener Kongress beschließt, dass nach Napoleons Sturz das Veneto und die Lombardei wieder zu Österreich gehören.

1848–1870 Eine Zeit blutiger Kämpfe zwischen Italien und Österreich, das sogenannte Risorgimento – die italienische Einigungsbewegung. 1859 war die Schlacht von Solferino und 1866 die Schlacht in Custoza.

1866 Lombardei und Veneto gehören nunmehr zum Königreich Italien. Das Trentino mit Riva bleibt unter österreichischer Herrschaft.

1870 Italienische Einigung: Rom wird Hauptstadt von Italien.

1918 Während des 1. Weltkriegs finden erbitterte Schlachten zwischen den Österreichern und den Italienern bei Rovereto statt.

1919 Beim berühmten Frieden von Saint-Germain müssen die Österreicher das Nordufer des Gardasees und die Stadt Trento an die Italiener abtreten.

1922–1945 Faschistische Diktatur unter Benito Mussolini.

1943 Mussolini gründet in Salò eine faschistische Republik.

1945 Mussolini wird bei Tremezzo am Comer See von Partisanen erschossen.

1946 Die Italiener werden zum Referendum über die Staatsform aufgerufen. 54,3 Prozent sind für die Republik, 45,7 Prozent für eine Monarchie.

1970 Die italienischen Staaten werden in 20 Regionen eingeteilt. Rund um den Gardasee verteilen sich nun die Provinzen Trentino, Veneto und Lombardia.

1994 Der Medienboss Silvio Berlusconi der Mitte-Rechts-Parteien wird, nach 52 Regierungen seit Kriegsende, neuer Ministerpräsident.

2011 Regierungschef Silvio Berlusconi tritt am 12. November zurück. Mit der Bildung einer neuen Übergangsregierung wird Ex-EU-Kommissar Mario Monti beauftragt.

Oben: Ferrata dell'amicizia im Trentino
Mitte: Eine Schiffsfahrt gehört zum Gardaseeurlaub.
Unten: Eldorado für Mountainbiker

Pelér genannt. Nachmittags dreht sich das Ganze um, dann bläst der Südwind, die Ora! Leidenschaftliche Surfer richten ihren Tagesablauf exakt nach diesen Winden.

Bereits 1976 eröffnete Heinz Stickl die erste Surfschule in der schönen Bucht Val di Sogno am Gardasee. In den 80er-Jahren boomte diese Sportart – vor allem zwischen Riva und Malcesine. Im Laufe der Jahre kamen weitere Wassersportarten hinzu, zum Beispiel Kite-Surfen, Aqua-Scooter und Jetski, Wasserski und Wakeboarding, Wakesurfen und natürlich auch Segeln.

Für Motorbootfahrer ist der Gardasee ein echtes Paradies, denn vom Wasser aus entdeckt man die Schönheit des Sees noch besser. Außerdem gibt es nicht so viele Seen, auf denen Motorbootfahren erlaubt ist, und hier, mit den so unterschiedlichen Ufern, macht es besonders viel Spaß. Viele berühmte Künstler und Poeten aus dem 19. Jahrhundert lernten mangels Straßen den See und seine einzigartigen Ufer ausschließlich von dieser Seite kennen. Der Reiz, es Ihnen gleich zu tun, ist ungebrochen. Lediglich im trentinischen Bereich zwischen Riva und Torbole sind Motorboote verboten. Wer kein eigenes Boot hat und sich auch keines ausleihen möchte, der kauft sich ein Ticket für ein Ausflugsboot! Auf diese Weise kann man den Gardasee von der Süd- bis zur Nordküste von seiner schönsten Seite und ohne Stau erleben.

Wanderer, Kletterer und Biker

Insbesondere der Norden des Benaco ist das Ziel der Begierde für alle, die gerne die Berge erobern – sei es per pedes, mit dem Mountainbike oder auch kletternd an der Steilwand. Während es zahlreiche Wandergebiete im Hinterland des Gardasees gibt, konzentrieren sich die Klettergärten

im Dreieck zwischen Arco, Riva und Torbole. Für Wanderer und Biker gibt es unzählige Gebiete, sei es der Monte Baldo, die diversen Gipfel entlang des Westufers oder das noch ziemlich unberührte, aber wunderschöne Wanderer- und Mountainbiker-Revier auf der Lessinia so heißt das dem Monte Baldo gegenüberliebende Bergmassiv. Da die Italiener leidenschaftlich gerne radfahren, aber vorwiegend mit dem Rennrad rund um den See, ist man auf der Lessinia noch ziemlich alleine, und die Strecken sind super ausgebaut. Das Gleiche gilt für Wanderer – hier ist alles noch nicht ganz so touristisch und gerade deshalb perfekt für Individualurlauber.

Eines muss man jedoch wissen: Es gibt zwar fast in allen Fremdenverkehrsämtern Wanderkarten, und es heißt auch, dass die Wege gut markiert sind, aber aus eigener Erfahrung kann ich Ihnen sagen, dass dies nicht immer zutrifft – die Markierungen der Wanderwege könnten exakter sein. Dennoch, irgendwie kommt man immer oben auf dem Gipfel an und wird mit einer gigantischen Aussicht belohnt. Die ideale Zeit für Wandertouren ist der Frühling und der Herbst, im Sommer ist es oft selbst auf den Gipfeln zu heiß. Aber was gibt es Schöneres, als bereits im März hier zu wandern, wenn es in nördlichen Gefilden noch grau und kalt ist und hier bereits das erste Frühlingslüftchen weht. Auch im Spätherbst kann man die Berge rund um den Gardasee in Wanderschuhen erobern, ohne Angst vor einem schlimmen Wintereinbruch haben zu müssen.

Wo Wein fließt …

Reben, Reben und nochmals Reben bestimmen das Hinterland rund um den Gardasee. Sieben Weinregionen, die unterschiedlicher nicht sein könnten, sind nur wenige Kilometer vom See ent-

Oben: Herbstzeit – Traubenzeit
Unten: Feiner Bergschinken mit Franciacorta

fernt. Es beginnt mit den prickelnden Flaschengärsekten rund um Trento, den die Winzer dort Trento DOC oder auch Talento nennen. Es sind hochwertige Spumante, die wie Champagner jahrelang auf der Flasche reifen, bevor man sie mit Freude trinkt. Ein bisschen weiter im Süden, ebenfalls noch im Trentino, erfreuen die Weine von einheimischen Rebsorten den Gardaseeurlauber: der Nosiola aus dem Valle dei Laghi, ein süffiger Weißwein und der Marzemino im Rovereto, ein fruchtiger Rotwein, von dem bereits Mozart angetan war.

Verlässt man die Autostrada an der Anschlussstelle Affi, ist man ganz schnell in Bardolino. Rund um das beliebte Touristenstädtchen wachsen auch die Rebsorten für den beliebten Roten gleichen Namens. Seit einiger Zeit macht der Chiaretto, ein frischer Roséwein, der aus den gleichen Trauben gekeltert wird, Furore.

Wenige Kilometer von Affi in Richtung Osten liegt das Weinbaugebiet Valpolicella, vor allem berühmt durch den gleichnamigen Rotwein und den Powertropfen Amarone. Weiter südlich, aber immer noch im Veneto ist das Custozagebiet, wo die frischen, fruchtigen Custoza-Weine gekeltert werden, die perfekt zum Essen und für heitere Stunden passen. Gleich nebenan grenzt das Luganagebiet, mit den gleichnamigen Weißweinen, und ein wenig weiter Richtung Westen, im Weinbaugebiet Valtènesi, setzt man verstärkt auf die heimische Rotweinsorte Groppello sowie auf den knackig frischen Roséwein Chiaretto.

Kulinarische Highlights

So unterschiedlich wie die Landschaft des Gardasees von Nord nach Süd, so vielfältig ist auch die Küche. Die spannende Vielfalt ist in erster Linie

Oben: Sonnenaufgang am See
Mitte: Raffinierte Küche
Unten: Die Weinregionen sorgen für köstliche Vielfalt.

bedingt durch die drei Regionen Trentino, Veneto und Lombardei, die an den langgezogenen See angrenzen. Jede dieser Regionen hat natürlich eine eigenständige Küche, die sich manchmal auch wesentlich von den Nachbarregionen unterscheidet. Eines steht fest: Pizza gibt es rund um den See, aber diese ist hier ebenso von Süditalien eingeführt worden wie in Deutschland. Pizza hat rund um den Lago keine ursprüngliche Tradition. Wer also heimisch essen möchte, der sollte darauf achten, in welcher der drei Regionen er sich gerade befindet.

Bäuerlich deftig: im Trentino

Im Trentino ist die Küche eher eine deftige Bergküche und geprägt durch den Einfluss der k. u. k. Monarchie. Hier sollte man nicht auf die Strangolapreti (Priesterwürger), das sind Spinat-Brot-Nocken in einer Salbei-Buttersoße, verzichten. Auf den Speisekarten findet man auch canederli (Knödel) in verschiedenen Versionen und nicht zu vergessen, die Carne Salada, ein eingelegtes Rindfleisch, das man entweder – ähnlich wie Carpaccio – roh, mit Olivenöl beträufelt verspeist oder gekocht mit weißem Bohnengemüse. Bei den Fischen spielt hier die Forelle aus den Gebirgsbächen eine wichtige Rolle, und bei den Süßspeisen steht der Apfelstrudel an vorderster Stelle, gefolgt von der Torta di fregoloti, einem knusprigen Mürbeteigkuchen mit vielen Nüssen.

Leicht bekömmlich: im Veneto

Weit über die Grenzen des Veneto hinaus bekannt und geschätzt sind die hauchzarten, handgeformten Tortellini di Valeggio, und man sollte sich diese während des Urlaubs auf keinen Fall entgehen lassen. Die Nudelsorte, für die der Nudelteig in vielen Trattorien tagtäglich durch den Torchio (eine Art Fleischwolf) gedreht wird, heißt Bigoli. Im Sommer werden sie mit einem Ragù aus Fi-

Oben: Die Seele baumeln lassen am See
Mitte: Ein Blick auf den Weingarten von Le Vigne di San Pietro
Unten: Kastaniensuppe in einem Brot serviert

Oben: Enantio, die noch unbekannten Weine der Terradeiforti
Mitte: Genießen am Seeufer
Unten: Ziegenkäse von den Hochalmen rund um den See

schen vom Gardasee angeboten und im Winter mit Ente-, Hirsch- oder Kalbsragù.

Außerdem gibt es auf der Venetoseite des Gardasees unzählige Risottogerichte und das hat seinen Grund: Südlich von Verona erstreckt sich ein riesiges Reisanbaugebiet. Hier gedeiht auf biologischer Basis vor allem der Vialone Nano Reis, der sich hervorragend für den typischen Risotto alla tinca (Schleienrisotto) oder einen feinen Spargelrisotto eignet. Wenn es nicht mehr ganz so heiß ist, dann bekommt man vor allem um Peschiera herum köstliche Gerichte mit Stockfisch.

Vielfalt der Kulturen: Lombardei

Rund um Mantua liebt man die Tortelli con la zucca (Kürbistortelli), die hier mit Amaretti verfeinert werden. Sobald es kühler wird, kommt Bollito misto mit scharfer Mostarda auf den Tisch. Dazu wird ein voll mit unterschiedlichsten Fleischsorten beladener Wagen ins Restaurant geschoben, und man isst dazu Mostarda, das sind scharf eingelegte Früchte. Echte Spezialitäten in der Lombardei sind verschieden zubereitete Pferdefleischgerichte und Frösche.

Bei den Käsesorten schwören die Einheimischen, vor allem im südwestlichen Teil des Lagos auf den Bagoss, einen überaus aromatischen Bergkäse. Und sonntags ist es obligatorisch, dass man mit der ganzen Familie zum Spiedoessen in eines der vielen Ristoranti geht. Spiedo ist ein langer Spieß, auf den unterschiedlichste Fleischsorten gespießt werden, die dann stundenlang über einem offenen Feuer gegrillt werden.

Quer durch alle Regionen schätzt man Polenta als Beilage, aber sie unterscheidet sich je nach Region stark voneinander. Im Trentino ist sie grobkörnig, im Veneto eher feinkörnig und weich, ähnlich ei-

nem Kartoffelpüree, und in der Lombardei wird sie zwar ebenfalls aus grobem Maismehl zubereitet, dann aber bevorzugt nach dem Erkalten in Scheiben geschnitten und gegrillt.

Flüssiges Gold: Olivenöl

Begünstigt durch das milde Klima gedeihen selbst am Nordzipfel des Gardasees Olivenbäume. Zwischen Riva und Torbole wird das nördlichste Olivenöl Europas gepresst. Je weiter man die Gardesana Orientale in Richtung Süden fährt, umso zahlreicher stehen die Bäume mit den silbrig glänzenden Blättern. Die wichtigsten Anbauzonen mit zahlreichen Ölmühlen befinden sich zwischen Malcesine und Lazise, im Valpolicella und im Valtènesi.

Das Olivenöl vom Gardasee begeistert Feinschmecker durch das frische Aroma, das an gerade gemähtes Gras erinnert. Es ist darüber hinaus außerordentlich gut bekömmlich und sehr gesund. Die Öle sind feinfruchtig mit einer ausgewogenen Schärfe. Gardasee-Olivenöl eignet sich optimal zum Beträufeln von zartem Fischfleisch oder gegartem Gemüse – oder einfach auch so auf Weißbrot. Achten Sie beim Einkaufen darauf, dass auf der Flasche DOP (Denominazione di Origine Progetta) steht. Nur dann haben Sie die Garantie, dass das Öl tatsächlich aus der angegebenen Region stammt, denn DOP ist eine geschützte Herkunftsbezeichnung.

Feste Feiern rund um den See

Italiener feiern grundsätzlich gerne, nicht nur rund um den Gardasee. Hier mischen sich zu den Feierfreudigen auch immer mehr Touristen. Neben den vielen Festen, die irgendwelchen Kirchenpatronen gewidmet sind und die in jedem Dorf stattfinden, gibt es logischerweise auch zahlreiche

Oben: Lasagnetten – hausgemacht
Mitte: So gefärbt sind die Oliven optimal für fruchtig-frisches Öl.
Unten: Bottega del Vino in Verona

Oben: Millemiglia – das Oldtimerspektakel in Brescia
Mitte: Aperitivo – ein Must am Lago
Unten: Schlangenbändiger beim Palio delle Contrade in Garda

Weinfeste. Am bekanntesten ist sicherlich das »Festa dell'Uva«, das jedes Jahr Anfang Oktober in Bardolino auch unzählige Urlauber anzieht. Im Frühjahr feiert man auf Ost- wie auch auf der Westseite ein »Chiarettofest«, und selbstverständlich gibt es im Valpolicella und in allen anderen DOC-Weinbauregionen rund um den Gardasee die beliebten Feste nach der Weinlese.

Sehenswert ist auch das »Festival Vigiliane« in Trento, wo die Renaissance mit historischen Kostümen wiederbelebt wird! Laienschauspieler, Gaukler, Feuerschlucker und Zauberer unterhalten die Gäste (www.festevigiliane.it). Im September feiern die Trentiner ihr »Festa della Polenta« in Levico Therme. Dort werden in einem riesigen Kochtopf, unter ständigem Rühren, unterschiedliche Polentas aus verschiedenen Maismehlsorten gekocht.

Ein magischer Anziehungspunkt für Weinhändler, Gastronomen, Sommeliers und Weinliebhaber ist jedes Jahr die VinItaly in Verona, die Ende März/Anfang April auf dem Messegelände stattfindet. Mehr darüber: www.vinitaly.com

Eine Heerschar internationaler Gäste und zahlreiche VIPs lockt jedes Jahr im Mai die »Mille Miglia« nach Brescia, das traditionelle Oldtimerrennen von Brescia bis Rom und zurück. Mehr darüber: www.1000miglia.eu

Eines der Fest-Highlights ist das »Festa nodo d'amore«, das Tortellinifest auf der sechshundert Meter langen Visconti-Brücke in Valeggio. Viertausend Genießer können an dem Spektakel teilnehmen, das jedes Jahr am dritten Dienstag im Juni stattfindet. Das Fest ist mittlerweile derartig bekannt und beliebt, dass die Karten dafür oft schon Anfang des Jahres ausverkauft sind. Etwa ein Dutzend Gastronomen aus Valeggio und Borg-

hetto bereiten direkt auf der Brücke Tortellini und viele andere Köstlichkeiten zu, die dann gemeinsam an der langen Tafel verspeist werden. Höhepunkt ist das gigantische Feuerwerk direkt vor der mächtigen Scaligerburg. Mehr darüber: www.valeggio.com

Um die Besten im Klettersport dreht sich alles alljährlich im Juli beim »Rock Master«, der Internationalen Climbing World Championship in Arco. Mehr darüber: www.rockmaster.com

Am 10. August, dem Lorenzo-Tag ist die »Notte delle stelle cadenti«! An diesem Tag fallen auffallend viele Sternschnuppen vom Himmel, und das wird vielerorts mit Wein, Gesang und Tanz gefeiert. Im August findet alljährlich auch die »Notte di Fiaba« in Riva del Garda statt. Vier fantasievolle Märchennächte mit Shows, die sich jedes Jahr um eine andere Erzählung drehen. Mehr darüber: www.nottedifiaba.it

Kunstliebhaber dürfen die »Settimana d'Arte di Cecina« nicht versäumen. Die Kunstwoche von

Oben: Centomiglia – Das Highlight der Segler
Unten: Festa Nodo d'amore in Valeggio sul Mincio

Oben: Feuerwerk über Garda
Mitte: Weinkauf – Wer die Wahl hat, hat die Qual.
Unten: Das Gardaland-Maskottchen (Prezzemolo)

Cecina findet immer im August statt, jedoch seit einigen Jahren nicht mehr in Cecina, sondern direkt in Toscolano-Maderno. Mehr darüber: www.gardacecinaprom.com

Und natürlich locken die Opernfestspiele in der Arena von Verona Jahr für Jahr hunderttausende Opernfans in die schöne Stadt an der Etsch. Mehr darüber: www.arena-verona.de

Eine traditionelle Wassersportveranstaltung am Gardasee ist die »Bisse«, ein Wettstreit auf Stehruderbooten zwischen den Gemeinden. Es gibt mehrere Termine an verschiedenen Orten. Mehr darüber: www.tourism.verona.it. Im September ist dann noch mal richtig was los auf dem See – die »Centomiglia« wird in Gargnano gestartet, und dazu kommen hunderte begeisterte Segler aus aller Welt an den Gardasee.

Wer im Spätherbst am Lago Urlaub macht, sollte sich das Kastanienfest in San Zeno, das Trüffelfest in Tignale oder eines der Olivenölfeste – besonders bekannt ist die »Antica Fiera di Santa Caterina« in Castelletto di Brenzone – nicht entgehen lassen. Interessant ist auch eine Fahrt in das Reisanbaugebiet rund um das Städtchen Isola della Scala, zwanzig Kilometer südlich von Verona. Dort findet von Mitte September bis Mitte Oktober die traditionelle »Fiera del Riso«, die Reismesse, statt. Mehr darüber: www.tourism.verona.it

Vergnügungsparks für Kids

Gleichgültig, wo man rund um den Gardasee Urlaub macht, wer mit Kindern hier ist, der kommt um einen Ausflug in einen der zahlreichen Vergnügungsparks, die vor allem im Südostufer angesiedelt sind, nicht vorbei. Ob Gardaland, Movieland, Canevaworld oder die wirklich schönen und gut

ausgestatteten Wasserparks, für Kids ist so ein Besuch das Urlaubserlebnis schlechthin. Wer es sich aussuchen kann, wählt dafür nicht gerade die Hochsaison, und wenn es nicht anders geht, dann gönnen Sie sich und Ihrer Familie einen Wochentag, denn da ist es meist nicht ganz so voll. Mehr darüber finden Sie unter den Highlights 20 und 27.

Kunst und Kultur

Auch wenn der Gardasee nicht unbedingt das erklärte Ziel für Kulturreisen ist – dazu fährt man nach Venedig oder Florenz – sind doch einige Museen rund um den Lago ein lohnendes Ziel. Für Liebhaber Moderner Kunst ist MART in Rovereto ein »must«. In einer Dauerausstellung gibt es eine rotierende Auswahl von 10 000 Kunstobjekten, die Eigentum der Stiftung sind, zu sehen. Viele Sonderausstellungen locken zudem jährlich 250 000 Besucher in das 2002 eröffnete Museum mit der beeindruckenden Glaskuppel. Mehr darüber: www.mart.trento.it

Das Castelvecchio in Verona, die ehemalige Fluchtburg der Scaliger wurde von dem bekannten venezianischen Architekten Carlo Scarpa modernisiert. Dabei setzte er Akzente, indem er das Neue deutlich vom historischen Teil abgrenzte. Das Museum mit verschiedenen Ausstellungsräumen ist absolut empfehlenswert. Mehr darüber: www.comune.verona.it/castelvecchio/cvsito/

Im Museo di Santa Giulia in Brescia hat der Besucher die Möglichkeiten, sich einen authentischen Überblick über 2000 Jahre Kulturgeschichte der Stadt zu verschaffen. Mehr darüber: www.bresciamusei.com

Natürlich gibt es noch viele weitere Museen, die Sie unter den jeweiligen Highlights finden.

Oben: Das Museum Modern Art MART in Rovereto
Mitte: Gemüse frisch und knackig
Unten: Burg von Avio

NÖRDLICHES SEEUFER

Vorangehende Doppelseite: Segelregatta »Centomiglia«.

Mitte: Blick von der Burg von Arco
Unten: Montainbiker werden mit einem Traumblick belohnt.

1 Valle dei Laghi

Berge, Wind und der blaue See

Der kleinste Teil des 370 km² großen Gardasees gehört zum Trentino! Am sportiven Dreieck von Arco, Torbole, Riva und dem romantischen Valle dei Laghi fühlen sich Mountainbiker, Surfer und Kletterer besonders wohl. Der Wind ist hier tagtäglich sicher, was den Surfern einen flotten Speed beschert und den Mountainbikern den Schweiß von der Stirne trocknet.

Romantische Anreise

Verlässt man in Trento Centro (falls diese Ausfahrt noch gesperrt ist, dann bereits in Trento Nord) die Autostrada und fährt Richtung Riva, dann schlängelt sich eine gut ausgebaute Straße durch Weinhügel, vorbei an vielen kleinen Seen, hin zum größten See Italiens, dem Gardasee. Man fährt durch das Valle dei Laghi, das Tal der Seen. Ein Minisee nach dem anderen, insgesamt sind es neun, aufgereiht wie Perlen auf einer Kette, malerisch eingerahmt von hohen Bergen, so geht's Richtung Riva. Highlights wie das Grappadorf San Massenza, Castel Toblino am Lago Toblino, Castel Madruzzo, Castel Drena, der riesige Felsengarten, Marocche genannt und nicht zu vergessen, das geschichtsträchtige Städtchen Arco säumen die Straße bis zum Nordufer des Lago di Garda.

Das Grappadorf Santa Massenza

Nachdem man den Pass von Vezzano überquert hat, geht's talwärts ins Valle dei Laghi. Schon von oben hat man einen Blick auf den kleinen Massenza-See, das Wasserkraftwerk und das Dörfchen. Kurz vor dem Castel Toblino sollten vor allem Genießer dann auf die Abzweigung San

Massenza achten. Knapp einen Kilometer von der Hauptstraße entfernt liegt das Grappadorf, eine Oase der Stille, in der alles vom Wasser geprägt ist: das Kraftwerk, der kleine See und nicht zuletzt die Destillierkolben. Das etwa 200 Seelen große Dorf ist mit fünf Brennereien schon einzigartig, hinzu kommt aber noch, dass alle diese Brenner Poli heißen. Giovanni Poli war der erste, der im 19. Jahrhundert hier angefangen hat, Grappe zu brennen. Seine Söhne und Enkel folgten seiner Leidenschaft, und deshalb kann man nun von einem Poli zum anderen spazieren und Grappe aus den heimischen Trestern, allen voran aus der Nosiola- und der Marzeminotraube, verkosten. Neben reinsortigen Grappe, also aus einer Trestersorte, werden hier auch Obstbrände aus heimischen Früchten gebrannt.

Wer einem guten Schnäpschen nicht abgeneigt ist, der kann hier von Haustür zu Haustür gehen, ein wenig verkosteten und natürlich auch einkaufen. Doch Vorsicht ist geboten – auch in Italien gibt es durchaus Alkoholkontrollen …

Mystisch: Castel Toblino

Es ist das Lieblingsmotiv aller Profi- und Hobbyfotografen, dieses auf einer Halbinsel liegende Schloss aus dem 16. Jahrhundert! Malerisch am Fuße steil abfallender Felswände gelegen und eingerahmt von Schilf, Steineichen und Zypressen lädt die Burg mit dem mächtigen Turm ein, hier Halt zu machen. Durch einen alten Park geht's einige Schritte leicht bergauf zum Castello. Eine Besichtigung ist allerdings nur möglich, wenn man das Restaurant besucht, und das ist nur zu den in Italien üblichen Essenszeiten möglich. Hat man das Glück, zur richtigen Zeit vor Ort zu sein, dann ist der romantische Innenhof mit den Laubengängen, bemalten Holzbalustrade und Loggien wirk-

AUTORENTIPP!

ÖKO

VINO SANTO – KOSTBARKEIT AUS TRAUBEN

Wer in der Karwoche im trentinischen Teil des Gardasees weilt, sollte nicht versäumen beim Pressen des Heiligen Weins, des Vino Santo dabei zu sein. Jahr für Jahr, in der Karwoche, entlocken Mitglieder der Weinbruderschaft in ihren traditionellen Gewändern, mit Hilfe einer alten Holzpresse, den getrockneten, rosinenähnlichen Nosiola-Trauben ihren aromatischen Saft. Nach dem Vergären, das sich bis zu drei Jahren hinziehen kann, reift die kostbar gewonnene Minimenge mindestens acht bis zehn Jahre in kleinen Holzfässern.
Aus 100 Kilogramm Trauben gewinnt man nach der aufwendigen Pressung und der langjährigen Reifezeit etwa 15–18 Liter Vino Santo. Man genießt den Meditationswein zu knusprigem Gebäck oder nur so, zur Entspannung.

Castel Toblino.
Via Caffaro, 38072 Calavino
Direkt an der SS 45

Mit dem Rad ins Tal der Seen

Auf dem gut ausgebauten Fahrradweg von Torbole bis Toblino gibt es kaum Steigungen, daher ist dieser Weg auch für kleinere Kinder gut zu schaffen. Allerdings ist es dann ratsam lediglich nur bis Arco (6 km) und wieder zurück zu radeln. Wer fit genug ist, fährt weiter zum Castel Toblino. Die Strecke ist insgesamt 30 km lang und bietet viele Möglichkeiten für interessante Zwischenstopps. Nahe dem Kult-Treffpunkt für Radfahrer »Mecki's Bar« beginnt der gut ausgebaute Fahrradweg, der sich bis Arco immer entlang des Flüsschen Sarca schlängelt. Man radelt völlig entspannt, da es keine Steigungen gibt. Rebstöcke und Olivenbäume säumen den Weg.

Das 1. Etappenziel Arco ist für Familien mit Kindern ideal, denn es gibt eine sehenswerte Burg, einen botanischer Garten und viele gute Eisdielen. Wer sich eine Tagestour vorgenommen hat, sollte den Aufenthalt in Arco etwas kürzer gestalten, da noch etwa 24 km Radfahrwege zu bewältigen sind. Nördlich von Arco führt der Radweg weiter entlang des Flüsschens Sarca zum 6 km entfernten Dörfchen Dro. Sie radeln inmitten von Weingärten die vorwiegend mit Nosiola Rebstöcken bepflanzt sind. Dro zählt zu den ältesten Dorfgemeinschaften des Trentino. In Stein gemeißelte Portale, Türme und kleine Torbögen sind Zeugen des Mittelalters. Rechts passieren Sie die Steinwüste »Marocche« und links weitläufige Pflaumenplantagen. Falls Sie im Herbst unterwegs sind, sollten Sie es nicht versäumen sich welche zu kaufen, denn die Pflaumen von Dro sind besonders aromatisch.

Weiter geht es vorbei am alten Wasserkraftwerk von Fies, das heute ein Zentrum für zeitgenössische Kunst ist. Ein Stopp lohnt, bevor sie Ihr Ziel, das romantische Castel Toblino, erreichen.

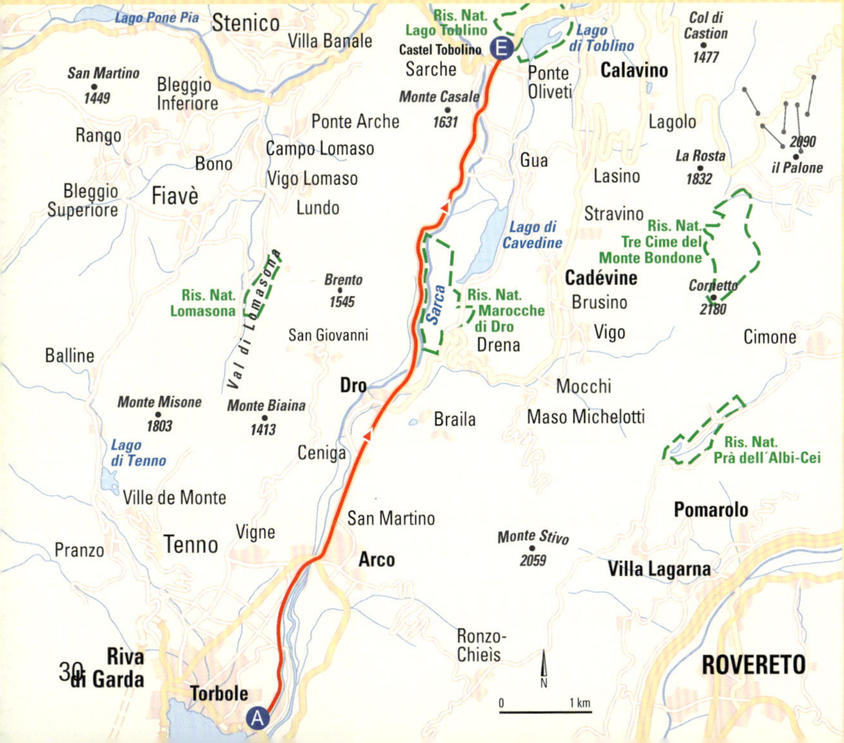

lich schön anzusehen. Leicht verblichene Renaissancefresken schmücken die Wände, der mit antiken Möbeln ausgestatteten Gastzimmer. Die ursprünglich im 12. Jahrhundert erbaute Burg wurde im 16. Jahrhundert von Cristoforo Madruzzo, Bischof von Trient (Trento), der 1545 das Konzil in Trento eröffnete, zu einem noblen Wohnsitz umgebaut. Nachdem es einige Zeit als Sommerresidenz der Fürstbischöfe von Trient (Trento) diente, erwarb die Familie Wolkenstein den Ansitz im 17. Jahrhundert. Heute ist die Burg im Privatbesitz eines Trentiner Landwirts.

Sehenswert: Castel Drena

Fährt man vom Castel Toblino nicht auf der Hauptstraße, sondern auf der kleineren Parallelstraße weiter in Richtung Gardasee, lohnt sich ein Abstecher entlang des malerisch gelegenen Lago di Cavedine zum Castel Drena. Das sehr gut renovierte Schloss blickt auf eine lange Geschichte zurück. Es war einmal eine der großen mittelalterlichen Anlagen des Trentino, das der Bewachung der Handelswege diente. Im Jahre 1703 wurde die Burg von den französischen Truppen unter der Leitung des Generals Vendôme zerstört.

Der im Wesentlichen romanische Bau mit gotischen Elementen aus dem 16. Jahrhundert wurde in den achtziger Jahren umfangreich saniert und so vor einem weiteren Verfall gerettet. Das Schloss, das über der beeindruckenden Steinwüste thront, kann ganzjährig besichtigt werden. Von den Zinnen der Burganlage hat man einen wunderschönen Blick auf das Sarcatal und die Felslandschaft Marocche. In den ansprechenden Räumlichkeiten finden Ausstellungen und im Sommer im Innenhof auch Konzerte statt. Nähere Angaben über die Öffnungszeiten und über die Termine der kulturellen Veranstaltungen erfahren

AUTORENTIPP!

ARCHÄOLOGIE UND WANDERN

Wer sich beim Wandern nicht nur an der Natur erfreuen will, sondern auch archäologische Entdeckungen machen möchte, der findet im Valle dei Laghi eine reizende Tour, die beides bietet. Sie fahren nach Lasino, zum Agriturismo Dosila (Loc. Dosila Lasino Tel: 0461/56 30 95 – Mobil 0039/339-336 25 09). Von hier aus wandert man nach Lasino, dann vorbei an der »Chiesa dei Santi Pietro e Paolo« durch weitläufige Felder zum Castel Madruzzo. Sie folgen weiter den Schildern Lasio-San Siro bis zur Kirche »Chiesa di San Siro«! Nun geht's auf und ab durch den Wald und mit herrlichen Ausblicken auf den Lago Cavédine. Im Dorf Cavedine nehmen Sie den »Sentiero Lasino« und wandern durch Felder und Weingärten zurück zum landwirtschaftlichen Gut Dosila. Auf diesem 14 km langen Wanderweg gibt es eine Reihe von archäologischen Funden zu entdecken, wie z. B. den »Carega del Diaol« ein riesiger Fels, der einst als Teufelssitz bezeichnet wurde oder den »Dain« eine sagenumwobene Felswand, deren Name noch aus dem Keltischen stammt.

Kristallklar und erfrischend ist das Gebirgswasser.

Oben: Castello von Arco
Mitte: Die heimelige Osteria dal Lorenzin in San Massenza
Unten: Forellen aus der Fischzucht der Familie Mandelli

Sie in Tourismusbüros des Trentino (www.gardatrentino.it). Falls Sie im Herbst hier Urlaub machen, versäumen Sie nicht, die köstlichen Maroni zu probieren. Drena ist berühmt für seine »Maroni di Drena«, die in den Wäldern rund um den Ort an über 1000-jährigen Kastanienbäumen reifen.

Steiniges Biotop

Entlang der Hauptstraße nach Riva sieht man auf der linken Seite kilometerlang riesige Felsbrocken, die einer Mondlandschaft gleichen: es ist die »Marocche«. Das Trentiner Wort »Marocche« leitet sich von dem Begriff »paleoeuropeo« ab, das »Stein« bedeutet. Diese Steinwüste entstand zum Ende der Eiszeit. Eine riesige Steinlawine rutschte vom Monte Brento und vom Monte Casale ab ins Tal und blieb bis heute, nahe dem Ort Dro, so liegen. Die »Marocche« ist seit einigen Jahren ein Biotop, das unter Naturschutz steht. Auf einem schmalen Weg durch diese eigenartige Steinlandschaft kann man die naturkundlichen Besonderheiten dieses steinigen Naturschutzgebietes erkunden. Einige Rastplätze bieten die Möglichkeit, diese eigenwillige Szenerie in Ruhe zu bewundern.

MAL EHRLICH

AUGEN AUF BEI DER RESTAURANTAUSWAHL

Das Ambiente des Restaurants im Castel Toblino ist wunderschön und der Blick auf den See traumhaft. Leider aber ist die Küche nicht sehr beständig. Wer gut zu Abend essen möchte, dem empfehle ich im nahe gelegenen Santa Massenza, in der Osteria Dal Lorenzin, einzukehren. Das urige Restaurant befindet sich in einer alten Grappa-Brennerei. Die Küche ist vorzüglich, und bei den Weinen stehen die Winzer des kleinen Dorfes im Mittelpunkt. Zum Abschluss gibt es natürlich eine feine Grappa, die auf jeden Fall immer von einem Poli kommt.

ESSEN UND TRINKEN

Osteria Fior di Roccia. Frische Produkte der Region stehen hier im Mittelpunkt. Strada di Castel Tonin, 5, 38070 Lon di Vezzano, Tel. 0461/86 40 29, www.osteriafiordiroccia.com. Ruhetag: Mo, Di

Osteria dal Lorenzin. Urig, in einer antiken Grappa Brennerei. 38070 Santa Massenza di Vezzano, Tel. 0461/34 00 29, www.osteriadallorenzin.it. Öffnungszeiten: nur abends, Ruhetag: So

Azienda Agricola Pisoni. Via San Siro 7/Pergolese di Lasino, 38070 Sarche, Tel. 0461/56 32 16, www.pisoni.net. Öffnungszeiten: Mo–Fr 8–12 und 14–18 Uhr

Azienda Agricola Pravis. Loc. Le Biolche 1, 38076 Lasino, Tel. 0461/56 43 05, www.pravis.it. Öffnungszeiten: Mo–Fr 8–12 und 14–18 Uhr

ÜBERNACHTEN

Hotel due laghi **. Via Nazionale, 117, 38070 Padergnone, Tel. 0461/86 41 98, www.hotelduelaghi.it. Ruhetag Restaurant: Mo

Piccolo Principe Suite Hotel *.** Familglia Floriani, 38072 Fraz. Lagolo di Calavino, Tel. 0461/56 42 50, www.piccoloprincipehotel.it

Hotel Daino *.** Loc. Pietramurata, 38074 Dro, Tel 0464/50 71 31, info@hoteldaino.it, www.hoteldaino.it

Hotel Ciclamino *.** Via Cargadori 1, 38070 Pietramurata, Tel. 0464-50 71 40, www.hotelciclamino.com. Ruhetag Restaurant: Di

EINKAUFEN

Cantina Toblino & Hosteria. Ein moderner Laden, mit typischen Produkten der Region und Weinen aus ganz Italien, sowie ein Restaurant mit heimischen Gerichten. Via Garda 3, 38072 Sarche di Calavino, Tel. 0461/56 11 13, www.toblino.it

In der Cantina Toblino kann man Wein und heimische Produkte kaufen und genießen.

VERANSTALTUNGEN

Uffici Centrale Fies c/o centro culturale. Jedes Jahr im Juli findet hier das Drodesera-Festival statt. Moderne Kunst, Tanz und Konzerte von jungen Künstlern. Via Cesare Battisti 14, 38074 Dro, Tel. 0464/50 47 00, info@centralefies.it, www.teatroecritica.net

AKTIVITÄTEN

Das Valle dei Laghi ist Ausgangspunkt für ausgedehnte Wanderungen unterschiedlicher Schwierigkeitsgrade. Wunderschön zum Beispiel eine Tour von Vezzano zum Lago Toblino und über das Grappadorf Santa Massenza zurück nach Vezzano. Die steilen Felswände bei dem Dörfchen Dro sind ein Freeclimbing-Paradies.

INFORMATION

Termine für Veranstaltungen und was es sonst noch Sehens- und Entdeckenswertes gibt:

INGARDA. Viale delle Palme, 1, 38062 Arco, Tel. 0464/53 22 55, info@gardatrentino.it, www.gardatrentino.it

Consorzio Pro Loco Valle dei Laghi. Trento Monte Bondone, Via Roma 63, 38070 Vezzano, Tel. 0461/86 44 00, info@valledeilaghiturismo.it, www.valledeilaghiturismo.it

2 Arco
Nizza des Trentino

Das hübsche mittelalterliche Städtchen Arco, etwa zehn Autominuten vom Nordufer des Gardasees entfernt, wenn man in Richtung Trient (Trento) fährt, war zu Zeiten der k.u.k. Monarchie ein beliebtes Ferienziel der Habsburger. Dank des milden Klimas und der durch die hohen Berge geschützten Lage gedeiht hier eine Vielfalt bezaubernder exotischer Pflanzen.

Mitte: Die Burg von Arco ist weithin sichtbar.
Unten: Das Team vom Alla Lega

Weithin sichtbar: das Castello

Auf einem 273 Meter hohen Felsberg, der nach Norden sehr steil abfällt, erbaute das Geschlecht der Arco 1124 diese Festung, die lange Zeit als uneinnehmbar galt. 1703 jedoch zerstörten die Truppen des französischen Feldherrn Vendôme die Burg weitgehend. Wer sich intensiver mit der Geschichte der Arcos beschäftigt, weiß, dass man diesem Herrschergeschlecht mit dem Stammsitz in Arco eine brutale Feudalherrschaft nachsagte. Es ranken sich gruselige Geschichten um die Burg und diese Familie.

Gottlob hat Albrecht Dürer die beeindruckende Burg zu seiner Zeit (1495) noch in voller Pracht gesehen und sie in einem Aquarell für die Nachwelt festgehalten. Auf dem Burgberg haben sich in Laufe der Jahrhunderte Zypressen, Olivenbäume und Steineichen angesiedelt, die dem steilen Berg mit der Burgruine einen sympathischen, mediterranen Touch verleihen. Heute ist die Burg auf gut befestigten Wegen, die durch schattige Olivenhaine führen, in etwa zwanzig Fußminuten erreichbar. Seit 1982 ist sie in Besitz der Gemeinde Arco, die in den vergangenen Jahren auch einige Reno-

vierungsarbeiten vorgenommen hat. Unter anderem wurden die Türe saniert und der Mauerring um dieses prachtvolle Bauwerk für die Besucher noch reizvoller und sicherer gestaltet.

Charme der k. u. k. Monarchie

Die pittoreske Altstadt mit ihren mittelalterlichen Häusern, schönen Brunnen und noblen Villen schmiegt sich ringförmig um den Burgberg. Es macht Spaß, durch die engen Gassen zu bummeln, die hübschen Villen und Palazzi zu bestaunen und in einer der vielen Cafés oder Bars ein Eis zu schlecken oder einen Aperitivo zu genießen.

Arco ist eigentlich keine typisch italienische Stadt, sie ist vielmehr stark von der k. u. k. Monarchie geprägt, was dem Städtchen einen ganz besonderen Charme verleiht. Nachdem sich Erzherzog Albrecht in der zweiten Hälfte des 19. Jahrhunderts in der Via del Glicini einen Palast bauen ließ, umgeben von einem prachtvollen Park, folgten viele weitere österreichische Adelige seinem Beispiel. Es entstanden zahlreiche Jugendstilvillen, und bald wurde Arco ein beliebter mondäner Winterkurort für Reiche. Von diesem Charme hat Arco bis heute nichts eingebüßt, auch wenn die Besucher heute eher Kletterer und Mountainbiker sind.

Kirchen, Villen, exotische Flora

Die kleine Besichtigungstour beginnt man am besten am Duomo Santa Maria Assunta, auch Collegiata genannt. Auf dem Platz vor der Kirche kann man den Moses-Brunnen aus dem 16. Jahrhundert bewundern. Im Inneren der 1671 fertiggestellten Spätrenaissance-Kirche, die in den 90er-Jahren des vergangenen Jahrhunderts aufwendig renoviert wurde, sind vor allem die überaus prunkvollen Altäre und faszinierende Gemälde se-

AUTORENTIPP!

CARNE SALADA

ÖKO

Carne salada ist gepökeltes Rindfleisch, das man entweder dünn aufgeschnitten, ähnlich einem Carpaccio, serviert bekommt oder gekocht mit weißem Bohnengemüse. Noch vor Jahren gab es Carne salada ausschließlich im Trentino, seit einiger Zeit findet man es jedoch auch auf den Speisekarten rund um den Gardasee und kann es sogar in gut geführten Supermärkten kaufen.
Aber das hat nichts mit einer echten Carne salada zu tun, wie man sie in der Trattoria Belvedere bekommt. Signora Silvia, die derzeit das Regiment im rustikalen Gasthaus führt würde ihr streng gehütetes Geheimrezept, das seit Generationen ausschließlich in der Familie weitergegeben wird nie verraten. Nur so viel: »Wichtig ist in erster Linie die Qualität des Rindfleisches« erklärt la Signora »und das beziehen wir seit jeher von einem nahe gelegenen Bauernhof.
Das Geheimnis des guten Geschmacks hängt dann von der richtigen Salzmenge, den verwendeten Aromaten und der Dauer des Einlegens ab.«
Buon appetito!

AUTORENTIPP!

AUF DEN SPUREN RILKES

Der junge Rainer Maria Rilke sollte auf Wunsch seiner ehrgeizigen Mutter, nachdem er das Abitur mit Auszeichnung bestanden hat, eigentlich eine Offizierskarriere anstreben.
Er hingegen entschied sich für eine Dichterexistenz, die er vor allem in Arco zu verwirklichen begann. Als er 1897 seine Mutter in Arco besuchte, war er unsterblich verliebt in Lou Andreas-Salomé, geborene Louise von Salomé, eine weitgereiste Schriftstellerin, Erzählerin und Psychoanalytikerin aus einer russisch-deutschen Familie. Die 15 Jahre ältere Dame begleitete ihn nicht auf dieser Reise, was ihn natürlich auf seinen Spaziergängen durch die Olivenhaine dazu inspirierte wunderbare Gedichte zu schreiben. Rilkes Mutter lebte damals in der Villa Florida in Arco, einer wunderschönen Villa, die auch heute noch zu sehen, allerdings nicht zu besichtigen ist. Rilke verweilte jeweils im März 1897, 1898 und 1899 in Arco.
Angeregt durch das Buch »Poeten am Gardasee« von Dr. Dirk Heißerer hat die Gemeinde einen Dichterweg auf den Spuren von Rainer Maria Rilke angelegt.

Jugendstilgebäude in Arco

henswert. Der Dom gilt als Highlight der Tridentinischen Renaissance. Noch aus der Zeit der Herrscher von Arco stammen drei Palazzi, alle erbaut zwischen dem 15. und 16. Jahrhundert, der wohl beeindruckendste davon ist der Palazzo Marchetti, direkt neben der Collegiata gelegen. Das Dach zieren venezianischen Kamine und an der Hausfront kann man ein Freskenfries mit Darstellungen von Göttern, Nymphen und Helden bestaunen. In den wunderschönen Renaissanceräumen im Inneren befindet sich ein Restaurant (Pizzeria).

Ganz in der Nähe des Doms ist der Kurpark ein idealer Platz, um die Seele baumeln zu lassen und sich an der vielfältigen Pflanzenwelt zu erfreuen. Mehr Lust auf Botanik? Dann besuchen Sie den Botanischen Garten (Parco Arciducale/Arboretum) am Fuße der Burg von Arco.

Wer sich für romanische Kirchen interessiert, sollte unbedingt Sant'Apollinare in Prabi, am linken Sarcaufer, vor der Brücke in Richtung Trient (Trento) besichtigen. Ein echtes Kleinod aus dem 7. Jahrhundert mit Fresken aus dem 14. Jahrhundert, die das Martyrium des Heiligen Appolinaris, Laurentius darstellen, sowie die Kreuzigung, die Grablegung und einiges mehr. Es ist ein großartiges Beispiel der Veroneser Malerei jener Zeit. An der Außenseite, geschützt durch ein Dach, kann man noch gut erhaltene lombardische Wandmalereien aus der Zeit um 1540 bestaunen. Um die Kirche zu besichtigen, muss man im Nachbarhaus um den Schlüssel bitten.

Das Kletterparadies

Das Städtchen Arco, früher begehrte Kurstadt der Adligen aus der österreich-ungarischen Monarchie, ist heute »das« Zentrum des Klettersports in Italien. Eine Vielzahl von Kletterfelsen – für An-

Wanderung zum Monte Colodri

Diese Wanderung ist auch für nicht sehr geübte Wanderer empfehlenswert, denn außer einer harmlosen Klettereinlage ist die Tour wirklich einfach zu gehen. Die beste Zeit für die Wanderung ist das Frühjahr oder der Herbst. Wer die Tour im Hochsommer macht der sollte früh aufstehen, denn es gibt nicht sehr viel Schatten auf dem Weg.

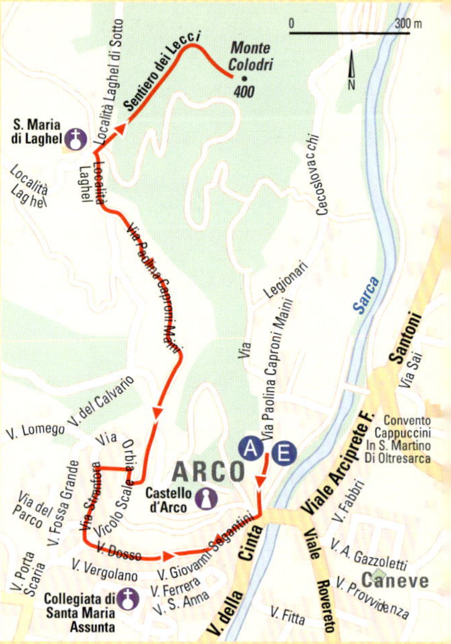

Nachdem Sie das Auto am Parkplatz an der Sarca-Brücke geparkt haben, geht's durch die hübsche Altstadt in Richtung der Kirche Collegiata di Santa Maria Assunta. Gegenüber der Kirche, die sich zu besuchen lohnt, beginnt der gut ausgeschilderte Weg zum Castello.

Zuerst geht's über eine Steintreppe aufwärts, anschließend beginnt ein bequemer Weg mit breiten Kehren. Immer wieder kann man auf dem Weg nach oben herrliche Ausblicke auf die Dächer von Arco genießen. Nach einer kurzen Burgbesichtigung gehen Sie auf einen breiten Weg in Richtung Burgparkplatz.

Nach dem Tor biegen Sie rechts ab und wandern auf einer schmalen Straße durch Olivenhaine steil aufwärts in Richtung Laghel. Vorbei an Kreuzwegstationen gelangen Sie zur Wallfahrtskirche Santa Maria di Laghel. Nach einem kurzen Innehalten führt der Sentiero dei Lecci hinauf zum Gipfel des Monte Colodri. Zahlreiche Hinweisschilder informieren über die Flora und Fauna links und rechts des Weges.

Der mächtige Dom von Arco

Sie halten sich bei allen Abzweigungen immer rechts und folgen der Beschilderung zum Monte Colodri. Kurz vor dem Berggipfel muss man ein nicht sehr schwieriges Kletterstück bezwingen, um zum riesigen Gipfelkreuz zu gelangen. Von hier aus hat man einen traumhaften Blick auf den Gardasee und den Monte Baldo.

Auf dem gleichen Weg geht's wieder zurück nach Arco, wo man sich in einer der zahlreichen Trattorien stärken kann.

Oben: Eine der zahlreichen Kletterwände von Arco
Mitte: Die nördlichsten Oliven Europas werden im Norden des Gardasees geerntet.
Unten: Essen, wo auch die Einheimischen hingehen

fänger und Fortgeschrittene – befinden sich in der Nähe. Außerdem gibt es eine überdachte Anlage, die das Klettern an künstlichen Griffen auch bei schlechtem Wetter ermöglicht.

Alljährliches Highlight ist die Freeclimbing-Meisterschaft »Rock-Master«, die im September stattfindet, und bei der man die besten Sportler der Welt bewundern kann. Dieses Ereignis ist nicht nur für leidenschaftliche Kletterer ungemein attraktiv und spannend, sondern auch für diejenigen, die diesen Sport nicht aktiv betreiben. Es hat schon 'was, wenn man die weltbesten Athleten in der Steilwand bewundern kann. Derzeit gibt es in der Umgebung von Arco etwa 80 Klettersteige, und jedes Jahr kommen neue Routen hinzu. Anfänger sollten sich in einer der zahlreichen Kletterschulen anmelden, um diesen Sport von der Pike auf zu erlernen. Routiniers können auf spezielle Kletterführer zurückgreifen, die es vor Ort, über Internet oder in Buchhandlungen zu kaufen gibt (z. B. Activity Guide Gardasee – hier finden Sie ein Kapitel mit spannenden, erprobten Klettersteigen am Gardasee)

Beliebter Mountainbiker-Treff

Während früher elegante Ladies und nobel gewandete Männer durch die Straßen von Arco flanierten, wimmelt es heute von sportiv gekleideten Menschen, häufig auf der Suche nach einem sicheren Stellplatz für ihr Mountainbike. Arco ist nicht nur bei Kletterern sehr begehrt, die hübsche Kleinstadt ist auch ein idealer Boxenstopp für Mountainbiker und auch ganz normale Radfahrer.

Rund um Arco gibt es zahlreiche Touren für Anfänger und Freaks. Der Ort selbst hat sich voll und ganz auf diese Sportarten eingestellt. Mountainbiker sind fast in jedem Ristorante willkommen.

Infos und Adressen

ESSEN UND TRINKEN

Trattoria Belvedere. Das Belvedere, ein wenig außerhalb von Arco gelegen, ist vor allem bei den Einheimischen sehr geschätzt, denn hier gibt es die beste Carne salada weit und breit. Herzlicher Service und immer gut besucht! Via Serafini, 2, 38062 Varignano di Arco, Tel. 0464/51 61 44. Öffnungszeiten: in den Sommermonaten geschlossen, besser vorher anrufen. Ansonsten mittags und abends geöffnet. Ruhetag: Mi

Restaurant alla Lega. Ein Traditionsrestaurant im Herzen von Arco, seit 1956. Mittlerweile von der 3. Generation geführt. Traditionelle Trentiner Küche und die dazu passenden Weine kann man hier im Palazzo de Conti d'Arco genießen. Via Vergolano, 8, 38062 Arco, Tel. 0464/51 62 05, www.ristoranteallalega.com. Öffnungszeiten: Mo–Fr nur abends geöffnet (18.30–22.30 Uhr). Sa, So auch mittags von 12–14 Uhr

Vorzüglich speist man im Alla Lega.

ÜBERNACHTEN

Vivere – suites and rooms **.** Sie suchen Ruhe und Entspannung in einem modernen und harmonisch in die Natur eingefügten Ambiente? Dann sind die Suiten und der Wellnessereich von »vivere« perfekt für Sie. Herstellung von heimischen Produkten. Via Epifanio Gobbi, 39062 Arco, Tel. 0464/51 47 86, www.agrivivere.com

Parc Hotel Il Vigneto *.** Das Hotel liegt einen knappen Kilometer von der Altstadt von Arco entfernt inmitten von Weinbergen. Wellnesscenter und Merlot aus dem hauseigenen Weinkeller machen der Urlaub perfetto. Viale Rovereto, 56, 38062 Arco, Tel: 0464/51 47 87, www.parkhotelilvigneto.com

Agritur Santorum. Der neu erbaute Agriturismo liegt nur einen Kilometer vom Centro storico von Arco entfernt. In ruhiger Lage kann man sowohl Zimmer, Suiten und kleine Wohnungen mieten. Via Cerere, 61, 38062 Arco, Tel: 0464/51 28-78 www.agritursantorum.it

VERANSTALTUNGEN

Rockmaster. Alljährlich, meist im September, stattfindende Weltmeisterschaft der Kletterer. An der imposanten Kletterwand im Kletterstadion von Arco messen sich die weltbesten Freeclimber bei einem internationalen Wettkampf. Nicht nur für Hobbykletterer ein sehenswertes Spektakel! Mehr Infos unter: www.rockmaster.com

AKTIVITÄTEN

Parco Arciducale/Arboretum. Im Botanischen Garten kann man bei einem entspannenden Spaziergang Palmen, Mammutbäume und weitere tropische Pflanzen bestaunen. Geöffnet ganzjährig bei freiem Eintritt. Via Lomego, 38062 Arco, Tel. 0464/51 71 11

INFORMATION

Termine für Veranstaltungen und was es sonst noch Sehens- und Entdeckenswertes gibt:

INGARDA. Viale delle Palme, 1, 38062 Arco, Tel. 0464/53 22 55, info@gardatrentino.it, www.gardatrentino.it

Mitte: Die Strandpromende von Riva
Unten: Zwischen Riva und Torbole gleicht der Lago einem norwegischen Fjord.

3 Riva del Garda

Malerische Hafenstadt

Die zweitgrößte Stadt am Lago di Garda (nach Desenzano), kann auf eine bewegte Geschichte zurückblicken, die sich deutlich im Stadtbild widerspiegelt. Venezianische und k. u. k. Einflüsse prägen das Bild der malerischen Altstadt mit ihren verwinkelten Gassen. Ein bunter Mix aus Jugendstilvillen, herrschaftlichen, mit barocken Ornamenten verzierten oder bemalten Häusern und mächtige Türme verzaubern die Besucher.

Lebhafte Vergangenheit

Das Städtchen Riva, das zu Zeiten der Römer »Ripa« (Ufer) hieß, war eine bedeutende und daher arg umkämpfte Hafenstadt. Mangels Straßen rund um den Gardasee fand der Handel damals hauptsächlich auf dem Wasser statt, deshalb waren die Hafenstädte wichtige Stützpunkte für die jeweiligen Herrscher. Riva, der größte Hafen im nördlichen Teil des Gardasees, war mal unter der Herrschaft der Veroneser, mal der Mailänder, Venezianer und Tiroler, aber auch der Bischöfe von Trient (Trento) und bis zum Ende des 1. Weltkrieges der Habsburger. Die Fürstbischöfe von Trient (Trento) regierten Riva von 1510 bis 1802, danach wurde die Stadt von den Habsburgern erobert, die bis 1918 blieben und nachhaltig das Erscheinungsbild prägten. Mit dem Frieden von Saint-Germain im Jahre 1919 mussten die Österreicher Riva del Garda und unter anderem auch Südtirol an Italien abtreten. Wer heute durch die belebte Altstadt bummelt, erfreut sich an der geschichtlich geprägten, wunderschönen Mischung aus venezianischem und habsburgischem Baustil.

Bella Vista vom Torre Apponale

Der 34 Meter hohe Torre an der Ostseite der Piazza 3 Novembre wurde im 12. Jahrhundert als Wachturm für den Hafen erbaut. Im Laufe der Jahrhunderte wurde er mehrmals umgebaut und für unterschiedlichste Zwecke verwendet. Zuletzt hat man den Torre 2002 komplett renoviert. Nun kann man von März bis Oktober die 165 Stufen nach oben gehen, um vom Aussichtsbalkon die Schönheit der Stadt zu bewundern. (Öffnungszeiten in den Sommermonaten von 10–18 Uhr. Ruhetag: Montag)

Und es gibt viel zu sehen, wie zum Beispiel die von Laubengängen umrahmte Piazza 3 Novembre mit dem am westlichen Ende befindlichen Palazzo Pretorio, den Cansignore della Scala 1375 erbauen ließ. Gleich daneben kann man den Palazzo del Proveditore aus der gleichen Zeit bestaunen. Daran schließt sich der Palazzo del Comune an, der von den Venezianern im 15. Jahrhundert erbaut wurde. Sehenswert ist auch die »Rocca«, eine im 12. Jahrhundert von den Scaligern auf den Ruinen einer römischen Festung erbaute Wasserburg. Unter dem Regime der Trienter Fürstbischöfe kam eine schöne Parkanlage mit Teichen hinzu, und außerdem begannen sie das Kastell wohnlicher zu gestalten. Die Österreicher machten diese Verschönerung wieder zunichte, da sie die Burg als Kaserne nutzten. Heute ist die Rocca di Riva trotz der vielen Veränderungen im Laufe der Zeit eine strenge, aber zugleich elegante Erscheinung und aktuell Sitz des Stadtmuseums. Hier kann man bedeutende Zeugnisse heimischer Geschichte, Kunst und Kultur besichtigen. (Öffnungszeiten: 10–12.30 und 13.30–18 Uhr. Ruhetag: Montag – in den Sommermonaten keiner). Lässt man den Blick ein wenig weiter schweifen, entdeckt man gleich neben den gepflegten Parkanlagen der

AUTORENTIPP!

AGRARIA RIVA DEL GARDA

ÖKO

Am Ortsrand von Riva, wenn man in Richtung Arco fährt, gibt es seit einigen Jahren nicht nur eine nach den neuesten Erkenntnissen der Technik konstruierte Genossenschafts-Kellerei und -Ölmühle, sondern auch einen dazugehörenden Verkaufsraum, das Corte del Tipico.

Hier kann man nicht nur die Weine und die sehr feinen, immer wieder prämierten Olivenöle der Genossenschaft kaufen, sondern vieles mehr, was im Trentino an schmackhaften Produkten hergestellt wird: angefangen vom typisch groben Polentagrieß, über aromatisch eingelegte Steinpilze, würzige Gemüsesugos, knusprige Grissini, leckere Torta di Fregoloti, Marmeladen aus heimischen Früchten, köstliche Honigsorten bis hin zu feinsten Käse und Schinken – alles von umliegenden Produzenten. Das alles wird in einem lichtdurchfluteten modernen Verkaufsraum präsentiert. Ausreichend Parkplätze gibt es vor dem Eingang.

Agraria Riva del Garda
Via San Nazzaro, 4
38066 Riva del Garda
Tel.: 0464/55 21 33
www.agririva.it

Oben: Eis, Espresso oder Spritz mit Blick auf den See
Mitte: Die Strandpromenade vom See aus betrachtet
Unten: Im Norden des Gardasees bläst der Wind, den Segler lieben.

»Rocca«, die Pfarrkirche dell'Assunzione della Beata Vergine Maria, eine im Barockstil erbaute Kirche mit acht Seitenkapellen. Gleich dahinter befindet sich ein altes Stadttor, die Porta San Michele, dessen Turm der Kirche zugleich als Glockenturm dient. Kunsthistorisch interessierte Besucher sollten auf jeden Fall die Kirche dell'Inviolata besuchen, die etwas außerhalb der Burgmauer liegt. Erst im Inneren zeigt sich die wahre Pracht dieser Kirche: sensationellen Stuckarbeiten und beeindruckende Fresken.

Man kann gut nachvollziehen, dass sich in diesem reizenden Städtchen seit jeher Dichter und Denker wohl gefühlt haben. Riva ist daher ein wahres Schatzkästchen, wenn man sich für Literatur interessiert. So kann man nachlesen, dass die Piazza mit dem Torre die Kulisse für den Theater-Roman »Die kleine Stadt« von Heinrich Mann abgab. Die Brüder Thomas und Heinrich Mann waren gerne hier zu Gast in Riva und erholten sich, ebenso wie Franz Kafka, im Sanatorium Hartungen, das im 19. Jahrhunderts ein begehrtes Ziel prominenter Genesungssuchender war. Thomas Mann, der hier 1901, 1902 und 1904 seine Kur genoss, fand in Riva Anregungen für seine Sanatoriumsnovelle »Tristan« und ruderte voller Begeisterung auf dem See zwischen den steilen Bergen umher. Franz Kafka schrieb während seines Sanatoriumsaufenthalts seine »Briefe an Felice« und der Philosoph Friedrich Nitzsche, der im Jahre 1880 im Hotel Sole logierte, prägte hier seinen oftmals zitierten geistreichen Ausspruch: »Mit Italien lebt man wie mit einer Geliebten: heute in heftigem Zank und morgen in Anbetung!«

Sicherlich tragen auch diese kulturellen Einflüsse dazu bei, dass Riva auch heute noch ein wenig feiner und teuerer ist, als das nur wenige Kilometer entfernte Torbole.

ESSEN UND TRINKEN

Leon d'oro. Ein herzlich geführtes Familienunternehmen! Trotz einer umfangreichen Speisekarte isst man hier vorzüglich und das sogar am Nachmittag, außerhalb der üblichen Essenszeiten. Via Fiume, 28, 38066 Riva del Garda, Tel. 0464/55 23 41, www.leondororiva.it. Ruhetag: keinen. Betriebsferien: November–März

Al Volt. Seit vielen Jahren ist das elegante Traditionsrestaurant in einer der ältesten Gassen der Stadt eine gute Adresse für eine feine Küche mit französischem Touch. Das Team ist ausgesprochen freundlich und bemüht. Via Fiume, 73, 38066 Riva del Garda, Tel. 0464/55 25 70. Ruhetag: Mo. Betriebsferien: 15. Februar–15. März

Im Leon d'Oro isst man gut und das auch außerhalb der üblichen Essenszeiten.

Das freundliche Team des eleganten Al Volt

ÜBERNACHTEN

Im traditionsreichen Ferienort Riva del Garda gibt es natürlich viele Hotels in allen Preisklassen. Einige empfehlenswerte sind z. B.:

Hotel Lido Palace ***.** In dem Belle Epoque Palast stehen den Gästen 42 luxuriöse Zimmer und Suiten zur Verfügung und natürlich ein schicker Spa Bereich sowie feine Restaurants und Bars. Via Carducci, 10, 38066 Riva del Garda, Tel. 0464/02 18 99, www.lido-palace.it

Locanda Restel de Fer. Das zu einem Hotel umstrukturierte Haus ist seit dem 14. Jahrhundert Wohnsitz der Familie Meneghelli, die das kleine charmante Hotel und das dazugehörende Restaurant betreiben. Via Restel de Fer, 10, 38066 Riva del Garda, Tel. 0464/55 34 81, www.resteldefer.com

Residence Vecchio Porto Excelsior. Direkt am See gelegen und dennoch nur wenige Minuten vom Stadtzentrum entfernt, liegt diese Residenz mit den Ferienwohnungen in unterschiedlichen Größen. Via Gargnano, 2, 38066 Riva del Garda, Tel. 0464/52 18 31, www.residence-excelsior.com

INFORMATION

INGARDA. Largo Medaglie d'Oro al Valor Militare, 5 38066 Riva del Garda, Tel. 0464/55 44 44, www.gardatrentino.it

Oben: Den See erkunden mit einem Ausflugsdampfer
Mitte: Der Kapitän kennt sich aus.

4 Tagesausflug mit dem Schiff

Entdeckungstour zu Wasser

Eine Schifffahrt auf dem See gehört zum Gardasee-Urlaub, wie der Vino und die Pasta. Nur vom See aus kann man die prächtige Bergwelt des West- und Ostufers, sowie die kleinen Inseln in aller Ruhe bewundern. In fast allen Orten entlang des Ufers kann man Rundfahrten oder beliebige Strecken mit dem Schiff buchen.

Stressfrei von Nord nach Süd

Wer von Riva aus den See erobern möchte, hat keine andere Wahl, als sich in einen der Ausflugsdampfer zu setzen, denn im trentinischen Teil des Gardasees sind Motorboote verboten. Im Tourismusbüro oder direkt an der Anlegestelle hängen die Fahrpläne mit den unterschiedlichsten Routen aus. Wer sich von Riva aus auf Fahrt an die Südspitze begibt, muss einen ganzen Tag einplanen und seine diversen Zwischenstopps genau timen, denn das letzte Schiff von Desenzano fährt bereits um 17.50 Uhr ab und legt um 20 Uhr in Riva an (Sommerfahrplan 2011).

Die spannende und schöne Entdeckungsreise geht erst einmal nach Limone und von hier aus weiter auf die Ostseite, in den Hafen von Malcesine. Weiter geht es über Brenzone, um von hier aus wieder auf die andere Uferseite überzusetzen. Angelegt wird dort dann in Gargnano, Maderno, Gardone und Salò. Hier lohnt es sich, einen kleinen Stadtbummel einzuplanen, denn es gibt sehr schicke Geschäfte und gute Ristorante. Die nächste Station auf der Ostseite ist der Hafen von Garda. Genießen Sie vom See aus den Blick auf Punta

San Vigilio, dem wohl romantischsten Platz am Gardasee (vor allem außerhalb der Hochsaison). Von Garda aus fährt das Schiff weiter nach Bardolino und wieder schnurstracks über den See nach Sirmione. Die Halbinsel mit der pittoresken Innenstadt ist ein begehrtes Ziel für Gardaseetouristen. Planen Sie also einen kleinen Stopp ein, oder ziehen Sie es gleich vor, von hier aus das letzte Schiff zurück in Richtung Riva zu nehmen. Es gibt auch die Möglichkeit Desenzano, die größte Stadt am Gardasee, sowie Peschiera zu besichtigen und von dort zurückzufahren.

Statt Stau – Traghetto

Wer in den Sommermonaten der stark frequentierten Gardesana ausweichen will und ohne Stress auf die andere Seeseite wechseln möchte, dem stehen zwei Autofähren (Traghetto) zur Verfügung. Eine Route verläuft von Limone am Westufer nach Malcesine gegenüber. Etwa 20 Minuten ist das Boot auf dem See unterwegs. Die Fähren verkehren im Einstundenrhythmus in der Saison vom 1. Juni bis 30. September, dann werden die Boote erst mal eingemottet.

Die zweite Möglichkeit ist die Autofähre von Torri del Benaco nach Toscolano-Maderno. Hier verkehren die Fährboote alle 35 Minuten. Das letzte Traghetto von Torri fährt um 20.25 Uhr ab und von Maderno um 19.50 Uhr (Sommerfahrplan 2011) ab. Auch diese Verbindung gibt es lediglich in der Saison vom 1. Juni bis 30. September. Also abends auf der einen oder der anderen Uferseite zum Essen gehen und dann gemütlich – ohne Risiko – zurückzufahren, das ist leider nicht möglich! Die Fahrscheine löst man am besten direkt an der Anlegestelle oder auf dem Boot. Für größere Gruppen empfiehlt sich eine rechtzeitige Reservierung bei Navigarda!

Infos und Adressen

FÄHREN UND BOOTE

NAVIGARDA. Hier erhalten Sie den aktuellen Fahrplan, alle Streckenmöglichkeiten und Preise für Ausflugsdampfer und Autofähren (Traghetto). Piazza Matteotti, 25015 Desenzano del Garda, Tel. 030/914 95 20, www.navigazionelaghi.it

INGARDA TRENTINO AZIENDA PER IL TURISMO S.P.A. Informationen über Schiffsverbindungen von Riva ausgehend. Largo Medaglie d'Oro al Valor Militare, 5, 38066 Riva del Garda, Tel. 0464/55 44 44, www.gardatrentino.it

SIRMIONEBOATS. Wer sich – außerhalb der motorbootfreien Zone im Trentino – ein Motorboot für Rundfahrten für Einzelpersonen und Gruppen, z. B. für Hochzeiten oder Geburtstage (von 12 bis 30 Personen) buchen möchte, inclusive Fahrer, der kann dies hier tun. Viale Marconi, 18, 25019 Sirmione, Tel. 030/919 66 94, www.sirmioneboats.it

Weitere detaillierte Angaben über die Abfahrtszeiten und eventuelle Möglichkeiten der Zwischenstopps erhalten Sie auch bei der Anlegestelle oder direkt auf dem Boot.

Volle Fahrt voraus

5 Lago di Tenno und Varone

See und Wasserfall

Ein Ausflug ins Tennotal ist nicht nur wegen des fast schon kitschig wirkenden azurblauen, kreisrunden Sees reizvoll, sondern auch wegen der kleinen, ineinander verschachtelten mittelalterlichen Dörfer ringsum. Man kann den See umwandern, aber auch mit dem Auto eine kleine Rundtour machen. Badesachen nicht vergessen, der Minisee erreicht im Sommer angenehme Temperaturen.

Eingebettet in eine noch nahezu unberührte Naturlandschaft bezaubert der fast kreisrunde Minisee auf 579 Meter Höhe mit seiner fast schon unwirklich blau schimmernden Farbe die Besucher. Er wirkt – von oben gesehen – wie ein blaues Auge, in dem sich Bäume und Wolken spiegeln. Ein wahrlich idealer Platz für alle, die abseits vom touristischen Rummel am Gardasee in Ruhe wandern und baden möchten.

Da der Bergsee nur 50 bis 60 Meter tief ist, erwärmt er sich rasch! Zudem sind die Ufer flach und somit auch für Kinder bestens badegeeignet. Und nicht zuletzt ist der Lago di Tenno ein Paradies für Petri-Jünger, denn im sauberen Wasser tummeln sich viele Fische. An der Bar des Hotels und Restaurants Stella Alpina, direkt am Ufer gelegen, kann man eine Tageserlaubnis zum Fischen erwerben und natürlich auch in einem der neu renovierten Zimmern übernachten.

Sehenswert sind auch die kleinen Dörfer Tenno, Ville de Monte und Calvola, besonders idyllisch ist das mittelalterliche Dörfchen Canale, das sehr

Mitte: Tenno, schmuckes Bergdorf
Unten: Lago di Tenno – azurblaues Wasser umgeben von schattigen Wäldern

Wandertour zum Lago di Tenno

Die gut zweistündige Wanderung beginnt am Parkplatz der Grotta di Varone. Unvergesslich ist gleich der Beginn, die enge Klamm durch die der Varone-Wasserfall fast 100 Meter in die Tiefe stürzt. Keine Angst, der Weg durch die Schlucht ist gut gesichert, lediglich ein paar Wasserspritzer kann man abbekommen.

Anschließend folgt man einer breiten Straße in Richtung Tenno. Bereits nach etwa 200 Meter biegen Sie links in den Sentiero Gola di Tenno ab und wandern durch einen Olivenhain aufwärts bis Cologna. Auf einem Gehweg geht's zu einer kleinen Klamm unterhalb von Tenno, und dann folgen Sie dem Wegweiser nach Frapporta.

Dieses winzige Dörfchen liegt unterhalb des Castello di Tenno, das in Privatbesitz ist. Nachdem Sie den Ortskern von Tenno hinter sich gelassen haben, folgen Sie einer rot-weißen Markierung! Durch einen Hohlweg geht's hinauf nach Calvola auf 642 Meter Höhe und weiter nach Canale. Achten Sie nach einem malerischen Borgo auf die Markierung 406, die Sie nördlich aus dem Dorf leitet. Nach etwa 200 Meter bleiben Sie links und wandern immer dem Hang entlang.

Der Tennosee liegt unmittelbar hinter einem Bergsturzgelände. Wenn Sie am See abgekommen sind, gibt es auf der westlichen Seite nicht nur eine Restaurant, sondern auch eine Bushaltesstelle, wo Sie, falls Sie nicht zu Fuß zurückgehen möchten, bequem nach Riva fahren können.

Wer noch nicht müde ist, kann den kleinen See auch umwandern, das schafft man in etwa einer dreiviertel Stunde. Gehzeiten: Varone–Tenno (1 Std.), Tenno–Lago di Tenno (1.15 Std.)

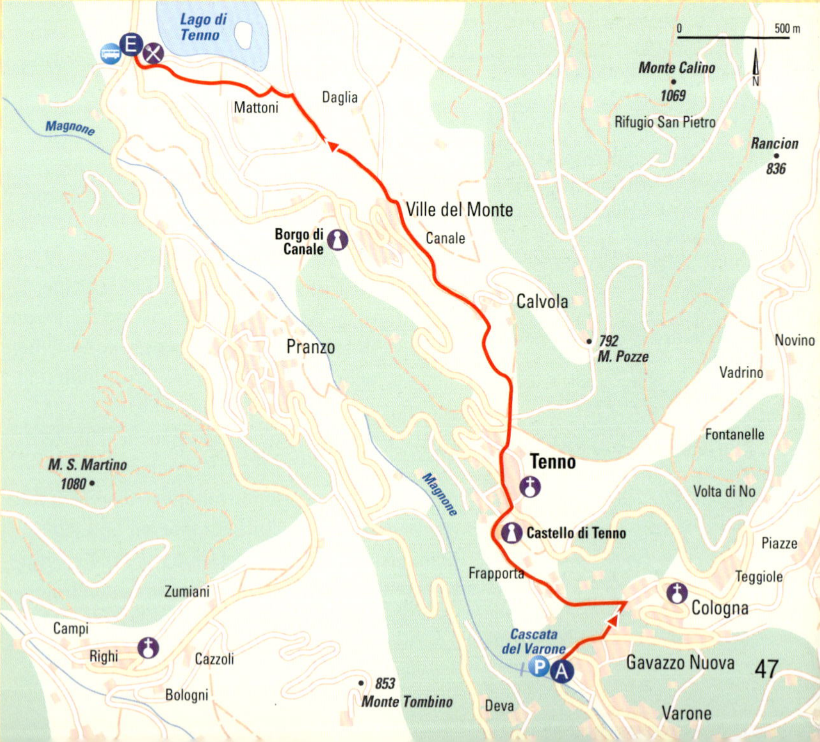

AUTORENTIPP!

STRANGOLAPRETI – DIE SCHMACKHAFTEN PRIESTERWÜRGER

Hungrig geworden vom Wandern im Tennotal? Dann kehren Sie doch in der Trattoria »Al Castello« in Tenno ein. Das Traditionswirtshaus liegt neben dem Castel und ist stets stark frequentiert. Der Service ist herzlich, die Küche bodenständig und die Preise anständig. Wo immer Sie aber im Trentino einkehren, unbedingt probieren sollten Sie die Strangolapreti. Eine Spezialität die es nur im Trentino gibt und die Sie sich nicht entgehen lassen sollten.

Das sind auf der Zunge zergehende Spinatgnocchi, aus blanchiertem Spinat, eingeweichten, in Scheiben geschnittenen Semmeln und Eiern. Nachdem die Gnocchi fertig gegart aus dem Salzwasser kommen, werden sie noch in heißer Salbeibutter geschwenkt und mit frisch geriebenen Grana Trentino serviert. Dazu trinkt man traditionell den heimischen weißen Hauswein, einen Nosiola.

Strangolapreti heißt übersetzt »Priesterwürger«. Das kommt daher, weil die zarten Nocken einem Priester so gut geschmeckt haben, dass er sie so gierig gegessen hat und sie ihm in Hals stecken geblieben sind.

aufwendig renoviert wurde und als einer der schönsten Orte des Trentino gilt. Romantische enge Gassen mit Katzenkopfsteinpflaster, kleine Piazzi und sich aneinanderlehnende Häuser locken vor allem Kreative an, die sich hier gerne niederlassen! Im Künstlerhaus (casa degli artisti) gibt es immer wieder wechselnde Ausstellungen, und alljährlich im Sommer findet ein mittelalterliches Sommerfest statt.

Eindrucksvolles Naturspektakel

Nur wenige Autominuten von Riva und von Arco entfernt kann man ein eindrucksvolles Naturschauspiel erleben. Fast hundert Meter stürzt das Wasser eine enge Klamm mit lautem Getöse hinab, die sich vor weit über 20 000 Jahren, in der Eiszeit, gebildet hat. Von zwei übereinanderlicgenden Brücken aus und auf gut gesicherten Wegen kann man das Naturspektakel ohne Risiko beobachten.

Am 20. Juni 1874 eröffnete die Grotta Cascata del Varone in Anwesenheit des Königs von Sachsen und des Prinzen Nicola von Montenegro, die zu dieser Zeit gerade ihre Ferien am Lago di Garda verbrachten.

Thomas Mann, der immer gerne in Riva weilte, besichtigte im Winter 1901 die Cascata del Varone und war so beeindruckt, dass er sich im Anschluss daran folgende Notizen machte: »Ganz hinten in der engen, tiefen Schlucht aus nackten Felsen, glitschig wie große dicke Fischbäuche, stürzte die Wassermasse mit ohrenbetäubenden Lärm hinunter. Hinten, oben und überall hörte man bedrohliche und mahnende Rufe, Trompeten und raue Männerstimmen.« Erst viel später – 1924 – verarbeitete er diesen Text in seinem berühmten Roman »Der Zauberberg«!

SEHENSWÜRDIGKEITEN

Grotta Cascata del Varone. Via Cascata, 12, 38060 Tenno, Tel. 0464/52 14 21, www.cascata-varone.com. Eintritt pro Person: 5,50 €, Gruppen 4 €, Studenten 2,50 € (Stand 2011). Öffnungszeiten: 1. Mai bis 30. August von 9–19 Uhr, September: 9–18 Uhr, Oktober: 9–17 Uhr und die restlichen Monate von 10–17 Uhr

Beeindruckend, der Weg durch die Grotta Cascata del Varone

ESSEN UND TRINKEN

Trattoria Al Castello. Direkt neben der Burg von Tenno liegt diese seit vielen Jahren beliebte Trattoria. Es gibt was die Jahreszeit gerade so bietet, und das schmeckt gut! Via Castello, 3, 38060 Tenno, Tel. 0464/50 06 38

Sehenswert, das Künstlerdörfchen Canale

Trattoria Piè di Castello. Die Trattoria, die auf dem Weg von Riva nach Tenno in einem winzigen Dörfchen liegt, ist längst kein Geheimtipp mehr! Natürlich gibt es hier auch eine Carne salada, aber unglaublich köstlich und locker sind die Canederli (Knödel) in diversen, der Jahreszeit angepassten Versionen. Via Diaz 55, 38060 Colonia di Tenno, Tel. 0464/52 10 65

ÜBERNACHTEN

Hotel Restaurant Stella Alpina. Das Hotel mit dem dazugehörenden Ristorante liegt direkt am Ufer des Tennosees und ist ein reines Familienunternehmen. Die Zimmer sind neu renoviert, und die Küche ist bodenständig. Loc. Lago di Tenno, 5, 38060 Tenno, Tel. 0464/50 21 21

Club-Hotel Lago di Tenno. Das familiengeführte, Clubhotel kann auf eine lange Tradition zurückblicken. Im dazugehörenden Park gibt es einen Swimmingpool, einige Tennisplätze mit Nachtbeleuchtung und ein Restaurant mit traditioneller Trentiner Küche. Località Lago di Tenno, 570, 38060 Tenno, Tel. 0464/50 20 31, www.clubhoteltenno.com

INFORMATION

INGARDA. Largo Medaglie d'Oro al Valor Militare, 5, 38066 Riva del Garda, Tel. 0464/5 4 44, www.gardatrentino.it

6 Lago di Ledro – Molina

Bergsee mit Geschichte

Nur etwa 10 km vom Ufer des Gardasees entfernt, auf 655 Meter Höhe, liegt der tiefblaue Lago di Ledro, umgeben von saftigen Wiesen und grünen Bergen. Das »Museo dell Palafitte« zeigt, dass in diesen Trentiner Tal bereits vor fast 4000 Jahren Siedlungen entstanden.

Mitte: Lago di Ledro: eine Oase der Ruhe
Unten: Das Museo delle Palafitte zeigt die 4000-jährige Geschichte des Tals.

Paradiesisch: das Valle di Ledro

Gleich hinter Riva del Garda, in Richtung Limone, biegt eine Straße ab nach Molina und zum Lago di Ledro. Während man früher lediglich auf einer engen und kurvenreichen Straße zum Ziel kam, gelangt man heute, dank zweier Tunnels, ohne Mühe in das paradiesische Valle di Ledro.
Vorbei an Biacesa kommt man zum kleinen Dörfchen Pre: vom St. Martinstag am 11. November, bis zum 5. Februar dem Namenstag der St. Agathe, gelangen weder Sonnenstrahlen noch das Mondlicht hierher. Grund genug, nach dieser dunklen Zeit am St. Agathe Tag die Rückkehr mit einem großen Fest auf der Piazza zu feiern.

Bevor man den tiefblauen Bergsee erreicht, lohnt es sich, in Molina di Ledro das Museum der Pfahlbauten zu besuchen. Im Jahre 1929 entdeckte man in den Seegrund gerammte Pfähle. Forschungen ergaben, dass es Reste eines Dorfes aus der Bronzezeit waren, also mehr als 3500 Jahre alt. Direkt am Ufer kann man im »Museo delle Palafitte« ein nachkonstruiertes Pfahlbautendorf besuchen, das sehr anschaulich, auch gerade für Kinder, das Leben jener Zeit vermittelt. Ganz in der Nähe gibt es einen kleinen botanischen Garten mit schönen Picknickplätzen.

Lago di Ledro – Molina

Fährt man die SS 240 weiter am wunderschönen blauen See entlang, kommt man, vorbei an dem Dörfchen Mezzolago, bis nach Pieve di Ledro, dem touristischen Zentrum des Tals. Im Informationsbüro kann man sich Anregungen und Kartenmaterial für Wanderungen, Rad- und Mountainbike-Touren holen. Und natürlich findet man rund um den See auch viele Badestrände – der größte ist direkt in Pieve di Ledro. Hier lässt sich unbeschwert schwimmen, das Wasser hat Trinkwasserqualität! In Pieve kann man auch Tret- oder Segelboote mieten, und sogar surfen ist erlaubt. In den Trattorien des Tals wird bodenständige, traditionelle Trentiner Küche angeboten.

Eine besondere Spezialität in Pieve ist der Picco Rosso, ein knallroter Likör, der aus dem Sirup frischer Himbeeren und Erdbeeren gemacht wird. Nicht nur Einheimische, sondern viele Touristen schätzen seinen Wohlgeschmack, deshalb wird er seit 1982 auch nach Deutschland importiert. Im »Museo storico di Foletto« in Pieve kann man die Geräte besichtigen, mit denen der Picco Rosso und andere Schnäpse hergestellt werden. Mehr Informationen unter: www.piccorosso.info oder unter www.foletto.net.

MAL EHRLICH

RUHIGE OASE

Sie möchten surfen, segeln oder mountainbiken? Heiße Disconächte sind nicht Ihr Ding? Dann sind Sie hier richtig. Der See bieten viele Wassersportmöglichkeiten, aber das wilde Treiben, wie man es von Torbole kennt, hält sich hier in Grenzen. Dafür geht man abends gemütlich zum Essen, und man genießt einen erholsamen Urlaub mit der Familie. Ein See für die ganze Familie, weniger für Singles, die sich gerne ins Nachtleben stürzen, um ein wenig zu flirten ...

Infos und Adressen

SEHENSWÜRDIGKEITEN

Museo delle Palafitte del Lago di Ledro. Via al Lago, 1, 38060 Molina di Ledro, Tel. 0464/50 81 82, www.palafitteledro.it. Öffnungszeiten: 1. März–30. Juni und 1. September–30. November von 9–17 Uhr, Juli und August von 10–18 Uhr. Dezember–Februar geschlossen, Mo geschlossen. Eintritt 3,50 €, Familienkarte auf Nachfrage, z. B. (Eltern mit 1 Kind 7€

ÜBERNACHTEN

Family Wellness Camping al Sole *.** Direkt am Ufer des Ledrosees gibt es einen familiengerechten Campingplatz, der 2005 um eine ansprechende Wellnessanlage erweitert wurde. Superschön ist die Sauna mit Panoramafenster, Meditationsgarten, kleinem Pool und Unterwassermassage. Via Maffei, 127, Loc. Molina, 38060 Ledro, Tel. 0464/50 84 96. www.campingalsole.it

Hotel Garden *.** Das Hotel liegt etwa 5 Fußminuten vom Ledrosee entfernt in Pieve. Den Gästen steht ein großer Garten, ein Kinderspielplatz und ein Swimmingpool zur Verfügung. Via Vittoria, 6, 38060 Lago di Ledro – Pieve, Tel. 0464/59 10 33, www.gardenledro.it

INFORMATION

INGARDA. Largo Medaglie d'Oro al Valor Militare, 5, 38066 Riva del Garda, Tel. 0464/55 44 44, www.gardatrentino.it

Mitte: Torbole von Nago aus betrachtet
Unten: Das Surfer- und Seglerparadies

7 Torbole
Eldorado für Surfer

Magischer Anziehungspunkt von Torbole, dem ehemaligen Fischerdorf an der Sarcamündung, sind für die Surffreaks vor allem die beständigen Winde. Diesen ist es zu verdanken, dass aus dem verträumten Fischerdörfchen eines der gefragtesten Wassersportreviere Europas geworden ist. Was aber würde Goethe wohl sagen, einer der ersten deutschen Touristen, wenn er heute das ehemals ruhige Hafenstädtchen sehen würde?

Quirliges Surferparadies

Paradiesisch und verschlafen erlebte Johann Wolfgang von Goethe im Herbst 1786 das Fischerdörfchen an der Mündung der Sarca mit dem malerischen kleinen Hafen. Der Dichter war von dem kleinen verträumten Örtchen, das wohl eingebettet zwischen dem felsigen Bergrücken des Monte Brione (374 m) und den Ausläufern des Monte Baldo (2218 m) liegt, so sehr begeistert, dass es ihn zum Schreiben inspirierte. Heute erinnert noch das alte Zollhäuschen an der Hafenmole, wo er an der Fertigstellung von »Iphigenie auf Tauris« gearbeitet haben soll, und ein Medaillon im Albertihaus an den Besuch des berühmtesten deutschen Touristen.

Seit Surfer die super Windverhältnisse in Torbole entdeckt haben, ist es vorbei mit der Beschaulichkeit früherer Zeiten. Hier tobt der Bär, vor allem im Hochsommer! Das Städtchen ist voll mit jungen und jung gebliebenen Sportlern, allen voran natürlich Surfern, aber von Jahr zu Jahr gesellen sich auch Mountainbiker und Kletterer hinzu.

Mit dem Mountainbike zum Monte Velo

Ein sensationeller Panoramarundblick ist zwar garantiert, aber eine gute Kondition und Erfahrung im Mountainbiken sollte man für diese Tour zum Monte Velo schon mitbringen, denn die Abfahrt nach Nago hat an manchen Stellen ein stolzes Gefälle von 25 Prozent, und das fordert Fahrer und Bremsen.

Zuerst beginnt die Tour gemütlich in der Ebene entlang des Sees von Torbole in Richtung Riva. Dann geht es, vor Mecki's Bar, – dort wo die traumhaften Sandwiches locken – nach rechts auf dem Radweg nach Arco. Dieser führt ganz gemütlich am Flüsschen Sarca entlang bis Arco und dann auf der Teerstraße weiter, über Bolognano in Richtung Santa Barbara.

Die wenig befahrene Straße schraubt sich Kurve für Kurve auf eine Höhe von gut 1000 Meter. Man passiert den kleinen Ort Monte Velo und radelt dann weiter nach Santa Barbara. In dem hübschen Dorf gibt es im neuen Albergo Genzianella eine Trattoria, wo man sich noch vor der rasanten Abfahrt stärken kann.

Kurz vor dem Albergo geht die Abzweigung talwärts und, aufpassen, bei einer Hinweistafel nach einem Feld muss man rechts abbiegen. Vorbei an einem Bauernhof wird der Weg zu einem steinigen Trail, der sich aber geschmeidig fahren lässt. Auf etwa 1020 Meter teilt sich der Weg.

Sie fahren links in eine steile und steinige Trailpassage bis Sie nach kurzer Zeit das landwirtschaftliche Anwesen Giresole erreichen. Auf der ganzen Strecke hat man immer wieder eine atemberaubende Aussicht auf den nördlichen Teil des Gardasees. Der restliche Teil der Abfahrt führt auf einem Wirtschaftsweg bis Nago, der jedoch an manchen Stellen ein Gefälle von 25 Prozent aufweist. Von Nago aus geht es auf der alten Bundesstraße nach Torbole zurück.

AUTORENTIPP!

KULINARISCHE KÖSTLICHKEITEN

Angepasst an die meist jugendlichen, sportbegeisterten Gäste gibt es in Torbole in erster Linie zahlreiche Bars und Pizzerien für die schnellen Snacks oder die sättigende Pizza. Umso mehr ist Ivo Miorelli zu bewundern, der 1991 sein Ristorante »La Terrazza« mit einer völlig anderen Speisekarte eröffnete. Er setzte auf traditionelle Fischgerichte aus heimischen Fischen. Anfangs ohne großen Erfolg, aber Ivo gab nicht auf. Seit 1994 ist das Restaurant mit Toplage – direkt am See – stets gut besucht. Da Ivo aus einer Fischerfamilie stammt, wird er natürlich mit der frischesten Ware aus dem Lago versorgt. Die bereitet er nach traditionellen Rezepten zu, jedoch der modernen Ernährungsweise angepasst. Im Herbst erfreut er seine zahlreichen Stammgäste mit Gerichten aus Trüffeln, die von den umliegenden Bergen stammen. In dem verglasten Restaurant hat man einen Traumblick auf den Lago, der hier einem norwegischen Fjord gleicht.

La Terrazza.
Lago. Via Benaco, 14, 38069 Torbole,
Tel. 0464/50 60 83,
www.allaterrazza.com

Torbole zählt zu den weltbesten Surfspots.

Für echte Surffreaks ist Torbole aber ein wahres Eldorado, denn geschützt durch Gebirgszüge auf beiden Seiten entsteht eine Art Düseneffekt. Vormittags bläst die Tramontana, die auch Sover oder Balinot genannt wird, von Nord nach Süd. Nach

MAL EHRLICH

JUBEL, TRUBEL, HEITERKEIT!

Wer Ruhe und Erholung sucht und den Abend gerne in einem feinen Ristorante und anschließend in einer gediegenen Hotelbar verbringt, der wird sich in Torbole nicht wohl fühlen. Der ordentliche Hunger, der sich beim leidenschaftlichen Surfen, Klettern oder Biken entwickelt, wird gerne in Pizzerien oder in Bars mit Tramezzini und Panini gestillt. Und abends feiert das junge Volk schon mal gerne. Wer es dezenter haben möchte und dennoch den Norden vorzieht, der wird sich in Riva wohler fühlen.

einer kleinen Pause zur Mittagszeit fängt am frühen Nachmittag, kaum hat man den »pranzo« beendet, die Ora an! Ein konstanter Wind, der von Süd nach Nord bläst! Hier kommt der leidenschaftliche Wassersportler voll auf seine Kosten, nicht nur wegen des Speeds, auch der Blick, der bei schönem Wetter bis zum »Rocca di Manerba« gehen kann, fasziniert.

Aber nicht nur Surfen, auch Kitesurfen und (Cat-)Segeln kann man hier vom Feinsten. Dem sportlichen und vorwiegend jungen Publikum entsprechend sind die Hotels, Campingplätze, Läden, Ristorante, Pizzerien und Bars. Am schönsten präsentiert sich das lebhafte, sportive Torbole, wenn man die Serpentinenstraße von Nago zum Gardasee hinunterfährt. Das ehemalige Fischerdorf liegt zauberhaft vor dem tiefblauen See – Zypressen, Oleander, Olivenbäume und Palmen vermitteln mediterranes Flair. Endlich angekommen!

Torbole – von Bergen umgeben

Infos und Adressen

ESSEN UND TRINKEN

Albergo Centrale. Schlange stehen ist hier schon fast obligatorisch, vor allem wenn man auf der Piazza Pizza und Co. genießen möchte. Piazza Goethe, 13, 38069 Torbole sul Garda, Tel. 0464/50 52 34, www.hotelcentraletorbole.it

Mecki's Bar. Bike and coffee. »Der« Treffpunkt für Biker! Legendär: Marys reich gefüllte Sandwiches! Via Metteotti, 5, 38069 Torbole sul Garda, Tel. 0464/54 80 51, www.mecki.com

ÜBERNACHTEN

Hotel Lido Blu **.** Das Hotel liegt direkt am Strand und nahe dem Centro. 2011 wurden die Zimmer nicht nur geschmackvoll, sondern auch antiallergisch renoviert. Via del Sarca Vecchio, 39, 38069 Torbole sul Garda, Tel. 0464/50 51 80, www.hotellidoblu.it

B&B Casa Bertolini. Unterstellmöglichkeiten für Surfbretter und Mountainbikes. Via Pasubio, 12, 38069 Torbole sul Garda, Tel. 0464/50 52 77, www.casabertolini.com

Camping Maroadi **. Es gibt schattige Stellplätze, neu renovierte Sanitäranlagen, behindertengerechte Bäder. Via Gardesana, 13, 38069 Torbole sul Garda, Tel. 0464/50 51 75, www.campingmaroadi.it

INFORMATION

INGARDA. Lungolago Conca d'Orao, 25, 38069 Torbole sul Garda, Tel. 0464/50 51 77, www.visitgarda.com

Mitte: Hier kommen Kletterer auf ihre Kosten.
Unten: Im Adventure Park kann man sich mit Geschicklichkeit und etwas Mut von einem Ast zum anderen schwingen.

8 Adventure Kletterpark Busatte
Klettern, Biken und Wandern

Vor allem für Kids ist der 2010 eröffnete Adventure Park Busatte ein Ferienhighlight. Am südlichen Ende von Torbole, unweit der Altstadt geht's nach Busatte. Unter schattigen Olivenbäumen kann hier ein spannender Abenteuertag für Eltern und Kinder losgehen. Sie haben keine Kinder? Dann wandern Sie von dort nach Tempesta, immer den See im Blickfeld – auch eine Attraktion!

Klettern und Biken

Südlich von Torbole, wenn man die Via Pontalti weitergeht, ist der Park in nur wenigen Minuten erreichbar. Auf vier Klettertouren – mit unterschiedlichen Ansprüchen – können sich Kids mit ihren Eltern einen Tag lang vergnügen, ohne dass es langweilig wird. Es macht Sinn, sich vorher genau beraten zu lassen, welcher Schwierigkeitsgrad für Sie und ihre Familie perfekt ist, denn es gibt unterschiedliche Möglichkeiten. Hat man die Nase voll, vom Klettern oder vom Wandeln über Seilbrücken, dann kann man auf einen BMX-Parcour oder eine Mountainbike-Strecke ausweichen. Lust auf Ballspiel? Dann stehen Basket- und Volleyballfelder für ein entspannendes Spiel während der Kletterpause zur Verfügung.

Für Gruppen mit mindestens 9 Personen gibt es spezielle Angebote zu vergünstigten Preisen. Der Park ist allerdings (Stand 2011) lediglich Samstag und Sonntag von 10–19 Uhr geöffnet. Für Gruppen ist die Buchung auf Anfrage auch an anderen Tagen möglich.

Adventure Kletterpark Busatte

Die Preise betragen für Erwachsene 20 €, für Kinder unter 12 Jahren 16 € und für Gruppen 13 € pro Person. Der Park schließt seine Pforten immer am 6. November. Weitere Infos und vor allem einige Bilder, was die sportiven Besucher des Parks über Torbole erwartet, unter: www.busatteadventure.it

Wandern statt Abenteuer

Wer den Tag ruhiger angehen möchte, der kann von der Località Busatte, über Torbole gelegen, eine Rundwanderung machen – bella vista auf den Lago garantiert. Sie parken nahe dem Abenteuerpark Busatte, passieren diesen und kommen so direkt zum Sentiero panoramico. Der Weg führt auf den Ausläufer des Monte Baldo sanft nach oben. Die Aussicht auf den See mit dem Nordufer, den reizenden Hafenstädten Riva und Torbole und den gegenüberliegenden Bergen ist atemberaubend. Nun geht es weiter über zwei Felswände – aber keine Angst, diese werden auf stabilen Metall-Treppenanlagen mit Geländer überwunden. Nach der ersten Treppe kann man sich entscheiden, ob man die höher gelegene Forststraße wählt und weiter in Richtung Tempesta wandert. Man kommt auf diesem Weg zum eigentlichen Panoramaweg und geht so zurück zum Ausgangspunkt. Wer keine Lust mehr hat, der geht von Tempesta aus hinunter zum See. Dort gibt es eine Bushaltestelle für die Rückfahrt nach Torbole. Im Touristenbüro von Torbole oder in ihrem Hotel erfahren Sie die Abfahrtzeiten.

Die Wanderung ist absolut familienfreundlich, wegen der Treppen allerdings nicht geeignet für Kinderwägen. An heißen Sommertagen ist man sehr intensiv den Sonnenstrahlen ausgesetzt. Für die Rundtour muss man etwa – da man ja immer wieder den traumhaften Blick bewundern muss – drei Stunden einzuplanen.

Infos und Adressen

ESSEN UND TRINKEN

Wind's Bar. Nach dem Abenteuer auf den Hängebrücken schmeckt ein feiner Cocktail oder ein Eis gleich nochmal so gut. Im Wind's geht die Post ab, mitten in Torbole. Via Matteotti, 9, 38069 Torbole sul Garda, Tel. 0464/50 52 32, ww.windsbar.com

ÜBERNACHTEN

Hotel Villabella *.** In Tempesta, angeschmiegt an den Berg, liegt das Hotel Villabella. Alle 15 schicken Zimmer haben eine Seeterrasse mit gigantischem Blick. Ab vom Lärm des Touristengeschehens und dennoch in unmittelbarer Nähe von Torbole oder Malcesine kann man hier wunderbar relaxen. Loc. Tempesta, 2, 38069 Torbole sul Garda, Tel. 0464/50 51 00, www.hotelvillabella.it

AKTIVITÄTEN

BUSATTE ADVENTURE PARK. Ein ganz besonderes Zuckerl für Familie mit Kindern. Keine Angst – selbst Anfänger in puncto Klettern kommen hier zurecht – auch dank eines professionellen Teams, das den Besuchern zur Seite steht. ARBOREA s.n.c. di Cinquetti Matteo e Perini Enrico, Località Busatte, 38069 Torbole sul Garda, Tel. 0347/288 05 70 www.busatteadventure.it

INFORMATION

Fremdenverkehrsbüro Torbole. Via Lungolago Verona, 19, 38069 Torbole sul Garda, Tel. 0464/50 51 77, www.gardatrentino.it

Mitte: Reich ist die Apfelernte im Tal.
Unten: Vollreife Erdbeeren aus dem Biogarten Val di Gresta

9 Val di Gresta
Biologischer Gemüse- und Obstgarten

Wer von Rovereto Süd zum Nordufer des Gardasees fährt, passiert wenige Kilometern nach Mori die kleine Ansiedlung Loppio. Von dort zeigt ein Wegweiser nach Ronzo Chienis, dem Hauptort des lieblichen Val di Gresta.

Natur pur!

Es lohnt sich, die Abzweigung in Loppio zu nehmen, vor allem für Naturfreunde. Kurz ein Wort zum ehemaligen Lago di Loppio: Bis zum Jahre 1956 war hier einmal ein 1,8 Kilometer langer und 480 Meter breiter See mit einer Tiefe von etwa vier Metern. Während der Bauarbeiten des Etschtunnels wurde das Wasser so weit abgesenkt, dass vom Lago di Loppio lediglich ein Sumpfgebiet im Ausmaß des früheren Sees übrig blieb. Für den Tourismus war das ein herber Verlust.

Vorbei an dem Biotop, wo viele interessante Sumpfpflanzen gedeihen, schlängelt sich eine gut ausgebaute Straße in breiten Serpentinen nach Ronzo Chienis, gesäumt von Apfelhainen. Vielleicht sind auch Sie verwundert, denn ein Tal im eigentlichen Sinne ist das Val di Gresta nicht, es sind vielmehr Terrassen, die sich nach oben schrauben, immer den Monte Stivo mit knapp über 2000 Meter vor sich. Es gleicht einem treppenartig angelegten Amphitheater, eingebettet in Felsen und Wälder, und da es nach Süden ausgerichtet ist, wird es die meiste Zeit des Tages von der Sonne verwöhnt. Das ganze Gebiet ist noch verschont von jeglicher Industrialisierung. Die Trentiner nennen das Tal auch ihren biologischen

Garten, denn hier gedeihen Gemüse und Früchte auf naturbelassene Weise – dank des milden Klimas, der optimalen Bodenbeschaffenheit und der Leidenschaft der Bauern.

Der Hauptort des Tals mit gut 1000 Einwohnern ist Ronzo Chienis, das 947 Meter ü. d. M. liegt und bekannt für den biologischen Anbau von Gemüse ist. Die Bauern hier waren die Ersten, die in Norditalien voll und ganz biologischen Anbau betrieben. Der Ort setzte schon auf natürlichen Landbau, als Bio noch kein Trend war. Angepflanzt werden hier vor allem Kartoffeln, die tatsächlich sehr schmackhaft sind, selbst für uns deutsche Kartoffelesser! Daneben spielt der Anbau von Lauch, Zwiebeln, Wirsing und Kohl eine bedeutende Rolle. Die Gemüsefelder sind harmonisch in die Landschaft integriert und prägen so nachhaltig diese wunderschöne Bergregion. Die sympathische Ortschaft ist optimal zum Urlaub machen für alle, die Ruhe und die Nähe zur Natur suchen. Die Luft hier oben, am Fuße der Dolomiten, ist sauber und das Klima mild.

Mountainbiker kommen hier ebenso auf ihre Kosten, wie Wanderfreunde. Vor hier aus gibt es viele schöne Touren unterschiedlichster Schwierigkeitsgrade, und eines darf man sich sicher sein, beim Einkehrschwung in den Trattorien und Ristorante wird man für die Strapazen belohnt. In Ronzo Chienis gibt es einige Hotels und B&B, besonders beliebt ist das Albergo Martinelli direkt im Ort, in der Via del car 4. Im dazugehörenden Restaurant stehen neben den typischen Gerichten der Region, natürlich aus heimischen Produkten, auch viele und abwechslungsreiche, vegetarischen Gerichten auf der Speisekarte. Wer Nervenkitzel sucht – ganz in der Nähe des Hotels bietet sich die Möglichkeit zum Gleitschirmfliegen über das traumhafte, naturbelassene Val di Gresta.

Infos und Adressen

ESSEN UND TRINKEN

Antica Gardumo. Giovanni Benedetti ist Küchenchef und Patrone des Hauses aus dem 14. Jahrhundert. Die Fahrt hinauf zum Bergdorf um die sensationelle Küche zu genießen lohnt sich. Es ist ein perfekter Mix aus Leichtigkeit und gelebter Geschichte. Via Ai Piani, 1, 38060 Ronzo Chienis, Tel. 0464/80 28 55 www.anticagardumo.it. Ruhetag: Sonntagabend und Mo – Reservierung empfehlenswert

ÜBERNACHTEN

Albergo Martinelli. Ein sympathisches Familienhotel, mit guter Küche, inmitten des Städtchens Ronzo Chienis und mit wunderbarer Aussicht auf die unverfälschte Landschaft. Via del Car, 4, 38060 Ronzo Chienis, Tel. 0464/80 29 08

INFORMATION

Tourismbüro Val di Gresta. Via Teatro 13/b, bei der Gemeinde Bibliothek, 38060 Ronzo Chienis, Tel. 0464/ 80 33 58, www.visitrovereto.it. Büro geöffnet von Juli–September

Köstlich speist man in der Antica Gardumo.

ÖSTLICHES SEEUFER

Vorangehende Doppelseite: Blick über Malcesine auf die Westseite

Mitte: Die beeindruckende Scaligerburg von Malcesine
Unten: Das Goethedenkmal auf der Burg

10 Malcesine

Kleine Plätze und malerische Durchgänge

»Heute Abend hätte ich in Verona sein können, aber es lag mir noch eine herrliche Naturwirkung an der Seite, der Gardasee, den wollte ich nicht versäumen, und bin köstlich für meinen Umweg belohnt...« schrieb Johann Wolfgang v. Goethe am 12. September 1786, als er auf dem Seeweg im Hafen von Malcesine anlegte. Seither werden seine begeisterten Sätze immer und immer wieder für Werbetexte, speziell für Malcesine, verwendet.

Goethe ist immer noch aktuell

Zwischen See und Monte Baldo eingebettet liegt dieses malerische Kleinod, heute ein stark frequentierter Touristenort. Dass dieses Dorf mit dem Monte Baldo im Rücken einen besonderen Reiz auf die Reisenden ausübt, hat bereits im 18. Jahrhundert der berühmte Geheimrat Goethe fein säuberlich aufgeschrieben seiner Nachwelt hinterlassen.

Er kam, wie damals mangels Straßen ausschließlich möglich, von Torbole mit dem Schiff nach Malcesine. Auch wenn es heute einfach ist, das hübsche Dorf über die stark befahrene Gardesana zu erreichen, viel beeindruckender ist nach wie vor der Anblick von Malcesine vom Wasser aus. Vom See her wirkt die prächtige, auf einem Kalkfelsen thronende, Scaligerburg noch imposanter. Goethes Beschreibung von seiner Ankunft in Malcesine, wo er beinahe als Spion verhaftet worden wäre, hat er ausführlich und begeisternd in

Blick von der Funivia auf Malcesine und den See

seiner »Italienischen Reise« festgehalten. Sein Werk ist für Malcesine von großer Bedeutung und hat bis heute einen unglaublichen Werbeeffekt für das hübsche Dorf.

Touristenort mit Geschichte

Der Burgfelsen ragt mitten in das mittelalterliche Dorf mit den zahlreichen engen Gassen, die heute mit Boutiquen und Souvenirläden leider ziemlich verfremdet sind. Romantik pur findet man in dem mittelalterlichen Dörfchen außerhalb der Touristensaison. In den Sommermonaten zählt das knapp 3600 Einwohner zählende Malcesine allerdings zu den am meisten frequentierten Orten am See.

Ganze Heerscharen von Touristen schieben sich dann durch die schmalen Gässchen und bevölkern Geschäfte, Boutiquen, Pizzerien und Bars. So beeindruckt die zahlreichen Besucher auch sind, den wahren Charme von Malcesine spürt man so richtig nur im Frühsommer oder Spätherbst.

AUTORENTIPP!

HOCHZEITSPARADIES MALCESINE

Gibt es einen schöneren Platz zum Heiraten? Von Jahr zu Jahr werden es mehr Paare, die den Bund fürs Leben am Gardasee schließen möchten. Ganz oben auf der Hitliste der Lieblingsplätze liegt Malcesine. Der kleine Balkon unterhalb der Scaligerburg und direkt über dem tiefblauen Lago ist wie geschaffen für romantische Hochzeitsbilder. Mittlerweile gibt es eine stattliche Anzahl an kleinen Firmen, die sich speziell auf die Hochzeitsfeiern am Gardasee spezialisiert haben. Anschließend feiert man auf einem gecharterten Boot oder in einem traumhaft gelegenen Ristorante. Bei so einem Anlass dürfen natürlich die unvergesslichen Hochzeitsbilder nicht fehlen. Der Tübinger Thilo Weimar, der in Bardolino lebt, schießt nicht alltägliche Hochzeitsbilder und kennt auch wunderbare Plätze für die Erinnerungsbilder Ihres schönsten Tages.

Fotograf Thilo Weimar.
Loc. San Vigilio, Borgo Garibaldi, 17, 37011 Bardolino, Mobil 0039/347-34 76 68 54 27

Autorentipp!

DER MINIFLUSS

Nur 3 Kilometer von Malcesine entfernt im Dörfchen Cassone gibt es eine Quelle, die oberhalb des Ortes entspringt, sich dann durch das kleine centro storico schlängelt, um dann schlussendlich im historischen Hafen von Cassone in den Gardasee zu münden.

Im glasklaren Gewässer tummeln sich zahllose Forellen. Das Mini-Flüsschen ist der kürzeste Fluss der Welt und es macht auf jeden Fall Spaß, entlang seines Ufers zu spazieren. Bei einer Länge von hundertfünfundsiebzig Metern ist das selbst für Wandermuffel kein Problem.

ÖSTLICHES SEEUFER

Die Geschichte des heutigen Touristenmagnets beginnt in grauer Vorzeit, das belegen historische Funde aus der Römerzeit.

Im 5. Jahrhundert christianisierten die Trientiner Bischöfe die Bewohner am Ostufer des Gardasees. 568 wurde von den Langobarden die erste Burg erbaut, die dann 590 wieder zerstört und unter Karl dem Großen wieder aufgebaut wurde. Als Pippin, der Sohn Karl des Großen, 774 König von Verona wurde, kam er auch nach Malcesine und hielt sich anlässlich eines Besuchs der beiden Hl. Eremiten Benigno und Caro auf der Burg auf. Nach dem Ende der Frankenherrschaft beherrschten zuerst die Bischöfe von Verona, später die Scaliger das Dorf und erweiterten die Burg so, wie sie noch heute majestetisch über dem See thront.

Mastino II. gründete einen Seebund, den »Capitano del Lago«, der weite Anerkennung fand und der seinen Hauptsitz im Palazzo dei Capitani am Hafen von Malcesine hatte. Der Capitano residierte als venezianischer Gouverneur abwechselnd in Garda, Torri del Benaco und Malcesine.

Der Palazzo dei Capitani wurde im 13. Jahrhundert von den Scaligern erbaut und im 15. Jahrhundert im gotischen Stil modernisiert. Wenn man den Palazzo durch das offene Gewölbe betritt, gelangt man in einen zum See hin führenden, mit Palmen bestückten Innenhof. So war es damals: Alles Schöne und Repräsentative war auf der Seeseite. Im oberen Stockwerk, dem »piano nobile«, waren die Räume des Capitano. Noch heute kann man die aufwendig gefertigten Fresken und Malereien der Prunkräume bewundern. Aber noch faszinierender als die Bilder ist der atemberaubende Blick von den Fenstern auf den weithin glitzernden See – insbesondere bei Sonnenuntergang.

Beeindruckend: die Burg

Wenn man durch die mittelalterlichen Gassen bummelt, kommt man unweigerlich zum Sarazenentor und gelangt durch diesen Durchgang zur mächtigen Scaligerburg, dem Wahrzeichen von Malcesine.

Das ausgeklügelte System von Treppen, mit dem die drei ummauerten Höfe verbunden sind, ist faszinierend. Im untersten Hof, früher einmal der Palazzo Inferiore, erbaut im Jahre 1620, befinden sich zwei Naturkundemuseen. Sie heißen »Museo del Baldo« und »Museo del Garda« und widmen sich der variantenreichen Flora und Fauna sowie der Geologie des Monte Baldo. Im oberen Teil sind alte Schiffe und Transportschlitten untergebracht. Im darüber liegenden Hof ist das kleine Goethemuseum, sofort erkennbar an der Bronzebüste des Geheimrats vor dem Eingang. Hier kann man die Skizzen sehen, die Johann Wolfgang von Goethe zeichnete und deretwegen er damals der Spionage verdächtigt wurde und beinahe im Kerker landete.

Der große Saal im ersten Stock, der auf pfeilergestützten Bögen ruht, wird heute als Kongresssaal und Ausstellungsraum genutzt. Darunter, im Erdgeschoss, ist ein Fischereimuseum, wo man zudem eine anschauliche Darstellung vom Transport der venezianischen Kriegsschiffe über den Loppiasee und den Pass von Nago zum Gardasee sehen kann. Lohnenswert ist es, auf den 70 Meter hohen Turm zu steigen, der ursprünglich mal über eine Zugbrücke im zweiten Geschoss begehbar war. Heute hat man von hier oben, wenn sich nicht wie so häufig eine zarte Dunstschicht über den See ausgebreitet hat, ein Traumsicht über den ganzen See. Wenn man Glück hat, erhascht man auch einen Blick auf glückliche, frisch getraute Brautpaare, die gerade das Rathaus verlassen.

Oben: Blick von der Burg auf das Rathaus von Malcesine
Mitte: Der Wind fordert den ganzen Mann.
Unten: Casa del Capitano im Hafen von Malcesine

Oben: Das reizende Malcesine vom Monte Baldo aus
Mitte: Sonnenuntergang auf der Terrasse des Stickl-Sportcamps
Unten: Fresko im Casa del Capitano

Malcesine von oben ...

Wenn der Wettergott mitspielt und sie den Zauber dieses romantischen Dorfes von oben erleben wollen, dann nehmen Sie direkt am Ortsende von Malcesine, wenn man in Richtung Torbole fährt, dic Funivia Malcesine und lassen sich in schwindelnde Höhen entführen.

Die neue Seilbahn ist in zwei Abschnitte unterteilt: der erste, von der Tal- zur Mittelstation, führt von Malcesine nach S. Michele (1512 m Länge und 463 m Höhenunterschied). Der zweite, von der Mittel- zur Bergstation, führt von S. Michele in die bezaubernde Welt des Monte Baldo (2813 m Länge und 1187 m Höhenunterschied). Weltweit einzigartig ist der zweite Abschnitt, da sich die gläserne Kabine um sich selbst dreht und einen sensationellen Panoramarundblick weit über den See hin ermöglicht. Die Fahrzeit bis zum Gipfel beträgt lediglich 10 Minuten. Die runden, verglasten Kabinen bieten Platz für 45 und 80 Personen und sind sehr sicher konstruiert. Daher ist es auch möglich, bei schlechter Witterung den Berg auf diese Weise zu erklimmen, was vor allem im Winter wichtig ist!

Sie haben richtig gelesen – im Winter gibt es tatsächlich Schnee auf den Gipfeln des Monte Baldo und natürlich auch die dazugehörenden Skilifte. Insgesamt 11 km Pisten in allen Schwierigkeitsgraden stehen zur Verfügung.

Im Frühjahr und Sommer ist der Monte Baldo ein abwechslungsreiches Wandergebiet: sommers wie winters ist ein Traumblick auf den Lago garantiert. Mountainbiker fahren gerne mit der Seilbahn auf den Monte Baldo und nutzen die Schotterpisten als Downhill-Strecken, die Gleitschirmflieger als sensationellen Startplatz.

Immer auf der Suche nach dem besten Wind

Ab Mitte Oktober bis Mitte Dezember ist die Bahn wegen Wartungsarbeiten geschlossen. Aufgepasst, die Zeiten variieren, sie werden aber jedes Jahr rechtzeitig im Internet veröffentlicht.

MAL EHRLICH

AUF BEQUEME SCHUHE ACHTEN

Wenn Sie, verehrte Damen, durch die romantischen Straßen von Malcesine bummeln möchten, dann rate ich Ihnen auf Ihre High Heels zu verzichten. Die müssen nämlich ansonsten anschließend sofort zum Schuster, die dünnen Absätze halten diesem Kopfsteinpflaster nicht stand – ich spreche aus Erfahrung! Die Altstadt ist nämlich voll und ganz gepflastert und zudem geht's bergauf und bergab. In bequemen Ballerinas, oder noch besser in Turnschuhen, hat man mehr von dem pittoresken Dorf. Man kann natürlich auch die Gelegenheit beim Schopf packen und erst mal zum Schuhshopping gehen – ist ja eine echte Notlage ...

Infos und Adressen

ESSEN UND TRINKEN

Al Corsaro. Raffinierte Fischköstlichkeiten, natürlich vom Lago und auch aus dem Meer. Via Paina, 17, 37018 Malcesine, Tel. 045/658 40 64, www.alcorsaro.it

ÜBERNACHTEN

Hotel Ariston *.** Zentral gelegen mit Garten. Via Navene Vecchia, 4, 37018 Malcesine, Tel. 045/740 03 68, www.hotel-ariston.net

Hotel Bellevue San Lorenzo. Gepflegte Parkanlage mit einzigartigem Panoramablick. Via Gardesana, 164, 37018 Malcesine, Tel. 045/740 15 98, www.bellevue-sanlorenzo.it

Camping Bellavista *. Neben Stellplätzen kann man auch Bungalows mieten. Via Gardesana, Loc. Vendemme, 37018 Malcesine, Tel. 045/742 02 44, www.campingbellavistamalcesine.com

AKTIVITÄTEN

Funivia Malcesine – Monte Baldo, Via Navene Vecchia, 12, 37018 Malcesine, Tel. 045/740 02 06, www.funiviedelbaldo.it

Stickl's Surfschule. Die größte Surf- und Segelschule am See. 37018 Malcesine, Tel. 045/740 16 97, www.stickl.com

INFORMATION

Tourist-Büro. Via Capitanato, 8, 37018 Malcesine, Tel. 045/740 00 44, www.visitgarda.com

Mitte: Eine Malga in Sicht
Unten: Wegweiser führen Sie zu den Gipfeln und Almen des Monte Baldo.

11 Monte Baldo
Paradies auf 2000 Metern

Über 35 Kilometer – von Vallagarina bis ans Ostufer des Gardasees – erstreckt sich der Bergrücken, der auch »Hortus Italiae« oder »Garten Europas« genannt wird. Der Monte Baldo hat nicht nur sensationelle Panoramablicke zu bieten, seine Flora und Fauna sind einzigartig. Es lohnt sich also diesen Berg zu erobern: sei es mit der Seilbahn von Malcesine aus, zu Fuß vom Caprinotal oder von einer der vielen weiteren Möglichkeiten entlang des Bergrückens.

Eldorado für Bergsteiger

Das Besondere am Monte Baldo ist, dass er nicht nur einen herausragenden Gipfel hat, sondern mehrere: den Monte Altissimo di Nago (2079 m), die Cima del Longino (2179 m), die Cima delle Pozzette (2132 m), die Cima Valdritta (2218 m) sowie den Punta Telegrafo (2200 m).

Alle lassen sich gut erwandern, man muss nur wissen, dass die Markierungen in Italien nicht ganz so zuverlässig sind, wie man es in Deutschland, Österreich oder der Schweiz gewohnt ist. Aber, und das ist das Faszinierende in Bella Italia, man kommt dennoch immer ans Ziel, wenn auch manchmal mit ein wenig Verzögerung.

Wandermöglichkeiten gibt es in den unterschiedlichsten Schwierigkeitsgraden. Und von wo aus und wohin man auch wandert, ein sensationeller Panoramablick auf den See ist fast immer garantiert. Der große Vorteil des traumhaft gelegenen Bergmassivs ist, dass die Wandersaison, bedingt

Herrliche Ausblicke bei den Wanderungen am Monte Baldo

durch das milde Klima, verhältnismäßig lang ist. Kenner wandern am liebsten im Frühling und Frühsommer, wenn der Berg seine unglaubliche Blütenvielfalt zeigt oder im Spätherbst, wenn es in den nördlichen Bergen schon frostig und grau ist, hier aber noch die Spätsommersonne den Wanderer erwärmt.

Mountainbike-Panoramatouren

Auch für Mountainbiker ist das langgestreckte Bergmassiv ein gefragtes Ziel, gibt es doch sehr viele Touren mit unterschiedlichen Schwierigkeitslevels. Wer möchte, wählt für den Aufstieg die Funivia von Malcesine, um sich dann hoch droben auf den gut präparierten Wegen auszutoben.

Wer sich mehr anstrengen möchte, der kann z. B. auch von San Giacomo (Trentino) eine Tour zum höchsten Gipfel, dem Monte Altissimo di Nago,

AUTORENTIPP!

GOLDREGEN, WOHIN DAS AUGE REICHT ...

Ab Mitte Juni verwandelt sich ein kleines Gebiet auf der Etschseite des Monte Baldo in ein leuchtendes, goldgelbes Blütenmeer. Die Maggiociondolo (Goldregen) blühen! Ein unvergessliches Erlebnis, das man sich nicht entgehen lassen sollte, wenn man zu der Zeit am Gardasee Urlaub macht. Ein üppig blühender Strauch reiht sich an den anderen, soweit das Auge reicht und das einen ganzen Berghang entlang – und im Hintergrund die Alpenkette: einfach fantastisch!

Um das zu erleben, fährt man am besten von Affi nach Caprino Veronese. Von dort immer weiter bergauf, vorbei an Ferrara di Monte Baldo bis zum Botanischen Garten. Hier parkt man am besten das Auto und geht zu Fuß weiter. Wer aber keine Lust zum Laufen hat, der kann sich das Blütenspektakel auch vom Auto aus ansehen – von der Straße aus, die weiter nach Avio führt. Viel, viel schöner ist es jedoch hinaufzuwandern zu den herrlichen »Maggiociondolo«, um das kurze Naturereignis hautnah zu erleben.

AUTORENTIPP!

KLETTERPARKS – HIT FÜR KIDS

Kinder sind ja nicht immer so leicht für eine Wandertour zu begeistern. Lockt aber als Ziel ein Kletterpark, dann sieht die Sache schon wieder anders aus. Polsa ist einerseits im Winter ein beliebtes Skigebiet, im Sommer hingegen ist der Adventure Park gefragt. Hier stehen sechs kostenpflichtige Kletterparcours für alle Altersklassen und in allen Schwierigkeitsgraden zur Verfügung. Kinder können hier ihre Geschicklichkeit auf Hängebrücken und Kletternetzen testen. Kostenlos stehen zudem ein Picknickbereich sowie Spielplätze zur Verfügung. Der Kletterpark ist von Juni bis Ende August geöffnet, im Mai, September und Oktober nur am Wochenende. Ein schönes Ausflugsziel für Familien! Einen weiteren Kletterpark am Monte Baldo, mit vielen Herausforderungen für Groß und Klein, gibt es auch noch in San Zeno di Montagna.

Family Adventure Park – Kletterpark am Monte Baldo Nord.
Strada Polsa Brentonico,
38060 Polsa di Brentonico (TN),
Tel. 0338/604 19 99.
Zwei Stunden incl. Ausrüstung kosten zwischen ca. 10 € bis 16 €, je nach Größe der Kids

Am Monte Baldo kann man immer wieder Murmeltiere sehen.

machen. Dieser Ausflug erfordert zwar eine gewisse Grundkondition, man wird aber mit fantastischen Ausblicken belohnt!

Mittlerweile gibt es eine stattliche Anzahl an guten Tourenführer – unter anderem den »Activity Guide Gardasee« des Bruckmann Verlages – die spannende Pfade auf dem Monte Baldo genauer beschreiben.

Grundsätzlich kann man sagen, dass sich die Seeseite des Berggebietes eher mediterran präsentiert, die der Etsch zugeneigte Seite ist eher wilder und gleicht an manchen Stellen einem Canyon. Übrigens: »Recht hat die Natur und nicht das GPS!« Bei aller Liebe zum Sport, die Natur darf nicht darunter leiden! Außerdem ist es fast sündhaft, wenn man nicht ab und an stehen bleibt und die sich immer wieder bietenden atemberaubenden Ausblicke genießt.

Skifahren mit Seeblick

Je nach Schneelage kann man auf dem Monte Baldo von Januar bis oftmals in den März hinein Skifahren. Und wer Lust hat, kann nach der Abfahrt an der Strandpromenade den ersten Spritz im Freien genießen. Für ambitionierte Wintersportler sind die Pisten natürlich ein wenig zu kurz und auch nicht so anspruchsvoll. Aber der Traumblick auf den Lago ist dafür einzigartig!

Von Malcesine aus erreicht man mit der Funivia (Seilbahn) die Pra Alpesina. Oben angekommen stehen einige Skilifte zur Verfügung. Wenn Sie zwischendurch hungrig sind, kehren Sie in der Hütte »La Capannina« ein und lassen sich mit einer deftigen Trentiner Küche verwöhnen! Bevor man sich aber mit der Gondel nach oben bringen lässt, ist es sinnvoll vorher zu fragen, ob die Lifte

Viel Aussicht für wenig Mühe!

Diese Wanderung im nordöstlichen Teil des Gardasees ist nicht allzu anstrengend, dennoch wird man mit fantastischen Tiefblicken auf den größten See Italiens belohnt. Die Gehzeit für diese Tour auf den Höhenwegen beträgt an die 3 bis 3 ½ Stunden, die Route ist mit rot-weißen Markierungen ausgezeichnet.

Sie starten in Malcesine. Mühelos aufwärts geht es mit der Monte-Baldo-Seilbahn bis zur Bergstation auf 1760 Metern, oberhalb der Bocca Tratto Spino. Hier beginnt der Höhenspaziergang auf den Wiesen des Colma di Malcesine zur Cima di Colma auf 1751 Metern. Nun geht es nordseitig bergab zum Sentiero del Ventrar. Ein felsiger Abhang führt hinunter zu einer Schotterpiste.

Kurz vor dem ausgeschilderten Wanderparkplatz geht's links zum Sentiero del Ventrar. Er führt umgehend in die nordseitigen Felsbrüche, quer über einen abschüssigen Abhang zu einer Minischarte, hinunter in einen Graben. Dort wo es ein wenig wild wird, ist der Weg mit Drahtseilen gesichert.

Auch die Kühe auf der Weide fühlen sich am Monte Baldo wohl.

Weiter wandert man abwärts, mit grandiosen Blicken auf den See, bis zur Punta di Vo auf 1567 Metern – wieder eine Traumaussicht! Über Grashänge geht es weiter bergab zum Ristoro Prai auf 1302 Metern. Hier kann man sich bei einer kleinen Vesper für den restlichen Weg stärken. Anschließend steigt man abwärts hinter dem Felsen des Col di Crat auf 1214 Metern und wandert weiter durch den Wald bis zur Kapelle Il Signor. Danach biegt man rechts ab und erreicht nach ein paar Serpentinen die Zwischenstation der Monte Baldo-Seilbahn auf 561 Metern.

Oben: Für Anfänger perfekt, das Skigebiet am Monte Baldo
Mitte: Frischer Käse direkt von der Malga di Castello
Unten: Eine der zahlreichen Blumenarten am Monte Baldo

in Betrieb sind. Falls dies der Fall ist, also bei guter Schneelage, lohnt es sich von der Pra Alpesina mit dem Ski-Bus in die Skizentren von San Valentino und Polsa zu fahren. Dieser Pendelverkehr funktioniert allerdings nur an den Wochenenden und mittwochs.

In den landschaftlich wunderschönen und meist schneesicheren Gebieten San Valentino und Polsa stehen den Skifahrern fünf schwarze und zahlreiche rote und blaue Abfahrten zur Verfügung. In Polsa begeistert der »Polsa Double Park« leidenschaftliche Snowboarder. Das Skigebiet und den Snowboarder-Park erreicht man, sollte man nicht den Ski-Bus von Pra Alpesina genommen haben, am einfachsten von Ala Avio aus und folgt immer der Beschilderung nach San Valentino.

Wer vom Norden des Gardasees kommend anreist, der nimmt am besten die Ausfahrt Rovereto Süd und fährt dann Richtung Polsa. Wenn der Gardasee auch nicht gerade »das« Wintersportgebiet schlechthin ist, Spaß macht der Kontrast zwischen Schnee und erstem Frühlingserwachen am Lago jedenfalls.

Botanische Welt über dem See

Ein absolut lohnendes Ausflugsziel für Botaniker, Wissenschaftler und Naturfreunde ist der »L'Orto Botanico del Monte Baldo« in Novezzina, unweit von Ferrara di Monte Baldo.

Man fährt von Affi kommend Richtung Caprino Veronese und weiter nach Ferrara di Monte Baldo. Von hier aus ist der »L'Orto Botanico« gut ausgeschildert. Der Botanische Garten wurde gegründet, um den Menschen die außergewöhnliche Pflanzenweltvielfalt, bedingt durch die optimalen Klimabedingungen, auf 12 000 Quadratmetern zu

Köstliche Trüffel vom Monte Baldo

zeigen. Pflanzen, wie zum Beispiel Anemone Baldensis, wilde Pfingstrosen, wilde Orchideen, Edelweiß und Enzian und etwa sieben hundert Arten mehr kann man hier bestaunen.

Jede Pflanze ist genau beschrieben, und wer mehr wissen möchte, nimmt an einer Führung teil. All diese Pflanzen entdeckt man auch wild wachsend auf dem Bergmassiv, aber im Botanischen Garten kann man sie in Ruhe und ohne körperliche Anstrengung bewundern.

MAL EHRLICH

KULINARISCHE BODENSCHÄTZE

Trüffel vom Monte Baldo sind zwar nicht so aromatisch wie die berühmten Trüffel aus dem Piemont, aber dennoch – frisch gebuddelt, über eine feine hausgemachte Pasta oder einen Risotto gehobelt, schmecken auch sie wunderbar und sind naturalmente wesentlich preisgünstiger! Wer jedoch auf die Idee kommt, die schwarze Knolle alleine zu suchen oder seinen Hund darauf abrichtet, den kann ich nur warnen. Das gilt nämlich als Wilderei und wird hart bestraft! Ich finde zu Recht, denn nur ausgebildete Trüffelsucher gehen mit dem kostbaren Fund auch richtig um, damit auch wieder neue kulinarische Bodenschätze nachwachsen können.

Infos und Adressen

ESSEN UND TRINKEN

Trattoria Al Ponte. Ein begehrter Ausgangspunkt für Wanderer, Biker, und Feinschmecker, denn Stefano Bridi, Patrone und Koch der Trattoria, verwöhnt seine Gäste mit schmackhafter Hausmannskost! Piazza Vittoria, 12, 37020 Brentino Belluno, Tel. 045/723 01 09. Ruhetag: Mi. Betriebsferien: 3 Wochen im August

ÜBERNACHTEN

Hotel Ristorante Del Baldo. Wer hautnah am Wander-, Bike oder Skierlebnis sein will, für den ist das Hotel-Restaurant Del Baldo genau richtig. Bocciabahnen, Tennis- und Spielplätze stehen zudem zur Verfügung Piazza Cantore, 37020 Ferrara di Monte Baldo, Tel. 0372/83 59 97, www.hotelbaldo.it

AKTIVITÄTEN

L'Orto Botanico del Monte Baldo. Der Botanische Garten ist vom 1. Mai –30. September täglich von 9–18 Uhr geöffnet. Via General Graziani, 10, Loc. Novezzina, 37020 Ferrara di Monte Baldo, Tel. 045/624 70 65 und 045/800 45 92, www.ortobotanicomontebaldo.org

INFORMATION

Funivia Malcesine Monte Baldo. Hier erfährt man auch, ob im Winter die Skilifte in Betrieb sind. Zuständig sind die Tourist-Büros im Trentino und im Veneto. Via Navene Vecchia, 12, 37018 Malcesine, Tel. 045/740 02 06, www.funiviedelbaldo.it

Mitte: Der beliebte Hafen von Castelletto di Brenzone
Unten: Bei gutem Essen den Blick auf den See genießen, das kann man bei Da Umberto.

12 Brenzone

Malerische Minidörfer

Entlang der befahrenen Gardesana Orientale schmiegen sich dort, wo der Gardasee mit über 350 Metern seine tiefste Stelle hat, kleine idyllische Dörfer, die alle zur Gemeinde Brenzone gehören. Malerische Mini-Häfen mit sympathischen Ristoranti und Tavernen locken in den Sommermonaten vor allem Gäste mit Motorbooten.

Dörfer mit Charme

Die etwa 2500 Einwohner der Gemeinde Brenzone verteilen sich auf viele kleine Dörfchen, man spricht von 16 Fraktionen. Die bekanntesten sind Castello di Brenzone, Magugnano und Marniga, die, eingebettet zwischen Olivenhainen und Gärten, auf der Anhöhe des Monte Baldo liegen. Cassone, Assenza, Porto di Brenzone und Castelletto di Brenzone schmiegen sich direkt an das Seeufer.

Die Mini-Ansammlungen an Häusern auf der Bergseite garantieren den Touristen Ruhe und Entspannung. Kaum zu glauben, dass es am stark frequentierten Ostufer des Gardasees noch so charmante, verschlafene Dörfer gibt, nur wenige Minuten von der Uferstraße entfernt. Von besonderer Schönheit sind die Olivenhaine rund um die Dörfer am Abhang des Monte Baldo, die von alten Natursteinmauern gehalten werden; nicht zu vergessen die großartige Aussicht auf den See.

Enge Gässchen mit kleinen Läden und Bars, gepflegte Seepromenaden, lebhafte kleine Häfen und natürlich viele gute Fisch-Ristoranti, das erwartet die Gäste auf der anderen Seite der Uferstraße. Wer sich für Kirchen und Geschichte inte-

ressiert, der wird hier auch fündig. So zum Beispiel ist die Kirche San Zeno, im Ortsteil Zeno di Castelletto, eine der ältesten Kirchen am Gardasee. Aus mittelalterlicher Zeit stammen zudem die Kirchen San Nicola in Assenza, Sant'Antonio im Ortsteil Biaza und die Kirche San Pietro in der Fraktion Campo. Weitere Informationen bietet das Fremdenverkehrsamt.

Lieblingsorte für Freizeitkapitäne

Castelletto di Brenzone ist bei den Bootsfahrern heiß begehrt, weil es gute Anlegemöglichkeiten im Hafen gibt, immer hilfreich und freundlich unterstützt von den Besitzern der umliegenden Ristoranti. Außerdem macht eine Bootsfahrt hungrig, und direkt am See zu speisen, das eigene Boot und den See im Blick, das ist einfach pures Urlaubsvergnügen. Besonders gefragt ist das Ristorante Da Umberto direkt am Hafen. Bei Umberto fühlt man sich wie in einer Taverne am Mittelmeer: man sitzt unmittelbar am Ufer auf einer überdachten Terrasse, die Fischgerichte sind allesamt lecker, die Kellner gut gelaunt.

Klein aber fein – könnte man die Osteria Al Pescatore bezeichnen, ebenfalls in Castelletto di Brenzone. Livio, der Patrone empfängt seine Gäste an der Bar mit einem Glas Prosecco. Seine Frau Rosaria bereitet kreative und überaus köstliche Gerichte, ausschließlich aus Gardasee-Fischen zu. Es gibt immer nur ein Menü, das vorher besprochen wird, falls man partout etwas überhaupt nicht mag! Rosaria kocht maximal für 35 Personen, mehr haben in dem heimeligen Wohnzimmer ohnehin nicht Platz. Livio erklärt den Gästen jedes Gericht genau und erklärt auch, welcher Fisch dafür sein Leben lassen musste. Einziger Wermutstropfen: Es ist nur abends geöffnet, außer an Sonn- und Feiertagen.

Infos und Adressen

ESSEN UND TRINKEN

Ristorante Da Umberto. Eine beliebte Anlaufstelle für viele Bootsfahrer. Via Imbarcadero 15, 37010 Castelletto di Brenzone, Tel. 045/743 03 88. Ruhetag: in den Sommermonaten keiner, sonst Mi. Betriebsferien: 14. Dezember–14. Februar

Osteria Al Pescatore. Köstlich zubereitete Fischmenüs. Via Imbarcadero 31, 37010 Castelletto di Brenzone, Tel. 045/743 07 02, www.osteriaal pescatore.it. Öffnungszeiten: nur abends geöffnet außer an Sonn- und Feiertagen. Ruhetag: Mo. Betriebsferien: 25. Dezember–Mitte Januar

ÜBERNACHTEN

Hotel Eden *.** Inmitten eines 9000 Quadratmeter großen Olivenhains, und nur wenige Meter vom See entfernt liegt das Hotel. Via Zanardelli 6, 37010 Porto di Brenzone, Tel. 045/742 01 02, www.consolinihotels.it

Campingplatz Primavera **. Campingplatz mit 75 Stellplätzen. Via Benaco, 5, 37010 Brenzone Marniga, Tel. 045/742 04 21, www.camping-primavera.com

INFORMATION

Touristenbüro Brenzone, Via Zanardelli, 37010 Brenzone, Tel. 045/742 00 76, www.visitgarda.com. Infos für kulturelle Führungen: Tel. 045/742 00 76, prolocobrenzone@tiscali.it. Termine: jeden Mi Juni–September. Unbedingt vorher anmelden

Mitte: Im Oktober ist Kastanien-Sammeln angesagt.
Unten: Drinnen wie draußen isst man gut in der Taverna Kus.

13 San Zeno
Der Balkon des Gardasees

Knapp 600 Meter hoch liegt San Zeno di Montagna. Es ist ein idealer Platz für alle, die im Sommer der Hitze am See entfliehen wollen, aber auch für Wanderfreaks und Mountainbiker und nicht zuletzt für Feinschmecker. Denn in und um San Zeno gibt es viele gute Ristoranti mit traditioneller Küche. Berühmt sind die köstlichen Kastaniengerichte im Spätherbst.

Die Kurven lohnen sich …

Das Bergdorf erreicht man von Affi aus über Costermano und dann immer der Beschilderung »San Zeno« folgen. Von der Seeseite aus fährt man von Garda in Richtung Costermano und dann über San Verolo und Castion bis San Zeno. Bei schönem Wetter mit guter Fernsicht sollten Sie es nicht versäumen, die kurvige, aber gut ausgebaute Straße hinauf zu fahren. Auf dem Weg nach oben, kurz vor Zeno, liegt auf der rechten Seite »La Casa degli Spiriti«, ein schickes Ristorante, das mit einem Michelinstern gekrönt ist und das sicherlich einen der spektakulärsten Rundblicke auf den See, das Umland und sogar bis Verona, bietet.

San Zeno ist noch weitgehend vom Massentourismus verschont. Je nach Lust und Laune kann man entweder durch Kastanienwälder wandern, die Gipfel des Monte Baldo erklimmen, die Wiesen mit den »fiori baldense«, der duftenden Blumenvielfalt, bestaunen oder auch abwärts zum Lago steigen. Im Tourismusbüro erhält man Informationen über die Wanderwege und erfährt auch, wo man Pferde ausleihen kann, um die Hochebene hoch zu Ross zu erkunden. Und natürlich werden

auch Pisten für Mountainbiker angeboten, vom Anfänger bis zum passionierten Biker. Das Bergdorf ist ein Paradies für Aktivurlauber, die Ruhe und Natur dem Trubel des Seeufers vorziehen.

Herbstzeit – Kastanienzeit

Wenn im Spätherbst in San Zeno die Kastanien reif sind, dreht sich alles um diese gut eingepackten Früchte. Kinderfaustgroß und stachelig umhüllt, hängen sie dicht gedrängt an den Baumriesen, ihr Anblick eine Augenweide. Bevor das Fruchtfleisch in den Kochtopf wandert, muss es aus der stacheligen Umhüllung gepult werden, erst dann kommt die braun glänzende Kastanie zum Vorschein.

San Zeno ist berühmt für hochwertige Kastanien, die bereits im Jahre 1285 urkundlich erwähnt wurden. Diese Tradition wird bis heute gepflegt, und die Bewohner sind auch sehr stolz darauf, dass sie die zertifizierte Ursprungsbezeichnung DOP (Denominazione d'Origine Protetta) erhalten haben. Und woran erkennt man nun eine hochwertige Kastanie? Die stachelige Hülle darf nur drei Früchte enthalten. Die Schale muss glänzend mittelbraun und dünn sein und in der Mitte ausgeprägte Streifen haben. Der innen liegende Kern muss sich leicht häuten lassen, strohgelb sein, etwas runzelig und angenehm süßlich duften.

Jedes Jahr von Mitte Oktober bis Mitte November finden in San Zeno und den umliegenden Dörfern heitere Kastanienfeste statt. Es ist unglaublich, was die kreativen Hausfrauen und Köche alles daraus zaubern: Raffinierte Suppen, knusprige Brote, feine Salate, köstliche Füllungen für diverse Braten und natürlich leckere süße Cremes und Kuchen. Fast alle Trattorien und Ristoranti bieten zu dieser Zeit Kastanienmenüs an.

Infos und Adressen

ESSEN UND TRINKEN

La Casa degli Spiriti. Sternerestaurant und Vinothek mit Traumaussicht. Via Monte Baldo, 28, 37010 Costermano, Tel. 045/620 07 66, www.casadeglispiriti.it

Taverna Kus. Ristorante mit feiner abwechslungsreicher heimischer Küche, immer der Jahreszeit angepasst. Loc. Castello, 14, 37010 San Zeno di Montagna, Tel. 045/728 56 67, www.tavernakus.it

ÜBERNACHTEN

Hotel Diana **.** Traumhafte Lage in malerischer Hügellandschaft über dem Gardasee. Komfortable Zimmer, Swimmingpool, Sandtennisplatz u.v.m.. Via Cá Montagna 54, 37010 San Zeno di Montagna, Tel. 045/728 51 13, www.finottihotels.it

EINKAUFEN

Salumi Lenotti del Monte Baldo. In diesem Laden bekommt man sehr gutes Fleisch von den Weiderindern des Monte Baldo sowie feine, hausgemachte Wurstwaren. Via Ca' Schena, 2, 37010 San Zeno di Montagna, Tel. 045/728 50 29, www.salumidelmontebaldo.it

INFORMATION

I.A.T. San Zeno di Montagna. Contrada Ca' Montagna, direkt neben der Gemeinde San Zeno die Montagna, Tel. 045/628 92 96, iatsanzeno@provincia.vr.it, www.comunesanzenodimontagna.it

Mitte: Die Burg mit der größten Limonaia auf der Ostseite des Gardasees
Unten: Piazza Umberto in Torri del Benaco

14 Torri del Benaco
Ursprünglicher Charme

Torri del Benaco trägt noch den alten Namen des Gardasees »Benaco« und es liegt auf einer Landzunge, die in den See hineinragt. Obwohl es einer der charismatischsten Orte auf der Ostseite ist, blieb Torri del Benaco vom Massentourismus weitgehend verschont. Gerade das macht das mittelalterliche Dörfchen so reizvoll. Der malerische, ins Dorf hineinragende Hafen mit den bunten Booten zählt zu den schönsten am Lago di Garda.

Rasch auf die Westseite?

Dann ist die Fährverbindung von Torri zur Westküste genau das Richtige. Torri del Benaco liegt an der Stelle des Sees, wo seine schmale nördliche Form in das breite südliche Becken übergeht. In den Sommermonaten herrscht reges Treiben am östlichen Ortseingang, dort wo die Fährschiffe (Traghetti) nach Toscolano-Maderno abfahren. Im Sommer verkehren die Boote alle 20 Minuten – aber aufgepasst, abends endet der Fährverkehr so gegen 20 Uhr. An der Abfahrtsstelle und im Fremdenverkehrsamt gibt es Fahrpläne!

Das mittelalterliche Dorf selbst mit seinen verschlungenen engen Gassen hat sich, trotz des stark frequentierten Fährverkehrs, seinen ursprünglichen Charme bewahrt. Für den Gardasse-Tourismus übliche Menschenscharen, die Bussen entströmen, findet man hier weniger. Der Ort ist wie geschaffen für Individualisten, die gerne durch die Gassen bummeln oder die Strandpromenade bis zur Punta Cavallo spazieren, entlang des tiefblau schimmernden Sees und der hübsch anzusehenden Häuser-

Der malerische Hafen von Torri del Benaco

fronten. Im Unterschied zu Malcesine verliert hier der Monte Baldo seine mächtige Höhe und läuft in eine sanfte Hügellandschaft aus, die maximal nur noch etwa 900 Höhenmeter erreicht.

Ort mit bewegter Geschichte

Prähistorische Funde, Felszeichnungen und auch Reste von Pfahlbauten bestätigen, dass es hier bereits vor 4000 Jahren eine Ansiedlung gegeben hat. Die Römer haben etwa gleichzeitig mit Verona Torri del Benaco kolonisiert, das beweisen Teile des Ostturms der Burg sowie Überreste des »Trincero«, einer Zitadelle aus bossiertem Kalksandstein nahe der Pfarrkirche.

An die Langobarden, angeführt von ihrem König Berengar I., erinnert der wuchtige Berengar-Turm. Im frühen 10. Jahrhundert haben die Langobarden die Zitadelle zu einer Burg umgebaut. Später unternahm Berengar I. noch einmal den Versuch, im Veneto ein langobardisches Reich zu errichten. Es gelang ihm sogar, dass ihn der Papst 915 zum Kaiser krönte. Die Herrschaft hielt aber nicht lange, seine Gegner verbündeten sich, vertrieben ihn aus

AUTORENTIPP!

MALEREIEN AUS DER VORZEIT

Wandert oder fährt man von Albisano in Richtung Garda auf dem Hochweg weiter, eröffnet sich ein unvergleichlicher Blick auf die Punta San Vigilio und die Baia delle Sirene (Sirenenbucht). Geht man weiter, kommt man zum Monte Lúppia.
Hier kann man Graffiti bewundern, aber keine aktuellen, sondern aus der Bronzezeit. 1964 hat man diese prähistorischen Felszeichnungen entdeckt, die meisten davon in dem Ort Brancolino. Die beiden interessantesten gravierten Felsen in Brancolino sind die Pietra delle Griselle (Webeleinen-Felsen) und die Pietra dei Cavalieri (Reiter-Felsen). Wer das Wissen darüber vertiefen möchte, dem empfehle ich einen Besuch im Museum Scaligerburg in Torri del Benaco.

AUTORENTIPP!

BESCHAULICHKEIT UND NEUE MODE

Am ovalen Hafenbecken von Torri del Benaco kann man zwar zu jeder Jahreszeit mit Blick auf die bunten Boote und die Jachten, herrlich entspannt verweilen. Dennoch, einen ganz eigenen Reiz übt die attraktive Marina für mich im Spätherbst oder im Frühjahr aus, wenn die riesigen, ausladenden Bäume am Kai ohne Blätter sind: sie gleichen dann faszinierenden Monumenten.

Anders als in anderen Häfen entlang des Gardasees hält sich hier das touristische Schaulaufen in Grenzen. Nicht mal die Straßencafés am Kai sind so geschäftstüchtig organisiert wie zum Beispiel in Garda, Bardolino oder Lazise. Hier kann man sich noch in aller Ruhe und ohne langes Warten auf einen Sitzplatz einen Espresso, einen Cappuccino oder ein Glas Wein schmecken lassen.

Ein Tipp für die Damen: In den gepflegten Häusern entlang des Hafens gibt es einige sehr geschmackvolle Boutiquen. Gönnen Sie doch ihrem Mann eine kleine Verschnaufpause im Café, während sie in den heimeligen Läden rumstöbern und sich die neueste Mode zeigen lassen.

Der pittoreske Hafen mit dem geschichtsträchtigen Hotel Gardesana

Verona, und er flüchtete nach Torri del Benaco. Dort schützte er die Ansiedlung zwar mit Mauern und Türmen, wurde aber dennoch 924 ermordet. Reste dieser Mauer und der Berengar-Turm sind noch Zeugen dieser Epoche.

Im Mittelalter erlangte Torri del Benaco viel Beachtung, da es gemeinsam mit Garda Privilegien zur Selbstverwaltung durch die Scaliger erhielt. Der vom Geschlecht der Scaliger intensiv geförderte Handel brachte dem Ort Wohlstand und Ansehen. Die Menschen lebten damals vorwiegend vom Fischfang, Bootsbau und Marmorabbau. Aus dieser wohlhabenden Zeit stammt das heute so schön anzusehende Dorfbild, mit den herrschaftlichen Häusern, den schmalen Gassen und den verträumten Piazze.

Wer sich für Kirchen interessiert, der sollte sich die Dreifaltigkeitskirche Santa Trinità (aus dem 14. Jahrhundert) mit sehenswerten, aber leider schon sehr verblassten Fresken ansehen und die »Santi Pietro e Paolo«, die zu Beginn des 18. Jahrhunderts erbaut wurde. Beachtenswert ist hier die beeindruckende Orgel, die Angelo Bonetti aus Desenzano gebaut hat.

Politiker und Promis

Während der Venezianischen Herrschaft wurde Torri del Benaco von den Dogen von Venedig zum Hauptsitz der »Gardesana dell'Acqua« ernannt. Das war ein Zusammenschluss von zehn Gemeinden mit eigenständiger Verwaltung zur Verhinderung des Schmuggelns zum Westufer. Die Versammlungen der Gardesana fanden im Ratssaal des heutigen Hotel Gardesana, direkt am Hafen, statt.
In diesem Hotel hat auch der deutsche Ex-Bundespräsident Horst Köhler während seiner Amtszeit seine Ferien verbracht. Er war aber längst

nicht der einzige Prominente, der im hübschen Torri del Benaco Urlaub machte. Wohl fühlten sich auch Winston Churchill, André Gide, Vivien Leigh und Laurence Olivier. Besonders stolz ist die Gemeinde, dass der spanische König Juan Carlos die wohltuende Atmosphäre des charmanten Dorfes am Ostufer des Lago di Garda genoss.

Die geschichtsträchtigen »tempi passati« (vergangene Zeiten) verleihen Torri zusätzlich zur herrlichen Lage das ganz gewisse Etwas, das vielen Gardaseebesuchern so gut gefällt und sie immer wieder gerne herkommen lässt.

Scaligerburg mit Limonaia ...

Zum Schutz des kleinen Hafens wurde 1383 die Scaligerburg von Antonio della Scala erbaut. Heute ist in der Burg ein Heimatkundemuseum untergebracht. Hier kann man einige Exponate der damals wichtigen Erwerbszweige Fischerei und Olivenanbau sehen. 1760 wurde die zweite Ringmauer niedergerissen um eine Limonaia zu errichten. Zitronen-Gewächshäuser lagen zu dieser Zeit am Gardasee absolut im Trend. Um die Zitronenbäume im Winter vor zu kalten Temperaturen zu schützen, schlug man zehn Meter hohe Pfosten in die Erde und umgab die Bäume auf drei Seiten mit Holzbrettern.

Der Handel mit den Zitrusfrüchten war lange Zeit erfolgreich, mehr allerdings auf der Westseite. Auf der Ostseite war Torri del Benaco eine der wenigen großen Limonaien. Im Winter 1928/29 fielen alle Zitronenkulturen der großen Kälte zum Opfer. Die Limonaien verloren rund um den See ihre Bedeutung und wurden im Laufe der Jahrzehnte zweckentfremdet. Die noch gut erhaltene Limonaia von Torri del Benaco kann man vom Museum aus besichtigen.

Oben: In der Trattoria Agli Olivi genießt man bei heimischer Küche einen schönen Ausblick.
Mitte: Badestrand bei Torri del Benaco
Unten: Das Fischermuseum in Torri del Benaco

Oben: Surfen mit Blick auf die Westseite
Mitte: Geschichtsträchtiger Grenzstein am Eingangstor zum Hotel Gardesana
Unten: Auch das gibt es – in aller Ruhe den See genießen.

Riviera delle Olive ...

... nennen die Einheimischen das blühende und von silbrig schimmernden Olivenbäumen gesäumte venetische Ostufer des Gardasees. Der Olivenanbau hat hier eine sehr lange Tradition und wird auch heute noch betrieben. Die Erntezeit liegt zwischen Oktober und Februar. Erste Olivenhaine sollen bereits in der Römerzeit unter Julius Caesar angelegt worden sein.

Die Gardaseeregion ist bestens für die Kultivierung von Olivenbäumen geeignet. Dank des milden Klimas überstehen die Bäume den Winter meist schadlos. Der oftmals starke Temperaturunterschied zwischen Tag und Nacht wirkt sich günstig auf die Säurewerte des kostbaren goldenen Saftes aus. Bedingt durch die Kühle des Winters können sich die Bäume ihre verdiente Ruhephase gönnen, was wiederum die Qualität der Früchte steigert.

Verständlich, dass sich in dieser lieblichen Landschaft die Menschen ihre Häuser an diese Hänge bauen, umgeben von Olivenbäumen. Besonders begehrt ist die kleine Ortschaft Albisano über Torri del Benaco. Das weithin sichtbares Wahrzeichen des Ortes ist die Kirche San Martino, besser gesagt, der Kirchturm.

Auf der schmalen kurvigen Straße von Torri nach Albisano gibt es einige wirklich gute Trattorien, wo man unter Olivenbäumen sitzend die Schönheit des Gardasees bewundern kann, während man sich die Fische aus dem See und vielleicht ein Gläschen Wein dazu schmecken lässt. Eine davon ist zum Beispiel die Trattoria Agli Olivi. Im Ort selbst gibt es ein Ristorante der besonderen Art: Ein »Atelier del Gusto« für einen wirklich außergewöhnlichen Abend.

Die leckeren Gardasee-Antipasti in der Trattoria Bell'Arrivo

ESSEN UND TRINKEN

Trattoria Bell'Arrivo. Man bekommt hier feine Traditionsküche und sitzt in einem überdachten Innenhof oder in hübschen, gemütlichen Räumen. Piazza Calderini, 10, 37010 Torri del Benaco, Tel. 045/629 90 28. Ruhetag: keiner. Betriebsferien: November und Januar

Ristorante Viola. Im ehemaligen Sternerestaurant genießt man in ansprechendem, modernem Ambiente regionale Küche mit internationalem Touch. Via Gardesana, 186, 37010 Torri del Benaco, Tel. 045/722 50 83. Ruhetag: Mi

ÜBERNACHTEN

Le Torri del Garda Family Hotel Resort **.** Mitten im Grünen über Albisano liegt das familienfreundliche Wohlfühlhotel mit mehreren Pools, Sportplätzen, Ristoranti und Bars. Via Bardino, 7/A, 37010 Torri del Benaco, Tel. 045/629 81 11, www.letorridelgarda.com

Hotel del Porto. Das stilvolle Hotel besticht durch seine moderne Innenarchitektur, die sich harmonisch mit dem historischen Gebäude vereint. Das Haus liegt direkt an der Uferpromenade. Lungolago Barbarani, 37010 Torri del Benaco, Tel. 045/722 50 51, www.hoteldelportotorri.com

Hotel Villa Susy **. Direkt am Ufer und zugleich ganz nahe dem malerischen Ortskern liegt das sympathisch geführte Hotel. Man frühstückt und speist unter schattigen Bäumen direkt am See. Via Gardesana, 119, 37010 Torri del Benaco, Tel. 045/722 59 65, www.villasusy.com

INFORMATION

Pro Loco di Torri del Benaco. Via F.lli Lavanda, 3, 37010 Torri del Benaco, Tel. 045/629 61 62, www.prolocotorri.it

TRAGHETTO-AUSKÜNFTE

Navigarda. Piazza Matteotti, 25015 Desenzano del Garda, Tel. 030/914 95 11, www.navigazionelaghi.it

Farbenfrohe Akzente im Hafen

15 Garda

Geschichte und Moderne

Das malerische Städtchen am Ostufer, schmiegt sich anmutig an die weitausladende Bucht und wird überragt von der mehr als 300 Meter hohen Rocca. Die verwinkelten Gassen und die Strandpromenade mit den Bars und Ristoranti locken zahlreiche Touristen an. Der Ort Garda, nach dem der See benannt ist, kann auf eine geschichtsträchtige Vergangenheit zurückblicken. Ein absolutes »must« ist ein Ausflug zur Punta San Vigilio.

Mitte: Castello in Garda
Unten: Buntes Treiben auf dem Marktplatz

La Rocca und ihre Vergangenheit

Es ist naheliegend, dass La Rocca, der Tafelberg, der Garda überragt, in früheren Zeiten der ideale Platz war, um eine Burg zu erbauen. Bot doch diese Anhöhe eine perfekte Aussicht über das zu ihren Füßen liegende Land. So ließen sich etwaige Eindringlinge rasch ausmachen.

Zurück zu den Ursprüngen der La Rocca, die bis in die Zeit der Kelten reichen. Damals erhob sich auf dem Berg ein Heiligtum und dort, wo sich heute Garda ausbreitet, fand man Reste eines Pfahlbaudorfes. Später entdeckten vermutlich die Ostgoten La Rocca und bauten eine Burg. Sicher nachgewiesen ist auf jeden Fall, dass im 5. Jahrhundert Theoderich, der König der Goten, eine Burg bauen ließ, die als uneinnehmbar galt. Nicht einmal Kaiser Barbarossa gelang es 1158, sie zu erobern. Spannende Geschichten ringen sich um diese Burg, vor allem als Berengar II. im 10. Jahrhundert in diesem Gebiet herrschte. Insbesondere die Königinnen der Barbaren, Theodolinde und Adelheid, spielten dabei eine wichtige Rolle. Ruhe kehrte

Die Punta San Vigilio – der wohl schönste Platz am Gardasee

erst ein, als Berengar II. durch Otto d. Großen besiegt wurde und damit die Herrschaft der deutschen Kaiser wiederhergestellt wurde.

Später nahmen die Scaliger die Burg in Besitz, aber im Laufe der Zeit verlor sie immer mehr an Bedeutung, und schließlich wurde sie im 16. Jahrhundert vollständig zerstört. Schon in alten Sagen wurde die Burg »Ze Garden«, also »der Garten« genannt. Man vermutet jedoch, dass sich das Wort »garden« vom germanischen »warden« ableitet, und das bedeutet »Ausguck oder Wächter«.

Ein Ausflug auf La Rocca gehört zum Pflichtprogramm, wenn man in Garda und Umgebung Urlaub macht, denn man hat eine atemberaubende Aussicht auf den See, die Punta San Vigilio und auf Garda!

Es war einmal ...

... ein malerisches Fischerdorf, aber so peu à peu entwickelte sich das Dorf in ein beliebtes Feriendomizil. Zwischen den beiden Stadttoren aus dem Mittelalter entstanden mehr und mehr Ristoranti,

AUTORENTIPP!

PARCO BAIA DELLE SIRENE

Dieser romantische Badeplatz auf der Halbinsel der Punta San Vigilio gehört zum Anwesen des Conte Guarienti. Gegen eine Eintrittsgebühr genießt man unter schattenspendenden, hundertjährigen Olivenbäumen den See und die mediterrane Landschaft. Da der Platz heiß begehrt ist, ist es vor allem in der Hochsaison ratsam, rechtzeitig zu kommen, da sonst die bewachten Parkplätze weg sind. Damit sich Mama und Papa auch gut erholen können, steht für Kinder der Mini Club Sirenetta mit einem abwechslungsreichen Programm für alle Altersgruppen zur Verfügung. Das Schönste ist natürlich, wenn man von hier aus die untergehende Sonne über den Bergen der Lombardei erlebt – einfach unvergesslich! Die Baia delle Sirene erreicht man über die offizielle Zufahrt zur Punta San Vigilio, direkt an der Gardesana Orientale, gleich nach Garda, auf dem Weg nach Torri del Benaco.

Parco Baia delle Sirene.
37016 San Vigilio - Garda,
Tel. 045/725 58 84,
www.parcobaiadellesirene.it

AUTORENTIPP!

PINO CASTAGNA – GROSSE ALLTAGSKUNST

Wer von Garda in Richtung Costermano fährt, hat sich wahrscheinlich schon mal gefragt, was es wohl mit den monumentalen Skulpturen aus Stahl und Beton in einem Garten auf der rechten Seite auf sich hat.
Der Künstler Pino Castagna, der durch die Vielseitigkeit seines Schaffens beeindruckt, hat hier sein Atelier. Der 1932 geborene Bildhauer, Zeichner und Keramiker antwortet auf die Frage, mit welchen Materialien er am liebsten arbeitet: »Es gibt keinen Favoriten, es ist wie mit Kindern, man liebt sie alle.«
Weltweit kann man seine meist riesigen Skulpturen bewundern und natürlich auch am Lago, zum Beispiel vor dem Color Hotel in Bardolino oder das verliebte Pferd vor dem Hotel Caesius. Für seinen Freund Pino Corrado hat er das Ambiente seines Restaurants in Caprino, der Loc. Pazzon kreiert. Einige seiner beachtenswerten Arbeiten, insbesondere Speise- oder Kaffeeservices, Vasen, Spiegel und vieles mehr kann man in seinem hübschen Laden inmitten der Altstadt von Garda bewundern und natürlich auch kaufen.

Garda vom Golfplatz Degli Olivi aus

Bars, schicke Boutiquen und Souvenirläden – Gott sei Dank relativ gut integriert in das Stadtbild, das ganz im venezianischen Stil erbaut worden ist. Die langgestreckte Promenade entlang der Bucht trägt sehr dazu bei, dass sich Garda zu einem stark frequentierten Touristenort entwickelt hat.

Wie prachtvoll die Venezianer gebaut haben, kann man bestens am Palazzo dei Capitani, direkt am Hafen, nachvollziehen. Werfen Sie unbedingt einen Blick auf die venezianisch-gotische Fassade, es lohnt sich. Früher war diese Hausseite unmittelbar am Seeufer, sodass der Capitano seine Barke direkt vor der Haustür ankern konnte. Später wurde die Hafenanlage zugeschüttet und durch eine in den See ragende Mole ersetzt. Ebenso schön anzusehen ist die Fassade des Palazzo Carlotti mit den fünf Arkaden im Untergeschoss und fünf Loggien im Obergeschoß, die man aber am besten vom Boot aus sieht. Wie so oft am Gardasee, ist nämlich die dem See zugewandte Seite der

Häuser wesentlich prachtvoller als die Landseite. Das lag ganz einfach daran, dass man früher die Dörfer, mangels gut ausgebauter Straßen, vorwiegend auf dem Seewege erreichte.

Im Laufe der Jahrhunderte ließen sich in Garda viele Adelsfamilien nieder um hier zu leben, oder sie nutzten es als noble Sommerresidenz. Auch wenn viele der adeligen Eigentümerfamilien entweder ausgestorben oder weggezogen sind, die prächtigen Villen mit ihren herrlichen mediterranen Parks prägen heute noch Garda und die Umgebung.

Nördlich der Altstadt, umzäunt von einem prunkvollen Park, liegt zum Beispiel die Villa Albertini, die, mit Türmen und Zinnen geschmückt, einem Traumschloss gleicht. Die Villa, der Park und das Karls-Kirchlein wurden in der zweiten Hälfte des 16. Jahrhunderts von der Familie Becelli errichtet, erst im 17. Jahrhundert erwarb die Familie Albertini den Besitz. Die Albertinis, die heute noch dort wohnen, hatte im Laufe der Zeit privat viele Prominente zu Gast: 1848 den italienischen König Carlo Alberto, später Staatspräsidenten Antonio Segni und nicht zuletzt auch den »Kaiser« Franz Beckenbauer. Den Adelssitz kann man nur von außen bestaunen.

San Vigilio – Der schönste Platz

»Ich möchte, dass Eure Exzellenz zur Kenntnis nehmen, dass San Vigilio der schönste Platz der Welt ist« schrieb Agostino Brenzoni 1540 an einen Freund, und er begründete auch gleich warum: »Die ganze Welt besteht aus drei Teilen: Afrika, Asien und Europa. Der schönste Erdteil ist Europa und davon ist Italien der schönste Teil, von Italien wiederum die Lombardei, und von dieser der Gardasee, und an diesem San Vigilio. Ergo ist San Vi-

Oben: Das Ostufer bei Garda mit der Rocca im Hintergrund
Mitte: Palio delle Contrade
Unten: Die quirlige Altstadt Garda vom See aus

Oben: Herrlich, der Blick auf Garda vom Ristorante Ai Beati aus
Unten: Stolzer Fang eines Gardaseefischers: ein schwerer Hecht

gilio der schönste Ort der Welt!« Mag sein, dass der Humanist Agostino Brenzone, der die Villa zwischen 1538 und 1542 erbauen ließ, ein wenig übertrieb, dennoch, darin sind sich die meisten auch heute einig: Die Punta San Vigilio ist einzigartig und wunderschön.

Der Entwurf für dieses beeindruckende Bauwerk stammt vom berühmten Veroneser Baumeister Michele Sanmicheli, der es verstand, durch die schlichte Architektur der Natur nicht die Schau zu stehlen. Das Haus wirkt ausgesprochen elegant, ja fast ein wenig streng. Umso mehr kommt dadurch der Park mit seinen Statuen und Blumen und natürlich der See zur Geltung. Agostino Brenzone hat sich damit einen Platz geschaffen, um sich hier mit seinem Freund Aretino und anderen Künstlern in eine traumhaft schöne Einsamkeit zurückzuziehen.

Die Villa ist heute im Besitz der gräflichen Familie Guarienti di Brenzone und kann nicht besichtigt werden, aber einen Blick durch das schmiedeeiserne Eingangsportal ist erlaubt. Den Flair und die Schönheit dieser Villa kann man jedoch am besten vom See aus begreifen.

Links von der Villa geht eine schmale gepflasterte Gasse hinunter zum kleinen Hafen und zur »Locanda San Vigilio«. Die Locanda beherbergt ein Nobelhotel und ein Restaurant. Sieben Suiten und sieben noble Zimmer stehen den Gästen zur Verfügung, die man teilweise durch einen privaten Garten mit Zitronenbäumen und Oleanderbüschen betritt. Wer Glück hat und rechtzeitig reserviert, kann eine Suite mit Seeblick buchen. Besonders romantisch ist es, an warmen Sommertagen auf der Terrasse des Restaurants bei Sonnenuntergang zu dinieren. Unvergessliche Urlaubstage in der noblen Locanda haben schon viele Prominente er-

Palazzo del Capitano

lebt, wie zum Beispiel Zar Alexander III., Churchill, Lawrence Olivier, Vivien Leigh, Prinz Charles und der ehemalige Bundespräsident Richard von Weizäcker, um nur einige zu nennen. So ein luxuriöses Haus und der Traumplatz haben natürlich einen entsprechenden Preis, wer nicht so viel investieren möchte, kann einen Hauch dieser besonderen Atmosphäre in der Taverna am kleinen Hafen mitbekommen.

MAL EHRLICH

ALLEIN ODER ALLEIN ZU ZWEIT

Ja, ich stimme zu, dass die Punta San Vigilio ein göttlicher Platz ist, aber nur im Spätherbst oder im Frühling. Am schönsten ist es wenn man zu zweit allein auf der Mole steht, am besten natürlich noch bei Sonnenuntergang – das ist Gänsehaut-Feeling. In der Hauptsaison, wenn sich die Touristen auf der Mole gegenseitig auf die Füße treten, spürt man nicht viel von dem Flair dieser Landzunge. Wer keine Enttäuschung erleben möchte, der hebt sich den Besuch für eine andere Jahreszeit auf oder kommt ganz, ganz früh am Morgen, um den Sonnenaufgang zu erleben.

Infos und Adressen

ESSEN UND TRINKEN

Ristorante Ai Beati. Via Val Mora, 57/59, Loc. Beati, 37016 Garda, Tel. 045/725 57 80, www.ristoranteaibeati.com. Ruhetag: Im Juli und August keiner, ansonsten Dienstag- und Mittwochmittag. Betriebsferien: November

Trattoria al Graspo. Piazzetta Calderini, 37016 Garda, Tel. 045/725 60 46, www.graspo.it

ÜBERNACHTEN

Hotel Villa Madrina **.** Ruhig und zentral gelegen. Via Paolo Veronese, 1, 37016 Garda, Tel. 045/627 01 44, www.villamadrina.it

Garni Capinera. Nur wenige Minuten vom Strand entfernt und mitten in Garda. Via delle Viole, 19–23, 37016 Garda, Tel. 045/725 54 09, www.hotelcapinera.com

EINKAUFEN

Pino Castagna – Kunst und Keramik. Calle dei Sottoportici, 16/18, 37016 Garda

ENTSPANNEN

Gardaaqua. Relaxen in Saunen, entspannen im Beauty Center, erfrischen in Indoor- und Outdoorpools. Via Cirillo Salaorni, 10, 37016 Garda, Tel. 045/725 55 94, www.gardaaqua.it

INFORMATION

APT Riviera degli Olivi. Lungo Regina Adelaide, 3, 37016 Garda, Tel. 045/627 03 84, www.aptgardaveneto.de

Mitte: Das Rathaus von Bardolino und der Hafen
Unten: Sonnenuntergang – immer wieder ein beeindruckendes Erlebnis

16 Bardolino

Ein Name und ein Wein, der auf der Zunge zergeht

Der Sage nach soll es eine germanische Prinzessin namens Bardoli gewesen sein, die dem malerischen Städtchen den melodischen Namen gab. Den auf der Zunge zergehenden, wohlklingenden Namen hat man dann auch gleich für das Weinbaugebiet im Hinterland und den frischen, lebendigen Rotwein, der hier gekeltert wird, gewählt! Ein saftig-fruchtiger Rotwein, der nicht nur wunderbar zu Pasta und Pizza passt, sondern auch zu einem heiteren, unbeschwerten Urlaub.

Antike Kirchen von Bardolino

Spricht man von Bardolino, kann man den leichten und süffigen Rotwein meinen, oder natürlich das beliebte Touristenstädtchen am Ostufer des Gardasees. Beides ist auf jeden Fall bei den Gästen, die den Ort besuchen äußerst beliebt. Das quirlige Städtchen entstand durch zwei vom Monte Baldo herabstürzende Bäche, den Torrente San Severo und den Torrente Valsorda, die mit ihren Ablagerungen die natürliche Begrenzung der Altstadt schufen. Der Hafen ist eingebettet zwischen der Punta Cornicello und der Punta Mirabello.

Das Stadtbild von Bardolino ist veronesisch geprägt, jedoch besuchen die meisten Touristen das Städtchen weniger wegen der geschichtsträchtigen Bauten, sondern um dort zu flanieren, in einem der Ristoranti gut zu essen, in einer der zahlreichen Bars ein Eis zu schlecken, einen Spritz oder einen Hugo zu trinken. Die wenigsten wissen, dass die kleine Stadt eine lebendige Kirchengeschichte

hat. Heute gibt es elf Kirchen in der Gemeinde Bardolino, und einige sind absolut besuchenswert. Da ist zum Beispiel die romanische Kirche in San Severo, am Ende des Borgo Guiseppe Garibaldi gelegen und schon von weitem sichtbar wegen des hohen Campanile aus Naturstein. Die Kirche wurde im 11. Jahrhundert erbaut, man fand jedoch noch Reste aus dem 8. Jahrhundert. Die Krypta hinter dem Hochaltar trägt die langobardische Handschrift. Sehr schön sind auch noch die relativ gut erhaltenen Fresken aus dem 12. Jahrhundert.

Ebenso sehenswert ist San Zeno in der gleichnamigen Straße, die von der Gardesana abzweigt. Das karolingische Bauwerk aus dem 9. Jahrhundert ist vor allem wegen der sechs Säulen interessant, deren Kapitelle nach römischen Vorbild errichtet wurden, ohne jedoch die letztendlichen Finesse zu haben. Wenn man die Strandpromenade entlang nach Cisano spaziert, sollten Kunstinteressierte noch einen Blick auf die Pfarrkirche Santa Maria aus dem 12. Jahrhundert werfen – die Fassade mit wertvollen lombardisch-romanischen Steinmetzarbeiten, die noch aus dem 8. Jahrhundert stammen, ist beeindruckend.

Live is Life

Das ist das Motto dieser quirligen Touristenstadt! Zentraler Treffpunkt, für Einheimische und Urlauber, ist die riesige Piazza, die auf der einen Seite in der Strandpromenade endet, auf der anderen vom neoklassizistischen Portal der Kirche Santi Nicolo e Severo begrenzt wird. Dazwischen reihen sich Schuhläden, Boutiquen, Ristoranti und Bars aneinander. In den kleinen Nebenstraßen, die alle irgendwie am Lungolago enden, kann man herrlich bummeln und shoppen. Unzählige Pizzerien und Ristoranti sorgen dafür, dass man nicht verhungert. Wer sich für Wein interessiert und die

AUTORENTIPP!

TOURISTENMAGNET MUSEO DELL'OLIO D'OLIVA

Bei regnerischen Wetter ist im Ölmuseum an der Gardesana Orientale Schlange stehen angesagt und Parkplätze sind Mangelware. Hierher drängen die Touristen nicht nur, um die Geschichte des goldenen Saftes anzusehen, sondern vor allem um sich für Zuhause mit Olivenöl, Kosmetika aus Olivenöl, Schalen und Mörsern aus Olivenholz und kulinarischen Köstlichkeiten einzudecken. Das Olivenölmuseum ist ein privates Unternehmen der Familie Turri und öffnete 1987 als erstes Museum dieser Art in Italien seine Pforten. Man kann Geräte zur Herstellung des köstlichen Saftes aus der Zeit vom 18. bis zum 21. Jahrhundert bestaunen. Ein informativer Film zeigt worauf es bei der Produktion eines hochwertigen Öls ankommt. Anschließend kann man dann nicht nur feinste Olivenöle erwerben, sondern auch Essige, eingelegte Oliven, Kapern und Pilze, feinste Salse, Pasta und mehr.

Museo dell'olio. Via Peschiera, 54, 37011 Cisano (Bardolino), Tel. 045/622 90 47, www.museum.it. Öffnungszeiten: 9–12, 14.30–19 Uhr, Feiertage nur vormittags

Oben: Die Kirche San Zeno in Bardolino
Mitte: Im Park von der Contessa Loredan-Rizzardi
Unten: Café Italia an der Strandpromenade

üblichen Touristenlokale lieber meidet, der sollte im »Il Giardino delle Esperidi« einkehren und sich von den Töchtern der Nacht (das bedeutet Esperidi) verwöhnen lassen. Man spürt sofort die Handschrift der Damencrew, die dieses, für einen Touristenort ungewöhnliche Ristorante führt.

Jüngere und jung gebliebene Urlauber lockt aber vor allem das Nachtleben von Bardolino. Tanzen, flirten und Open Air Partys – das ist Bardolino bei Nacht! Bevor man jedoch das Tanzbein schwingt, denn das Leben in den Clubs geht erst so gegen Mitternacht los, nimmt man einen Aperitivo in einer der zahlreichen Bars auf der Piazza oder am Hafen. Zwei der gefragtesten Discos am Gardasee sind in Bardolino. Da ist zum einen der Primo Life Club, der sich mit verschiedenen Bars und guten DJs auf mehrere Ebenen verteilt, besonders reizvoll ist für Verliebte die Dachterrasse. Der Mythos der Nächte unter den Discos am Gardasee ist sicherlich das »Hollywood« am Monte Felice. Unter Palmen und einem Sternenhimmel sitzt man auf einer riesigen Terrasse mit Tanzfläche, beleuchtetem Schwimmbad und einem spektakulären Blick auf den größten See Italiens.

MAL EHRLICH

IN DER RUSHHOUR LAUERT DIE POLIZEI

Um Mitternacht tobt der Bär auf den Straßen rund um Bardolino. Die Ausgehwütigen stürzen sich ins Nachtleben und diejenigen, die beim Essen waren, fahren zurück in ihre Herberge. Es ist Rushhour im wahrsten Sinne des Wortes. Eine Autolawine schiebt sich im Schneckentempo von Garda bis Peschiera, und man muss aufpassen, denn überall lauert die Polizia Stradale, die vor allem am Wochenende regelmäßige Kontrollen durchführt. Wie man sich denken kann, geht es dabei nicht um Geschwindigkeitsüberschreitungen.

ESSEN UND TRINKEN

Il Giardino delle Esperidi. An die 30 verschiedenen Weine gibt es glasweise zu den raffinierten Gerichten oder dem feinsten Käseteller weit und breit. Via Goffredo Mameli, 1, 37011 Bardolino, Tel. 045/621 04 77. Ruhetag: Di und Mi Mittag. Betriebsferien von 23. Dezember–7. Januar und eine Woche im Sommer

Eisbar Cristallo. Eisliebhaber sagen, dass es hier das beste Eis am See gibt. Lungolago, 1, 37011 Bardolino, Tel. 045/721 00 45

Trattoria Al Commercio. Schmackhafte, traditionelle Küche, aber garantiert keine Pizza! Via Solferino, 1, 37011 Bardolino, Tel. 045/721 11 83. Ruhetag: Di. Betriebsferien: keine

Die ehemalige Enoteca del Bardolino, direkt am Seeufer gelegen, heißt heute Café Italia.

ÜBERNACHTEN

Color Hotel style & design. Farben spielen in diesem Designhotel eine große Rolle und sie sind so ausgewählt, dass sie zum Wohlfühlen beitragen. Via S. Cristina, 5, 37011 Bardolino, Tel. 045/621 08 57, www.colorhotel.it

Campingplatz San Vito. Die Gäste finden hier nicht nur Stellplätze, sondern Bungalows und Zimmer, zudem gibt es ein Schwimmbad und der See ist greifbar nahe. Loc. Cisano, 37011 Bardolino, Tel. 045/622 90 26, www.camping-cisano.it

Die Kirche San Nicolo am Marktplatz von Bardolino

NACHTLEBEN

Hollywood Dance Club. Via Montavoletta, 11, 37011 Bardolino, Tel. 045/721 05 80, www.hollywood.it.

Primo Life Club. Via Marconi, 14, 37011 Bardolino, Tel. 045/621 01 77, www.primolifeclub.com

AKTIVITÄTEN

Museum für Vogelkunde und Fisch- und Jagdtraditionen. Via F. Marzan, 24/3, 37011 Bardolino, Tel. 045/237 79 35, www.sisan.it

INFORMATION

Fremdenverkehrsbüro. Piazzale Aldo Moro, 37011 Bardolino, Tel. 045/721 00 78, www.visitgarda.com

Entspannung im Hotelgarten

Mitte: Carlo Nerozzi macht in seinem Weingut in Sommacampagna einen feinen Bardolino.
Unten: Der Weinkeller der Cantina Zeni

17 Genusstour Strada del Vino Bardolino

Willkommen ihr Weinliebhaber

Entlang des lieblichen, östlichen Seeufers des Gardasees erstreckt sich das Anbaugebiet des Bardolino DOC und Bardolino DOCG. Etwa sechzig Winzerbetriebe entlang der Strada del Vino von Garda bis Valeggio sul Mincio haben einen »punto di vendita«, das bedeutet, dass man sich in diesen Aziende Agricole freut, wenn interessierte Touristen vorbeikommen, Weine verkosten und möglichst natürlich auch kaufen.

Weinkauf direkt vom Winzer

Für jeden Weinliebhaber ist es ein besonderes Vergnügen, den Wein direkt beim Winzer zu kaufen, denn bei ihm darf man verkosten und, wenn es seine Zeit erlaubt, auch mal in den Keller schauen oder sogar die Weinberge besuchen. Das macht Spaß, und der Respekt vor den feinen Tropfen wird größer.

Im Herbst 2009 haben fünf engagierte Winzerinnen die Geschicke der »Strada del Vino Bardolino« übernommen, die sich durch eine landschaftlich schöne Gegend von Garda bis Sommacampagna schlängelt. Man kann sich entweder einfach treiben lassen und auf diese Weise – rein zufällig – den einen oder anderen Winzer entdecken oder sich vorab im Internet über die Weinbauern in den verschiedenen Orten informieren.

Wer sich ein wenig mehr über die Geschichte des Weinbaus informieren möchte, der sollte einen Halt im Weinmuseum Zeni machen. Zugleich kann

Heitere Stimmung beim Weintraubentreten auf dem Weinfest in Bardolino

man anschließend auch die Weine der Kellerei Zeni ganz ungezwungen verkosten und sich nicht nur über die hauseigenen Sorten informieren, sondern auch über die Region, die heimischen Trauben und die verschiedenen Methoden der Herstellung – und das sehr freundlich und in deutscher Sprache.

Was ist Bardolino?

Bardolino heißt das beliebte und von Touristen umschwärmte Städtchen am Ostufer des Gardasees, aber so heißt auch ein Wein. Es gibt jedoch nicht nur einfach einen Bardolino und Bardolino classico, dazu gesellen sich Bardolino classico superiore, ein Roséwein namens Chiaretto Bardolino, ein Rosé Spumante Chiaretto Bardolino und ein Novello Bardolino. Alle tragen sie den Familiennamen Bardolino.

Die Anbaugebiete teilen sich auf in das Bardolino classico DOC, im engeren Hinterland von Garda bis Pacengo und das Bardolino DOC, das von Peschiera über Custoza und Valeggio sul Mincio bis Sommacampagna und Villafranca reicht.

AUTORENTIPP!

HIGHLIGHTS: DIE WEINFESTE

Das »Festa dell'Uva e del Vino« in Bardolino ist seit vielen Jahren ein Touristenmagnet mit Kultstatus. Jahr für Jahr von Ende September bis Anfang Oktober zelebrieren Einheimische und Gäste das Ende der Traubenernte. Entlang der Uferpromenade errichten die Bardolino-Winzer ihre Stände und schenken ihren Wein aus, natürlich aus der Ernte vom Vorjahr. Damit der Wein nicht zu sehr in den Kopf steigt, gibt es natürlich auch Stände mit kulinarischen Köstlichkeiten der Region.
Bei noch meist sehr angenehmen, spätsommerlichen Temperaturen kann man die Weine der verschiedenen Winzer vergleichen und mit Freunden darüber diskutieren. Ein heiteres Fest, das Jung und Alt gleichermaßen anzieht. Es ist unbedingt zu empfehlen, rechtzeitig ein Hotel zu buchen, denn kurzfristig ist es sehr schwer, während dieser Zeit noch was zu finden.
Im Frühsommer, meist im Juni, findet dann das Chiaretto-Fest, das sogenannte »Palio del Chiaretto« statt. Auch hier können die Gäste entlang der Uferpromenade von Bardolino die roséfarbenen Weine und Spumante verkosten. Ein superfröhlicher Auftakt für den Sommer am Gardasee.

Oben: Fratelli del Vino del Bardolino
Mitte: Weinreben im beginnenden Frühjahr
Unten: Fausto Zeni, der mit seinen Schwestern das beliebte Weingut führt

ÖSTLICHES SEEUFER

Weinkenner merken den Unterschied dieser beiden Anbaugebiete am Geschmack. Grund hierfür sind die unterschiedlichen Böden. Während die Moränenhügel des Bardolino Classico DOC-Gebiets, also rund um Bardolino und Lazise, von lockeren Kies- und Schotterböden geprägt sind, findet man weiter im Süden im Bardolino DOC Richtung Valeggio eher schwerere Lehmböden.

Wer filigrane, zarte Bardolino-Weine liebt, der sollte sich zum Beispiel bei Le Fraghe, Guerrieri Rizzardi, Zeni, Raval, Valetti oder Le Tende eindecken. Wer vollmundige, kräftigere Bardolino-Weine bevorzugt, der macht eher bei den Winzern im Custoza-Gebiet (zum Beispiel Cavalchina, Monte del Fra, Corte Gardoni, Corte Fornello oder Tamburino Sardo) einen Stopp, um seinen Kofferraum vollzupacken.

Und dann gibt es, um alles noch verwirrender zu machen, seit August 2001 das Bardolino DOCG. Der DOCG-Status gilt nicht grundsätzlich für das gesamte Gebiet. Jeder Winzer kann wählen, ob er den DOCG- Status in Anspruch nimmt.

Wenn ja, dann muss er natürlich die geeigneten Hügellagen haben und die gesetzlich vorgeschriebenen DOCG-Regeln einhalten. Bislang sind es etwa dreißig Winzer, die auch einen Bardolino classico superiore DOCG vinifizieren.

Trendy: Prickelnd und rosé

Die roséfarbenen Chiaretto Spumante sind in den letzten Jahren so richtig in Mode gekommen. Der überwiegende Teil der Winzer setzt bei der Herstellung auf die Tankgärmethode, genannt metodo Charmat. Der so entstandene Spumante schmeckt fruchtig und lebendig: perfetto für die heitere Urlaubsstimmung.

Strada del Vino Bardolino

Der Winzer und Champagner-Liebhaber, Signor Romano Giacomelli, Besitzer des Weingutes Monte Saline in Cavaion forschte, probierte und studierte lange um einen Chiaretto-Sekt auch auf Flaschengärmethode herzustellen.

Er hat es tatsächlich als erster Winzer geschafft, aus den heimischen Rebsorten Corvina, Rondinella und Rossignola Sekt, metodo classico, herzustellen. Den Grundwein lässt er zwei Jahre auf der Flasche reifen, bevor sie degorgiert wird. Das Ergebnis: ein zwiebelschalenfarbener, eleganter Spumante mit einer feinen Perlage, überaus bekömmlich und daher auch ein perfekter Begleiter zu Fisch.

Contessa Maria Cristina Loredan Rizzardi mit ihrem Hund Otto

Infos und Adressen

ESSEN UND TRINKEN

Osteria Enoteca Corte Torcolo. Via Vittorio Veneto, 1, 37010 Cavaion Veronese, Tel. 045/723 54 14. Ruhetag: Mo

Trattoria Al Fornello. Empfehlenswert sind vor allem die äußerst abwechslungsreichen Antipasti. Loc. Fornello, 37067 Valeggio sul Mincio, Tel. 045/795 03 23

ÜBERNACHTEN

Corte Impero. Kleines, feines Hotel in Affi, mit eleganten Zimmern und Suiten. Zum Hotel gehört ein gutes Restaurant mit einem hübschen Innenhof. Via Pozzo dell'Amore, 23, 38010 Affi, Tel. 045/723 51 03, www.corteimpero.com

B&B Costadoro. Die Familienpension liegt iinmitten der Weinberge. Via Costabella, 29/A, 37011 Bardolino, Tel. 045/621 04 93, www.agriturismocostadoro.com

EINKAUFEN

Weinmuseum – Museo del Vino. Einkaufen und Probieren im Weinmuseum Zeni verspricht echtes Urlaubsvergnügen. Via Costabella, 9, 37011 Bardolino, Tel. 045/721 00 22, www.zeni.it

INFORMATION

Es gibt bislang kein festes Büro, aber im Internet finden Sie die wichtigsten Hinweise und natürlich eine Karte über den Verlauf der Weinstraße. www.stradadelbardolino.com

Mitte: Wegweiser führen zu den beliebten Almhütten.
Unten: Pino und Cristina Corrado in ihrer Küche

18 Caprinotal

Lebhaftes Markttreiben

Die Ortschaft Caprino liegt umgeben von Weinbergen und Olivenhainen im lieblichen Hinterland von Garda, nur wenige Autominuten von Affi entfernt. Caprino, mitsamt seinen vielen kleinen dazugehörenden Dörfchen, teilweise an den Hängen des Monte Baldo, ist ein willkommener Ausgangspunkt für schöne Wanderungen. Magischer Anziehungspunkt ist zudem der Wochenmarkt, der jeden Samstag stattfindet.

Quirliger Ort im Hinterland

Wer am Ostufer, im Veroneser Teil des Gardasees, eine Ferienwohnung hat, deshalb oft hierher reist und einen Telepass oder ein Bankkonto benötigt, der muss erst mal nach Caprino, denn hier ist der Sitz des »Ministero Dell'Economia e delle Finanze«. Hier wird man dann registriert, erhält eine grüne Karte und kann dann unter anderem ein Bankkonto eröffnen.

Wer dann einmal da war, der kommt gerne immer wieder, denn das kleine Städtchen pulsiert – auch dann noch, wenn die Urlaubssaison zu Ende ist. In und um Caprino gibt es viele schöne Villen, eingebettet in prachtvolle Parks mit altem Baumbestand.

Der Name der Gemeinde soll sich von dem keltischen Stamm »Cauri« ableiten. Es war, so vermutet man, einst ein wichtiges Handelszentrum. Zu Beginn des 15. Jahrhunderts bis Ende des 18. Jahrhunderts gehörte das Caprinotal zur Republik Venedig. Bis 1959 war Caprino auch mit dem Zug

Frühsommerstimmung im Caprinotal

erreichbar, dann wurde der Bahnhof geschlossen. Jeden Samstag werden im Ortszentrum viele Stände aufgebaut, an denen Blumen, Gemüse, Fleisch und Würste, sowie Haushaltswaren, Kleider, Schuhe, Strümpfe und vieles mehr feilgeboten wird. Nach einem Marktbummel, wo man meist etwas findet, geht's in die Bar Centrale auf einen Aperitivo. Für viele eingefleischte Gardasee-Liebhaber ist der Markt in Caprino ein beliebter, fixer Treffpunkt!

Ein weiterer lohnenswerter Ausflug ist die Wallfahrtskirche Madonna della Corona, die in schwindelerregender Höhe, 800 Meter über der Etsch, an einer senkrechten Felswand »klebt«. Man erreicht die Kirche über Spiazzi, einen Ortsteil von Caprino, oder von der Etschseite aus über Brentino. Bereits im Mittelalter waren hier Mönche, die zum San Zeno Kloster in Verona gehörten, ansäs-

AUTORENTIPP!

HEIMISCHE SPEZIALITÄTEN

ÖKO

Ein wenig weiter auf dem Weg nach Pazzon, kommt man zum Ristorante Da Corrado, einem Familienbetrieb mit heimischer Küche und ungewöhnlichem Ambiente, gestaltet von Pino Castagna, einem international berühmten Künstler. Es gibt ein Menü, das aber vorher besprochen wird, falls man etwas nicht mag. Auf dem Weg zurück nach Affi bekommt man im »Alle Querce« in der Località Ceredello gute Pizzen und köstliches Fleisch vom Grill zu vernünftigen Preisen. Hier sitzt man dann statt unter Platanen unter schattigen Eichen.

Ristorante Da Corrado.
Loc. Pazzon, 37013 Caprino Veronese, Tel. 045/726 51 11, www.ristorantedacorrado.com. Ruhetag: Mo, Di, nur abends geöffnet – So auch mittags

Alle Querce.
Loc. Ceredello di Sopra, 37013 Caprino, Tel. 045/724 18 51

Käse und Butter direkt von der Malga

Von Malga zu Malga

Das Städtchen Caprino ist ein perfekt gelegener Ausgangspunkt für Wanderungen auf den Monte Baldo, da man mit dem Auto ziemlich hoch hinauffahren kann. Im Fremdenverkehrsbüro bekommt man Auskunft über Wanderungen in unterschiedlichen Schwierigkeitsgraden.

Wer gerne mal zwischendurch einkehrt, der ist mit dieser, etwa 5–6-stündigen Tour mittleren Schwierigkeitsgrades gut beraten.

Mit dem Auto geht es von Caprino über die Località Vilmezzano und Braga nach Pradonego. Hier parken Sie das Auto und folgen der Beschilderung Nr. 63 zur Malga Colonei di Caprino. Auf einem Trampelpfad durch einen Wald und dann über eine Almwiese geht es zur Malga Montesel auf 1272 Meter.

Bergdorf auf den Weg von Caprino zum Monte Baldo

Nach einigen Kurven gelangen Sie zur Malga Colonei di Caprino auf 1372 Metern. Von hier aus folgen Sie dem ausgeschilderten Pfad Nr. 64, der Sie über Colonei di Pésina weiter auf die Kammlage Naole führt.

Wer möchte, macht einen Abstecher zur Burgruine Forte di Naole, die auf 1675 Metern liegt. Der Wanderweg in Richtung Bocchetta di Naole ist hier ein wenig schwieriger zu gehen, grasig und bisweilen ohne festgetrampelte Spur. Da es abwärts geht, muss man auch aufpassen, dass man nicht ausrutscht, vor allem wenn im Herbst noch Tau liegt oder nach einem Regen.

Hat man die Bocchetta di Naole erreicht, wird man mit einem traumhaften Panoramablick auf den Höhenrücken Naole belohnt. Von hier aus geht's weiter in Richtung Malga Valfredda Crocetta und der nahegelegenen Malga Ime, die etwa auf 1130 Metern liegen. Nun geht es abwärts zum Ausgangspunkt in Pradonego, der sich auf 744 Metern Höhe befindet. Übrigens: Malga heißt Alm, und meist gibt es dort auch was zu essen oder zu trinken – zumindest vom Frühsommer bis in den Spätherbst.

sig. Seit 1434 gehört das Santuario zum Malteser-Kreuz-Orden. Die Kirche, in der eine Madonnenstatue mit dem toten Jesuskind verehrt wird, ist ein stark frequentierter Wallfahrtsort.

Morgenländische Platane

Versäumen Sie nicht in den Ortsteil Pazzon zu fahren, der landläufig auch Platano genannt wird wegen einer wirklich beeindruckenden Platane. Aber es ist nicht irgendeine Platane, es ist ein nationales Monument, vermutlich die größte Platane Italiens.

Der Baum heißt »Platano dei 100 Bersaglieri«, hat einen Umfang von fünfzehn Meter und ragt an die 20 Meter in den Himmel. Der Baum wurde irgendwann im 16. Jahrhundert gepflanzt und hat nun also ein stattliches Alter von über 400 Jahren. Die Baumkrone misst gut 300 Quadratmeter, Platz für drei schöne Wohnungen. Es ist ein beeindruckendes Naturmonument, das zu bestaunen sich lohnt.

Das Ambiente des Ristorante Da Corrado – gestaltet vom Künstler Pino Castagna

Infos und Adressen

ESSEN UND TRINKEN

Al Vecchio Forno. Schmackhafte Küche, schön gedeckte Tische in heimeligen Zimmern mit wunderschön rustikalen, rohen Steinwänden. Piazza Don GioBatta Roncari 19, Borgo di Pazzon, 37013 Caprino, Tel. 045/625 00 27, www.alvecchioforno.org. Ruhetag: Mo und Dienstagmittag

ÜBERNACHTEN

Agriturismo Tenuta La Presa. Stilvolles Ambiente ist garantiert, dazu eine traumhafte Lage und natürlich ein Swimmingpool und sehr guter Service. Da das Haus sehr gefragt für Hochzeiten ist, sind die Wochenenden meist lange im voraus ausgebucht. Loc. La Presa, 1, 37013 Caprino Veronese, Tel. 045/724 23 14, Fax 045/724 20 98, www.agriturismolapresa.com

Agriturismo Ca' del Baldo. Der Agriturismo bietet vier ganz individuell eingerichtete Ferienwohnungen und liegt inmitten eines 40 000 m² großen Garten mit beheiztem Schwimmbad. Via Cappuccini, 32, 37013 Caprino Veronese, Tel. 045/ 623 04 40, www.cadelbaldo.com

INFORMATION

L'Ufficio di Informazioni Turistiche IAT. Palazzo Parlotti. Piazza Roma,6, 37013 Caprino, Tel. 045/620 99 55. Öffnungszeiten: Juni bis September Mo, Mi–Fr von 8–13 Uhr, Di, Sa von 9–13 Uhr und 14–18 Uhr

Mitte: Bummel am alten Hafen von Lazise
Unten: Urlaubsfeeling: Ein Campari Soda in der Bar Lacisium am alten Hafen von Lazise

19 Lazise

Altstadt in mittelalterlichen Mauern

Wenn Goethe einen Fehler gemacht hat, dann den, Lazise sozusagen rechts liegen gelassen zu haben. Stattdessen bog er nämlich in Bardolino ab ins Etschtal, und durch die hügeligen Weinberge fuhr er weiter nach Verona. Er wäre begeistert gewesen, so wie es heute unzählige Touristen und vor allem auch viele Veroneser sind, die den pittoresken Ort gerne besuchen. Lazise hat nämlich ein ganz besonderes Flair.

Pittoresk: Altstadt und Hafen

Lazise, ist einer der ältesten Orte am Gardasee. Die sehenswerte Altstadt ist umschlossen von einer mächtigen Burgmauer, die, obwohl sie bereits 1370 errichtet wurde, heute noch vollständig erhalten ist.

Sechs Wachtürme, Wehrgänge mit einem Zinnenkranz und eine Scaligerburg sind vollständig erhalten und verleihen dem Ort seine einzigartige mittelalterliche Ausstrahlung. Der Ortsname Lazise leitet sich von »laceses« ab, was soviel heißt wie »Ortschaft am See«.

Innerhalb dieser Mauer ist der Verkehr ausgeschlossen worden, was aber in den engen Gassen ohnehin relativ schwierig wäre. Zwei großflächige Parkplätze, beide in unmittelbarer Nähe des »centro storico«, ermöglichen es den Besuchern das Auto problemlos abzustellen und entspannt durch die heimeligen Gassen und entlang des Lungolago zu bummeln.

Das Stadtbild, wie es sich heute noch präsentiert, wurde im 14. Jahrhundert von den Scaligern geprägt. Die Geschichte des Hafenstädtchens geht jedoch sehr viel weiter zurück, bis in die mittlere Bronzezeit (16.–13. Jh. vor Chr.), was zahlreiche Funde belegen.

Im 11. Jahrhundert war der Ort eine Hafenstation und daher auch Ziel vieler kriegerischer Angriffe. Im Mai 1509 unterlag das venezianische Heer der Liga von Cambrai. Vor Wut und Enttäuschung soll daraufhin der venezianische Capitano Zaccaria Loredan die gesamte Flotte mit Steinen beschwert, angezündet und auf dem See versenkt haben. Das ist heute noch nachweisbar, denn etwa 500 Meter vom Ufer entfernt liegt in einer Tiefe zwischen 24 und 27 Meter das Wrack (30 m lang und 3 m breit) der im 16. Jahrhundert gesunkenen Galeere.

Dem strategisch wichtigen Platz wurde große Bedeutung beigemessen. Lazise stand in den vergangenen Jahrhunderten unter verschiedenen Herrschaften, nach der neapolitanischen folgte die österreichische Besetzung und seit dem dritten italienischen Unabhängigkeitskrieg gehört Lazise schließlich zu Italien. Während früher die Bevölkerung fast ausschließlich vom Fischfang und vom Wein- und Olivenanbau lebte, konzentriert sich heutzutage das wirtschaftliche Leben auf den Tourismus.

Bummeln in engen Gassen

Drei Stadttore ermöglichen den Zutritt in die sehenswerte Altstadt. Das Haupttor liegt direkt an der Gardesana, die Zufahrt mit dem Auto ist untersagt. Das zweite Stadttor erreicht man über die Via Rosenheim (Partnerstadt) und das dritte über die Via Bastia.

AUTORENTIPP!

LAZISE IM WINTER

Da am Gardasee das Klima mild ist und es selten schneit, kann man hier bereits ab Mitte Februar bis in den November hinein warme Sonnenstrahlen erhaschen und den See in Ruhe in seiner vollen Pracht genießen. Ungemütlich kann es aus meiner langjährigen Erfahrung ab Mitte Dezember bis Mitte Februar werden, vor allem auch, weil viele Häuser schlecht isoliert sind, und es deshalb drinnen nie so heimelig warm wird, wie wir es gewohnt sind.
Der Vorteil von Lazise ist, dass es auch in der kühleren Jahreszeit angenehm lebendig zugeht, vor allem am Wochenende. Das liegt zum einen daran, dass die Veroneser gerne hierher kommen, nicht zuletzt, weil einige gute Ristoranti auch außerhalb der Saison geöffnet haben. Hinzu kommt, dass Lazise leicht erreichbar ist, von der Autobahnausfahrt Affi sind es gerade mal 15 Minuten, und daher viele Deutsche, Österreicher und Südtiroler einen Zweitwohnsitz hier haben. Die kommen gerne außerhalb der Saison, da dann der Ort noch viel reizvoller ist und es auch keinen Stau auf der Gardesana gibt.

AUTORENTIPP!

THERMALPARK GARDA IN COLÀ

Nicht nur bei schlechtem Wetter ist ein Wellnesstag in der Therme in Colà, im hügeligen Hinterland nahe Lazise, ein wohltuendes Erlebnis. Sie ist nicht irgendeine Therme – sie liegt traumhaft inmitten des sensationellen Parks der Villa dei Cedri mit Zypressen, Thujen, Eiben und jahrhundertealten Buchen. Die Anlage wurde zwischen dem 18. und 19. Jahrhundert im Stile neapolitanischer Villen erbaut und ist heute ein exklusives Vier-Sterne-Hotel, natürlich mit allen Annehmlichkeiten der Thermenlandschaft.
Der Thermalpark selbst ist jedoch für jeden ganzjährig geöffnet. Seen, Grotten, Wasserfälle, Fontänen, Picknickplätze, Thermalanlagen und vieles mehr stehen den Besuchern in dieser gepflegten Parkanlage zur Verfügung. Das Mineralwasser entspringt hier dem Boden mit einer Temperatur von 37 Grad und eignet sich zur Linderung bei nicht akuten Erkrankungen des Bewegungsapparats, bei peripheren Gefäßerkrankungen, motorischer Rehabilitation, Hauterkrankungen und einigem mehr. Für den kleinen Hunger zwischendurch gibt es im Thermalpark Garda eine Bar und ein Selbstbedienungsrestaurant. Wer schick essen gehen will, der kann dies abends in der Villa dei Cedri tun.

Thermalpark Garda und Villa dei Cedri SPA **,** Hotel und Appartements. Piazza di Sopra, 4, 37017 Colà di Lazise, Tel. 045/759 09 88, www.villadeicedri.it

Scaligerburg von Lazise

In der Hauptsaison wird es eng in den schmalen Gassen mit den vielen Mode-, Brillen- und Schuhgeschäften, den zahlreichen Bars und Ristoranti. Dann schieben sich schon mal die Touristen von einem Schaufenster zum nächsten. Außerhalb der Feriensaison macht das Schlendern und Schauen noch mehr Freude, und die wunderschöne Piazza Vittorio Emanuele mit den charakteristischen Häuserzeilen links und rechts kommt dann erst richtig zur Geltung.

Der prächtige, weitläufige Stadtplatz öffnet sich zum alten Hafen mit den bunten Fischerbooten und den schönen Jachten. Dieser Hafen reicht direkt bis ins Zentrum und wird auf einer Seite von einer bunten Häuserzeile, auf der anderen von der

Dogana und der Kirche San Nicolo flankiert. So sympathisch die Ristoranti und die kleinen Bars auf der einen Seite auch sind, sollten Sie nicht versäumen, sich die Kirche San Nicolo anzusehen. Sie stammt aus dem 12. Jahrhundert und hat eine bewegte Geschichte hinter sich. Die Kirche wurde im Laufe der Zeit mal als Lager, mal als Kaserne oder Wohnstätte entfremdet. Erst 1953 hat man sie wieder von Grunde auf renoviert, und seither wird sie wieder als Kirche benutzt. Im Inneren befinden sich sehenswerte Fresken, insbesondere die »Stillende Maria auf dem Thron«, die wieder freigelegt wurden. Sie stammen ebenso aus dem 14. Jahrhundert wie ein Fresko auf der Nordwand.

Gleich nebenan ist die Dogana, ein mächtiges Gebäude mit wuchtigen Arkaden und einem Zinnenkranz, dessen Renovierung erst vor wenigen Jahren abgeschlossen wurde. Das Bauwerk diente als Werft und zur Wartung der Seeflotte. 1607 wurde die Dogana als Arsenal, dann als Salpeterfabrik und schließlich als Zollhaus für Transitwaren vom Veneto in die Lombardei genutzt. Heute werden in der sehr geschmackvoll renovierten Dogana kulturelle Ausstellungen und Weinpräsentation veranstaltet. Man kann die Räumlichkeiten auch mieten, zum Beispiel für Hochzeiten oder andere Festivitäten.

Am Stadtrand gelegen und leider nur von außen zu bewundern ist die Scaligerburg, die Ende des 9. Jahrhunderts zur Verteidigung gegen die kämperichern Hunnen erbaut wurde. Sie zählt zu den besterhaltenen Burganlagen am Gardasee. Der riesige Hauptturm (mastio), an dem im oberen Teil noch die alten Wappen zu erkennen sind, ist flankiert von weiteren fünf kleineren Türmen. Der Prachtbau steht im Park der Villa Bernini und ist im Privatbesitz.

Oben: Der schöne Hafen von Lazise ragt wie ein Finger ins Dorf hinein. **Unten:** Köstliche Fischgerichte gibt es in der Taverna Oreste am Hafen von Lazise

Oben: Verschnaufpause an der schönen Strandpromenade in Lazise
Unten: Die Kirche San Nicolo stammt aus dem 12. Jahrhundert.

Essen gehen in Lazise

Lazise hat bei den Veronesern einen hervorragenden Ruf, wenn es um gutes Essen geht. Man fährt gerne zum Speisen nach Lazise, nicht zuletzt um anschließend – vor allem am Sonntag – eine »passeggiata« (einen Spaziergang) mit der ganzen Familie entlang des Lungolago oder durch die engen Gassen zu machen. Das ist mit einer der Gründe, weshalb dieser Ort auch im Winter stärker frequentiert ist als manch andere Orte am See.

Besonders angenehm sitzt man im »Alla Grotta« und im »Oreste«. Beide Ristoranti liegen direkt am alten Hafen. Hier wie da gibt es eine köstliche Fischküche, teils vom See, teils vom Meer.

Da diese Ristoranti Sommer wie Winter gut besucht sind, ist eine rechtzeitige Reservierung anzuraten. Leider lässt oftmals während der Hauptsaison in beiden Restaurants die Herzlichkeit des Service zu wünschen übrig. Schade, denn ein Lächeln kostet nichts! Gerade im Urlaub geht man ja nicht nur um satt zu werden in ein Ristorante, sondern auch um ein wenig italienisches Flair zu erleben.

Gut isst man auch im »Botticelli«, ganz in der Nähe des Castello. Im herzlich geführten Familienbetrieb sitzt man auf einer überdachten, offenen Terrasse im ersten Stock. Auch im Traditions-Ristorante Il Porticciolo am Lungolago, einem Slow Food-Restaurant, kann man gut speisen. Besonders schmackhaft ist das Antipasti-Büfett mit vielerlei Fischspezialitäten, vorwiegend aus dem See. Natürlich sollte man nicht versäumen den »Risotto alla tinca« (Schleien-Risotto), eine typische Spezialität der Gardasee-Ostküste, zu essen, der hier und auch im »Oreste« eigentlich immer auf der Speisekarte steht.

ESSEN UND TRINKEN

Il Porticciolo. Beliebtes Traditionsrestaurant mit feiner heimischer Küche. Lungolago Marconi, 22, 37017 Lazise, Tel. 045/758 02 54

Ristorante Botticell. Das Familienrestaurant liegt nahe dem Castello Scaligero und ist bekannt für feine Fischgerichte und sympathischen Service. Via Rocca, 13, 37017 Lazise, Tel. 045/758 11 94

Taverna Da Oreste. Via F. Fontana, 32, 37012 Lazise, Tel. 045/750 80 19

Mit Freunden feiern am Ufer des Gardasee, das macht Spaß.

Bar Paparazzi. Perfetto für einen Aperitivo oder spätabends, wenn man Lust auf Musik und Tanz bekommt. Die ursprüngliche Paparazzi-Bar, die direkt am Kreisverkehr in Richtung Peschiera liegt, ist renoviert und 2011 wiedereröffnet worden. Lounge Café, Via Monte Baldo, 37017 Lazise. Mobil 0039/338-347 45 83

Das wird ein Festmahl direkt am Hafen.

ÜBERNACHTEN

Corte Valier **.** Das Hotel wurde erst 2010 eröffnet und liegt ruhig nur wenige Gehminuten von der Altstadt entfernt. Ein weitläufiger Wellnessbereich mit diversen Angeboten steht den Gästen zur Verfügung. Via della Pergolana, 9, 37017 Lazise, Tel. 045/64 72 10, www.cortevalier.com

Hotel Villa Cansignorio *.** nmitten der Altstadt, aber in einer ruhigen Gasse liegt die vollständig renovierte Villa mit einem gepflegten Garten, in dem man sich gut erholen kann. Corso Cangrande, 30, 37017 Lazise, Tel. 045/758 13 39, www.hotelcansignorio.com

INFORMATION

Fremdenverkehrsbüro Lazise, Via Francesco Fontana, 14, 37017 Lazise, Tel. 045/758 10 40

Beliebtes Ziel für Bootsfahrer: Der Hafen von Lazise

Mitte: Aquapark Caneva
Unten: Rutsche im Aquapark Caneva

20 Freizeitparks zwischen Lazise und Peschiera

Vergnügen für die ganze Familie

Zwischen Pacengo und Castelnuovo, einstmals ruhige Dörfer, tobt nunmehr der Bär. Riesige Vergnügungsparks und Hotels, die sich auf Gäste mit Kids eingestellt haben, locken Besucher aus aller Welt an. Ob Gardaland, Canevaworld oder Sea Life Aquarium – Familien mit Kindern kommen an diesem Teil des Gardasees nicht vorbei. Zu verlockend sind die Vergnügungsangebote, die nicht nur den lieben Kleinen Spaß bereiten.

Gardaland – Nr. 1 in Italien

Am 19. Juli 1975 öffnete der Vergnügungspark Gardaland, zwischen Lazise und Peschiera gelegen, seine Pforten. Damals bot eine Fläche von 90 000 Quadratmetern verschiedenste Attraktionen. 1984 wurde der Park mit wahnwitzigen Achterbahnen, Wasserfahrten auf Baumstämmen und einigem mehr erweitert und erreichte damit rasch ein Millionenpublikum. Im Jahr 2000 feierte Gardaland sein 25-jähriges Bestehen, und ein Jahr später kam »Gardaland Fantasy Kingdom«, ein Park im Park mit fünf themenbezogenen Attraktionen für die ganze Familie, hinzu. 2002 wurden das »Mad House«, ein verrücktes Haus, wo viel Unerwartetes geschehen kann, eröffnet und ein wenig später »Fantasy on Ice«, eine mitreißende Show.

Faszinierend ist eine weitere Attraktion, die sich auf einer Fläche von über 10 000 Quadratmeter ausbreitet. Sie besteht aus einer siebenhundert

Nachbildungen von Sauriern bei Affi

Meter langen Strecke, die mit zehn Booten für je zwanzig Personen befahren wird. Nachgespielt wird dabei das Ambiente der mysteriösen Welt von Atlantis. Die Fahrt geht durch geheimnisvolle Tunnels hindurch, mit zwei abstürzenden Wasserfällen (10 und 15 Meter hoch) – den höchsten in Europa. Der Mythos der versunkenen Insel kommt so auf magische Weise wieder ans Tageslicht. Das Szenario ist unvergleichlich und besteht aus zweitausend Quadratmetern künstlicher Felsen, über hundert Meeresgrotten, religiösen Symbolen, Opferaltären und mythologischen Gestalten, darunter einem elf Meter hohen wütenden Neptun. Für die gesamte Strecke wird die Menge von 5000 Kubikmeter Wasser benötigt. Das unvergessliche Ereignis dauert knappe sieben Minuten bei einer Geschwindigkeit von 56 km/h.

Da der Freizeitpark für Kinder nicht nur Jahrmarktcharakter hat, sondern auch von pädagogischem Wert ist, kommen Jahr für Jahr viele Schulklassen ins Gardaland. Die Preise und Öffnungszeiten dieses beeindruckenden Spektakels für Jung und Alt lesen Sie am besten auf der Website www.gardaland.de nach.

AUTORENTIPP!

BLICK IN EINE SPANNENDE UNTERWASSERWELT

Wer die kleinen und großen Wunder der Weltmeere entdecken möchte, dem rate ich zu einem Besuch des Sea Life Aquariums in der Nähe der Vergnügungsparks Gardaland & Co.. Auf 3500 Quadratmetern taucht man ein in die atemberaubende Unterwasserwelt und kann Seepferdchen ebenso bestaunen wie ruhig dahin gleitende Haie und majestätische Meeresschildkröten.
Ungemein interessant ist es zudem den Verlauf des Wassers zu verfolgen, von der Quelle zum Gebirgsbach, hin zum Po-Delta, zur Küste und zum Hafen. Im Freigelände gibt es ein Becken mit Seelöwen und ein Berührungsbecken, wo man hautnahentdecken kann, wie sich Seesterne anfühlen.
Übrigens, im Sea Life Aquarium wurde das erste Seepferdchen in Gefangenschaft geboren, ein Hinweis, dass sich hier nicht nur die Menschen wohlfühlen.
Für einen Besuch des Meeresaquariums sollte man sich mindestens zwei Stunden Zeit nehmen, denn es macht Freude, die Welt unter Wasser zu entdecken.

Sea Life Aquarium. Via Derna, 4, 37014 Castelnuovo del Garda, Tel. 045/644 97 77, www.visitsealife.com

Oben: Impressionen aus dem Gardaland
Mitte: So sind die Kinder begeistert.
Unten: Eine Reise ins Mittelalter

Canevaworld Resort

Dieser Freizeitpark unterteilt sich in vier verschiedene Themenbereiche:

- Movieland Studios
- Medieval Times
- Aqua Paradise Park
- Rock Star Café

Die Movieland Studios

Inmitten von Hollywoodkulissen kann man seit 2003 hautnah aufregende Stuntshows und Special Effects erleben. Während einer Bahnfahrt schaut man hinter die Kulissen und lernt die Verwirklichung der Stunt-Szenen in Filmen kennen. Mittelpunkt des Parks sind die Shows, die bekannten Kinohelden gewidmet sind, wie den Blues Brothers, Terminator, Zorro oder Rambo, der in einer großen Stuntshow zu sehen ist. Zudem gibt es eine aufregende Special FX Fahrt und eines der wahnwitzigsten Horrorhäuser. 2006 kam noch eine weitere sensationelle Fahrattraktion hinzu: der Hollywood Action Tower. In einer Vier-Personen-Gondel geht es mit dem Aufzug auf einen fünfzig Meter hohen Tower, um dann mit einer Geschwindigkeit von 100 km/h wieder zur Erde zu fallen. Nichts für Angsthasen, ebenso wenig wie der spannende U-Boot-Simulator. Hinzu kommen Achterbahnen, eine Wildwasserbahn und diverse Themenshows – so voller Action wird der Tag keinesfalls langweilig.

Reise ins Mittelalter

Im »Medieval Times« unternimmt man eine Reise ins Mittelalter. Man kann anschaulich die Gepflogenheiten der Ritter kennenlernen, während man gemütlich am Festbankett schmaust. Aufregend für die Kids ist natürlich das Ritterturnier mit Schwertern, Pferden und allem was dazugehört.

Movieland im Gardaland

Aqua Paradise Park

Der größte Wasserpark am Gardasee lockt Wasserratten mit zahlreichen Attraktionen, Relax-Bereichen, Hydro-Massage-Becken, aber auch mit schattigen Plätzen zum Entspannen. Ein echtes Vergnügen für die ganze Familie. Es gibt riesige Rutschen, fantastische Wasserspiele, und die kleinen Besucher finden es aufregend, von Peter Pan in der Lagune der Großen Galeone erwartet zu werden. Wenn Mama und Papa Ruhe und Entspannung suchen, nehmen sie umgeben von Palmen ein Bad im »Karibischen Meer«.

MAL EHRLICH

LÄRMEMPFINDLICH DARF MAN NICHT SEIN

So aufregend und einmalig ein Besuch dieser Vergnügungsparks für die Kids auch sein mag, für Erwachsene, vor allem wenn man keine Kinder hat oder diese schon größer sind, kann das Wohnen in der Nähe dieser Parks ziemlich nervenaufreibend sein. Man darf nicht vergessen dass sie erst um 22 Uhr die Pforten schließen, und bis dahin ist unentwegte, lautstarke Partystimmung angesagt. Wenn Sie eine Wohnung, einen Campingplatz oder ein Hotel am Südostufer des Gardasees suchen und Wert auf Ruhe und Relaxing legen, dann überprüfen Sie genau, wie weit es von Gardaland & Co. entfernt ist.

Infos und Adressen

ÜBERNACHTEN

Hotel Parchi del Garda di Benacus spa **.** Ganz in der Nähe der Vergnügungsparks liegt dieses neue familiengerechte Hotel. Via Brusà, 37010 Pacengo, Tel. 045/649 96 11, www.hotelparchidelgarda.it

Garni Campanello. Eine gute Urlaubsadresse für Familien mit Kindern, da das Hotel nahe der Vergnügungsparks und direkt am Ufer des Gardasees liegt. Via Campanello 7, 37014 Castelnuovo del Garda, Tel. 045/755 02 53, www.hotelcampanello.it

Campingplatz Le Palme *.** Der direkt am See gelegene und mitten im Grünen befindliche Campingplatz bietet unweit der Vergnügungsparks 150 Stellplätze, aber auch Bungalows und Mobilheime. Via del Tronchetto, 2, 37017 Pacengo, Tel. 045/759 00 19, www.lepalmecamping.it

VERANSTALTUNGEN

Gardaland. Loc. Ronchi, 1, 37014 Castelnuovo del Garda, Tel. 045/644 97 77, www.gardaland.de (in deutscher Sprache)

Canevaworld – Movieland Studios. Loc. Fossalta, 1, 37017 Lazise, Tel. 045/696 99 00, www.canevaworld.it

INFORMATION

Fremdenverkehrsbüro. Piazzale Betteloni, 15, 37019 Peschiera del Garda, Tel. 045/755 16 73, www.visitgarda.com

21 Affi und die Terradeiforti

Unbekannte Schönheit

Mitte: Das Etschtal ist ein einziger Weingarten.
Unten: Trüffelsuchen in den Wäldern der Terradeiforti

Die Ortschaft Affi ist den meisten lediglich als Autobahnausfahrt oder als beliebtes Einkaufszentrum bekannt. Der Ort, insbesondere die Ortsteile Incaffi und Caorsa haben aber durchaus Charme. Von hier ist es zudem nur ein Katzensprung ins Weinbaugebiet Terradeiforti, das seinen Namen von den zahlreichen Burgen und Festungen entlang der Etsch hat. Der Rotwein aus der heimischen Rebsorte Enantio ist ein gut strukturierter Tropfen und noch ein echter Geheimtipp für Weinliebhaber.

Shoppingzentrum Affi

Der kleine Ort an der Autobahnausfahrt lockt die Gardasee-Urlauber mit weitflächigen Einkaufszentren. Auf dem Weg nach Hause kaufen die meisten noch gerne im Iper Affi ein, vor allem Campari, Ramazzotti, italienische Käsesorten, Schinken, Salami und natürlich Pasta.

Wenn man auch mittlerweile fast alles zu Hause kaufen kann, mitgebracht aus Bella Italia ist es einfach noch ein Stück besser und originaler – schwingen doch hier auch noch eine Reihe von Urlaubserinnerungen mit.

Das Grand'Affi mit seinem hervorragend sortierten Supermarkt und den vielen unterschiedlichen Läden ist typisch italienisch: laute Musik schallt aus den Lautsprechern, zwischen den kleineren und größeren Shops gibt es Bars, Pizzerien und Eisdielen. Frau darf natürlich niemals vergessen,

sich mit trendy Strümpfen und Socken im Calzedonia-Shop zu versorgen. Hier bekommt man alles in einer Superqualität, zu vernünftigen Preisen und mit guter Beratung.

Im nahe gelegenen zweiten Einkaufszentrum findet man bei Le Follie die verrücktesten und teuersten Schuhe. In der Enoteca kann man nicht nur ein gutes Glas Wein trinken und lecker essen, sondern auch feinste kulinarische Köstlichkeiten, liebenswerte Geschenke und besondere Weine aus ganz Italien einkaufen. Das Sortiment ist sehr gut sortiert. Wenn das Wetter mal nicht zum Baden einlädt, kann man hier einen abwechslungsreichen Shoppingtag verbringen, der jedoch meist besser bei den Damen als bei Männern und Kindern ankommt.

Unbekanntes Affi

Spricht man von Affi, denkt man sofort an die beiden großen Shoppingcenter – kaum einer kennt die Schönheit des Ortes. Dabei ist schon alleine die Lage des Dorfes reizvoll. Eingebettet in Olivenhainen und Weinbergen ist es schnell und unproblematisch zu erreichen. In der antiken Dorfmitte stehen viele fürstliche Villen und die sehenswerte, schöne Pfarrkirche, die 1761 von dem berühmten Architekten Lodovito Perini erbaut wurde.

Schön anzusehen ist auch die Villa Poggi mit ihrer prachtvollen Parkanlage und nahe Incaffi die Villa Fracastoro aus dem 16. Jahrhundert. Von ihr aus hat man einen ebenso herrlichen Ausblick wie vom Monte Moscal, dem 427 Meter hohen Hausberg des Ortes. Jedes Jahr in den ersten Junitagen findet in Affi ein mittelalterliches Fest mit alten Kostümen, traditionellem Handwerk und mittelalterlichen Speisen statt.

AUTORENTIPP!

MARMOR SOWEIT DAS AUGE REICHT

Wer von Affi aus in Richtung Terradeiforti fährt, passiert unweigerlich zahlreiche Marmorbetriebe. Schon vor Jahrhunderten haben sich hier Marmisti (Steinmetze) niedergelassen, um den roten Marmor von Verona abzubauen. Während früher bis zu 200 Männer in einem Steinbruch arbeiteten, sind es heute gerade mal zwei bis drei. Beeindruckend ist es, in so einer Halde zu stehen: die riesigen Bulldozer erscheinen dann wie Spielzeug.

Wer sich für Marmor interessiert, der sollte die »Marmoteca« in Volargne besuchen. Hier kann man hunderte verschiedener Marmor-, Granit- und andere Steinplatten aus aller Welt begutachten. Wer vor hat, sich neue Böden und Fensterbretter anzuschaffen oder sich für Springbrunnen und Skulpturen aus Marmor interessiert, der kann im Marmorgebiet zwischen Affi und Volargne sicherlich fündig werden.

Marmoteca
Via di Lavoro
37020 Volargne
www.videomarmoteca.it

Oben: Täglich frisch gemachte Lasagnetten (Bandnudeln) gibt es im Croce d'oro.
Mitte: Wandmalereien in Castello di Avio
Unten: Die knusprigen Grissini di Terradeiforti werden handgeformt.

Weine mit Geschichte

Auf den Anhöhen des engen Tals, durch das sich die Etsch schlängelt, von Avio bis fast nach Affi, weisen zahlreiche Festungen auf die frühere Bedeutung dieser Region hin. Bereits zu Zeiten der Römer war das Tal heiß umkämpft, heute ist die Terradeiforti mehr bekannt für seine Weine, die links und rechts des Flusses gedeihen.

Neben Pinot Grigio und Chardonnay setzen die sechzehn familiär geführten Kellereien vor allem auf ihre traditionellen Rotweinsorten: Enantio und Casetta, die landläufig auch Foja Tonda (rundes Blatt) genannt wird. Beides sind autochthone Rebsorten, die hier schon vor tausend Jahren in den Wäldern des Etschtals wild wuchsen.

In den vergangenen Jahrzehnten haben sich die Winzer vermehrt um diese heimische Rebsorte bemüht, sie erforscht und sich intensiv um den richtigen Ausbau der Weine bemüht. Jahr für Jahr werden Enantio und Foja Tonda, wie sie auch der Winzer Albino Armani in Dolcè nennt, interessanter, und das erfreuliche für Weinliebhaber ist, dass man diese spannenden und gut strukturierten Rotweine noch verhältnismäßig günstig kaufen kann.

Enantio ist ein ausgezeichneter Begleiter zu Wild- und Schmorgerichten, aber auch zu gereiftem Bergkäse. Die meist kleinen familiären Winzerbetriebe freuen sich über Ihren Besuch. Wer mal die Nase voll hat vom Touristengetümmel am Lago, sollte einen kleinen Abstecher in die Terradeiforti machen, wo sich entlang der Etsch in Richtung Norden bäuerliche Winzerbetriebe und einfache Trattorien abwechseln. Nebenbei bemerkt: Die Etsch ist hier ein begehrtes Ziel für Kanusportler. Jedes Jahr findet hier im Herbst der internationale Flussmarathon statt.

Eselragout mit Polenta – die Spezialität in der Trattoria Al Ponte

ESSEN UND TRINKEN

Locanda Moscal. In einem ansprechenden Ambiente werden köstliche Gerichte serviert. Zum Übernachten stehen geschmackvoll renovierte Zimmer zur Verfügung. Via Pigna, 1, 37010 Affi, Tel. 045/626 03 09, www.moscal.it

Croce d'oro. Täglich gibt es superleckere frisch gemachte Pasta, die hier Lasagnetten heißen. Es gibt hübsch renovierte Zimmer zum Übernachten. Via Valentini, 55, 37020 Volargne, Tel. 045/773 23 55

Trattoria Al Ponte. Zwar keine schöne Aussicht, aber gute Hausmannsküche ist garantiert. Das Eselragout mit Polenta ist legendär. Piazza Vittoria, 12, 37020 Brentino Belluno, Tel. 045/723 01 09

Cristina Fugatti prüft ihren feinen Rotwein (Cantina Roeno mit Agriturismo).

ÜBERNACHTEN

Corte Impero. Im geschmackvoll renovierten Hof inmitten eines gepflegten Parks kann man sich perfekt erholen und im dazugehörenden Ristorante gut speisen. Via Pozzo dell'Amore, 37010 Affi, Tel. 045/723 51 03, www.corteimpero.com

Agriturismo und Trattoria Cantina Roeno. Am Fuße des Monte Baldo liegt dieser Familienbetrieb. Ansprechende Zimmer, schmackhafte traditionelle Küche und feine Weine aus der eigenen Kellerei. Via Mama, 5, 37020 Brentino Belluno, Tel. 045/723 01 10, www.cantinaroeno.com

Hundertjährige Weinstöcke findet man noch in der Terradeiforti.

EINKAUFEN

Le Follie. Das Schuhparadies für ausgefallene, trendy Schuhe. Via Pascoli, 36, 37010 Affi

Pastificio F.lli Zorzi. Luftig, knusprige Grissini – handgemacht. Loc. Brà, 37020 Brentino Belluno, Tel. 045/723 01 07, www.grissinovaldadige.com

Az. Agr. La Prebenda. Süffige Weißweine und einen guten Enantio zu günstigen Preisen kann man hier in der neuen Probierstube verkosten und kaufen. Via Santuario, 2, 37020 Brentino Belluno, Tel. 045/625 50 69, www.laprebenda.it

INFORMATION

Strada del Vino e dei prodotti tipici Terradeiforti. Via Brennero, 30, 37020 Peri di Dolcè, Tel. 045/727 05 20, www.terradeiforti.it

Mitte: In diesen großen Holzfässern reift der Wein der weltweit bekannten Kellerei Masi.
Unten: Serego Alighieri im Park seiner Foresteria, heute ein kleines Hotel

22 Genusstour ins Valpolicella

Vielfältige Landschaft – große Weine

Mag ja für die meisten der Gardasee und sein stark frequentiertes Ufer das Objekt der Begierde sein, für Weinliebhaber ist es sicherlich das Valpolicella, Heimat des gleichnamigen Rotweins und der Königin der Weine Italiens, dem Amarone. Eine Fahrt in die drei Täler ist im Frühjahr, wenn die Kirschen blühen, und im Spätherbst zur Weinlese besonders reizvoll. Ein weiterer Pluspunkt: Viele gute Ristoranti, Trattorie und Enoteche.

Ein Vergnügen für Gourmets

Das Valpolicella ist eine überaus reizvolle und fruchtbare Landschaft am Fuße der Berge der Lessinia. Weingärten und Olivenhaine, Zypressen, Kirschbäume und Laubwälder wechseln sich ab mit kleinen Dörfern, romanischen Kirchen und prachtvollen Villen.

Das Mikroklima ist hier bei jedem Weinberg verschieden, und das spiegelt sich auch in den Weinen wider, im Valpolicella classico, Valpolicella Ripasso, Amarone und im edelsüßen Recioto. Eines haben sie jedoch allesamt gemeinsam: ein fruchtiges Kirscharoma. Kirschbäume prägen immer noch das Bild der wunderschönen Hügellandschaft des Valpolicella. Im Frühjahr zur Kirschblüte erstrahlen die Hügel in weißer Pracht, und im Sommer leuchtet es knallrot von den Bäumen. Die Kirschen des Valpolicella sind sehr begehrt, weil sie ein ausgeprägtes, vollmundiges Aroma haben.

Valpolicella

Basis aller Valpolicella-Weine bilden die autochthonen Rebsorten Corvina und Corvinone, die dem Wein Fülle und Struktur verleihen. Hinzu kommt ein kleinerer Anteil an Rondinella und Molinara. Die gesamte Anbaufläche, die sich auf drei Täler verteilt, beträgt etwa 5800 Hektar.

Holen Sie sich vor Beginn ihrer Eroberungstour in der Via Valpolicella 57, San Pietro in Cariano, im dortigen Informationsbüro des Consorzio per la Tutela dei Vini Valpolicella, eine kostenlose Gebietskarte. Sie ist eine große Hilfe, um sich in dem großen Weinbaugebiet zurechtzufinden. Auf diesem Plan sind zudem alle Adressen mit Telefonnummern der Winzer und der Trattorien mit heimischer Küche aufgeführt. Auf der Landkarte erkennt man deutlich die drei Täler, zum einen das Valpolicella classica, dann das Valpantena und das Tal von Mezzane im Osten, wo vor allem in den vergangenen Jahren die Winzer mit ihren beeindruckenden Weinen Furore gemacht haben.

Eine Fahrt durch das Valpolicella ist für Gourmets ein wahres Vergnügen. Der Großteil der 130 priva-

Im Valpolicella gibt es viele malerische Dörfer wie hier Fumane.

AUTORENTIPP!

ETWA 600 VERSCHIEDENE KÄSESORTEN

ÖKO

Sie lieben Käse? Dann dürfen Sie nicht versäumen das Käseparadies im Valpolicella zu besuchen. »I Sapori del Portico« ist ein Highlight für jeden Käsefan. An die 600 verschiedene Käsesorten, vorwiegend von kleinsten Betrieben in Italien, stehen dem Gourmet zu Auswahl, und das in einem unscheinbaren Krämerladen.
Wer ein schickes Geschäft erwartet, wird erst mal enttäuscht sein. Sobald er aber in dem typisch italienischen Gemischtwarenladen die Regale mit Mehl, Zucker, Zeitungen und Waschpulver passiert hat, schlägt das Feinschmeckerherz höher.
Man ist angekommen am Objekt der Begierde, einer riesigen Käsetheke mit eine unglaublichen Vielzahl an verschiedenen und unterschiedlich gereiften Käsesorten.
Es sind allesamt Rohmilchkäse, die Signor Bernardinelli von kleinsten Käsereien in ganz Italien bezieht und dann in seinen diversen Steinkellern in Heu oder Stroh verpackt reifen lässt. Für diese Leidenschaft hat er sein Architekturstudium an den Nagel gehängt, ist leidenschaftlicher Käse-Affineur geworden und widmet sich im elterlichen Krämerladen nur noch dem Formaggio.

I Sapori del Portico.
Via San Francesco, 48,
37020 Arbizzano di Valpolicella (Negrar), Tel. 045/751 30 03,
www.saporidelportico.com

Oben: Eingang in den alten Keller der Villa Novare – Sitz der Kellerei Bertani
Mitte: Trauben für den Amarone trocknen bis Anfang Januar.
Unten: Die Enoteca in Valpolicella ist eine empfehlenswerte Adresse für gute Küche und Weine.

ten Weingüter und der sechs Kellereigenossenschaften freuen sich über Gäste, die ihre Weine verkosten und kaufen möchten. Bekommt man zwischendurch Hunger, kein Problem, im Valpolicella isst man in den meisten Ristoranti und Trattorien gut und zu vernünftigen Preisen.

Amarone & Co.

Die Trauben aus besten Lagen werden Anfang Oktober geerntet und in kleine Kisten gelegt. In ganz speziellen Trocknungsräumen, »fruttai« genannt, schrumpeln die Trauben vor sich hin und verlieren innerhalb von drei bis vier Monate die Hälfte ihres ursprünglichen Gewichts. Gleichzeitig steigt der Zuckergehalt um 25 bis 30 Prozent. Die getrockneten Trauben werden schonend gepresst, langsam vergoren und, je nach Winzer, in unterschiedlich großen Holzfässern ausgebaut. Die Reifezeit in den Fässern muss mindestens zwei Jahre betragen, bevor der gehaltvolle und vielschichtige Rotwein in Flaschen gefüllt wird.

Die Trester, die beim Pressen übrig bleiben, werden seit einigen Jahren nicht mehr nur zum Grappa-Brennen verwendet, sondern dem frisch vergorenen Valpolicella-Wein zugefügt. Anschließend kommt es zu einer zweiten Vergärung, wodurch die jungen Rotweine mehr Körper und den schmeichelnden Geschmack von Trockenfrüchten erhalten. Diese Methode heißt »Ripasso« und die Weine sind derzeit sehr gefragt.

Der älteste und traditionellste Wein in Valpolicella ist jedoch der Recioto, ein feingliedriger, vielschichtiger Süßwein, der aus den gleichen Trauben gekeltert und langsam süß vergoren wird. 2010 haben der Recioto di Valpolicella und der Amarone den DOCG-Status erhalten, und darauf ist man in der Region natürlich stolz.

ESSEN UND TRINKEN

Trattoria alla Ruota. Von hier aus hat man nicht nur einen Traumblick. Vielmehr werden die Gäste auch von köstlichen Gerichten und profunder Weinberatung erwartet. Seit kurzem gibt es in einem alten Bauernhaus ganz in der Nähe auch geschmackvoll renovierte Zimmer. Via Proale, 6, 37024 Mazzano di Negrar, Tel. 045/752 56 05, www.trattoriaallaruota.it. Ruhetag: Mo, Di

Im Alla Ruota isst und trinkt man hervorragend und genießt eine traumhafte Aussicht.

Enoteca della Valpolicella. Es ist keine Enoteca im klassischen Stile, vielmehr achten Ada und Carlotta akribisch darauf, dass der Wein mit den köstlichen Gerichten perfekt harmoniert. Via Osan, 45, 37022 Fumane, Tel. 045/683 91 46. Ruhetag: Sonntagabend und Mo. Betriebsferien: die letzte Woche im Juli und über Weihnachten.

ÜBERNACHTEN

Agriturismo Corteforte. Vier Doppelzimmer gibt es in der hübsch renovierten Burg aus dem 14. Jahrhundert. Der große Vorteil ist, dass gleich nebenan die Enoteca della Valpolicella liegt.

Agriturismo Corteforte, Via Osan, 45, 37022 Fumane, Tel. 045/683 91 04, www.corteforte.it

Der Amarone braucht viele Jahre, bis sich seine vielfältigen Aromen voll entwickeln.

EINKAUFEN

Bruschi Schuh-Outlet. Schicke Designerschuhe, unter anderem von Prada, Todds und natürlich auch Bruschi, kann man hier um bis zu 50 Prozent günstiger einkaufen. Via Valpolicella, 56, 37024 Arbizzano di Negrar (Negrar), Tel. 045/751 36 95

INFORMATION

Consorzio per la Tutela dei Vini Valpolicella D.O.C.. Hier erhält man alle Adressen der vielen guten Winzer im Valpolicella, die auch Direktverkauf anbieten. Via Valpolicella, 57, 37029 San Pietro in Cariano, Tel. 045/770 31 94, www.consorziovalpolicella.it

Der Verkaufsraum der Kellerei Bertani

Mitte: Traditionelle Feste auf der Lessinia
Unten: Corrado Benedetti ist bekannt für seine aromatischen Würste und feinen Käse.

23 Lessinia

Unentdecktes Naturparadies

Entlang der Etsch in Richtung Verona begleiten zwei langgezogene Bergrücken den Fluss: rechts der Monte Baldo, links die Berge der Lessinia, die sich bis zu den kleinen Dolomiten erstrecken. Das Hochplateau zwischen den Provinzen Verona, Vicenza und Trento, wo sich Wiesen mit dichten Wäldern abwechseln, ist ein Naturschutzpark (Parco Naturale della Lessinia) und ein noch relativ unentdecktes Paradies für Wanderer und Mountainbiker.

Die Berge der Zimbern

Den mittleren und den östlichen Teil des langgestreckten Bergmassivs besiedelten im 11. Jahrhundert die Zimbern, die ursprünglich aus Bayern und Tirol stammten. Auf dem Hochplateau nördlich von Verona gab es dreizehn Gemeinden, Lessinien genannt, die auf der Hochebene verteilt und vom Tal aus nur schwer erreichbar waren.

So weit ab von jeder Zivilisation schafften es die Zimbern bis in das vergangene Jahrhundert hinein, ihren althochdeutschen Dialekt und ihre Sitten und Gebräuche zu bewahren. In und um die Ortschaft Giazza (zimbrisch Ljetzan, deutsch Gletzen), sprechen die älteren Bewohner heute noch diesen Dialekt. Märchen, die von Hexen, zwielichtigen Frauengestalten und Geistern handeln, sind typisch für die Zimbern und werden immer noch gerne von den Einheimischen erzählt. Im Museo dei Cimbri in Giazza kann man viel über die Tradition und die Geschichte dieses Volksstammes erfahren.

Traumaussichten auf der Hochebene der Lessinia

Naturpark Lessinia

Ein einmaliges Zusammenspiel von Natur, Kultur, Geschichte und Tradition bietet der Naturpark Lessinia, der in dieser Form 1990 gegründet wurde. Auf einem Gebiet von 10 000 Quadratmetern leben seit Jahrtausenden die Menschen im Einklang mit der Natur.

Die Hochebene wird von tiefen Tälern durchzogen und fällt im Süden, in Richtung Verona, sanft zur Ebene ab. Dieses Hochplateau entstand vor Millionen von Jahren aus dem Meer, was unzählige kostbare Fossilienvorkommen und Funde von Meerestieren bezeugen. Deshalb ist der Naturpark für Archäologen ein wahres Paradies. Viele Grotten und in Fels gehauene Brücken bringen die Wanderer immer wieder zum Staunen. Die bekannteste Brücke ist in Veja, ein beeindruckendes, fünfzig Meter langes und neun Meter breites Bauwerk, unter dem still und leise ein Bächlein fließt.

Tiefen Eindruck hinterlässt auch die Vegetation: Eichen- und Buchenwälder wechseln sich mit Nadelbäumen und weitläufigen Wiesen ab. In sieben Themenmuseen kann man sich über die wirt-

AUTORENTIPP!

WANDER- UND BIKER-PARADIES

Diese Hochebene lädt geradezu ein zum Wandern und Radfahren, aber auch zum Langlaufen. Nicht weit von Verona entfernt gibt es hier im Winter ein ideales Langlaufgebiet mit vielen gespurten Loipen. Der Europawanderweg E5 durchquert ganz Lessinien, vorbei an einer einzigartigen Flora und Fauna, und endet dann Verona. Für Mountainbiker ist die Lessinia wirklich noch paradiesisch, da die Wege bei weitem nicht so überlaufen sind wie am Monte Baldo. Ob von der Etschseite aus oder vom einem der Täler des Valpolicella, die Lessinia bietet optimale Wege in allen Schwierigkeitsgraden und garantiert immer eines: eine atemberaubende Aussicht.

AUTORENTIPP!

SPITZENKÜCHE AUF ÜBER 1700 M

Wer einen Ausflug auf die Lessinia macht und gerne gut isst, dem empfehle ich das Rifugio Castelberto, das man natürlich erwandern, aber auch bis auf den letzten Kilometer mit dem Auto erreichen kann. Von Verona fährt man in Richtung Grezzana und von dort aus weiter, immer in Serpentinen bergauf in Richtung Erbezzo. Von hier aus führt eine relativ gut ausgebaute Straße kurvig aufwärts bis zum Rifugio Monte Castelberto. Den letzten Kilometer muss man zu Fuß gehen, denn die Straße auf den Gipfel ist für Autofahrer gesperrt. So hat man zumindest das Gefühl, sich das gute Essen verdient zu haben. Die Schutzhütte ist neu renoviert und lädt mit hübsch gedeckten Holztischen und offenem Kamin zum Verweilen ein. Von der Terrasse aus hat man eine gigantische Rundumsicht auf die Dolomiten. Ebenso fantastisch sind auch die Gerichte, die Luca kocht und die von seiner Lebensgefährtin Ombretta serviert wird. Gnocchi di patate crude, also aus rohen Kartoffeln, mit Gemüse und wilden Bergkräutern sind nur ein Beispiel. Luca hat in vielen guten Ristoranti gekocht, aber es zog ihn immer wieder auf die Berge. Schlussendlich konnte er Ombretta von dieser Hütte überzeugen – nicht zuletzt, weil man von der Terrasse aus ihre Heimat am Gardasee sehen kann.

Rifugio Castelberto. Erbezzo Loc. Castelberto, Tel. 045/511 66 52, www.rifugiocastelberto.it. Öffnungszeiten: ganzjährig Fr–Mo, in der Saison von 16. Juni–12. September täglich. Betriebsferien: November

schaftliche und soziale Entwicklung, sowie auch über die naturwissenschaftlichen, ethnographischen und historischen Aspekte informieren. Sehenswert ist auch das weltbekannte Fossilienmuseum in Bolca, das bereits der österreichische Kaiser Franz Joseph besuchte.

Eine weitere Besonderheit Lessiniens sind die steinernen Dörfer. Da hier seit jeher Prunstein abgebaut wird, sind die Dächer der meisten Häuser mit großen Natursteinplatten gedeckt. Typisch sind auch die in sich geschlossenen Bauerngehöfte, wo Stall und Haus eine Einheit bilden. Die Steine wurden auch für Weidezäune, Böden und Spülsteine. Marmorverarbeitende Betriebe sind neben der Landwirtschaft immer noch ein wichtiger Wirtschaftsfaktor auf der Lessinia. In früheren Zeiten wurden die Bewohner von Bosco Chiesanuova durch ihre Eislager, die Giassàre wohlhabend. Das sind unterirdische Lager aus Natureis, das die Bergbewohner in den Wintermonaten einlagerten, um die Eisblöcke dann im Sommer im Tal gewinnbringend zu verkaufen.

Die gemütliche Stube im Rifugio Castelberto

Von Ponte di Veja nach Fosse di S. Anna d'Alfaedo

Weit reicht der Blick über das Land.

Man parkt das Auto am besten am Parkplatz der Ponte di Veja, den man von Grezzana im Valpolicella erreicht. Gleich zu Beginn der Wanderung sollte man innehalten und eine sensationelle Naturattraktion bewundern. Den fünfzig Meter langen und dreißig Meter hohen Felsbogen, der das Flussbett überspannt: die berühmte Ponte di Veja. Ein imposantes Naturmonument, das zugleich den Eingang einer Karsthöhle bildet, in der man Relikte der Steinzeit fand. Wegen ihrer prähistorischen Bedeutung darf die Höhle allerdings nicht besichtigt werden. Nach diesem faszinierenden Eindruck wandern Sie in Richtung Corte Cretena. Eine asphaltierte kleine Straße führt Sie immer aufwärts, vorbei an alten, aus Stein gebauten Bauernhöfen und, wie es auf der Lessinia üblich war, auch mit einem Dach aus Steinplatten. Sie passieren die Corte Crestena, die auf 70 Metern Höhe liegt, und biegen rechts ab in einen Trampelpfad, der Sie zur Corte Pozze auf 736 Meter Höhe bringt.

Von hier aus gehen Sie in nördliche Richtung, vorbei an imposanten Kastanienbäumen, hunderte von Jahren alt und mit einem beträchtlichen Ausmaß. Wieder geht es aufwärts auf einem Sandweg entlang des wunderschönen Bergrückens, der Sie vorbei führt an der Contrada Marogni, einer der schönsten alten Ansiedlungen des Hochplateaus. Angekommen in S. Anna d'Alfaedo sollten Sie es nicht versäumen, das Paläontologische Museum im Ort besuchen. Es ist eine beeindruckende Ausstellung fossiler Fundstücke aus den Steinbrüchen der Lessinia. Zu sehen sind unter anderem ein einzigartiges sechs Meter langes Haifossil, das größte, das man je in Italien fand, und eine Meeresschildkröte, die vor über 70 Millionen Jahren gelebt hat.

Nach der Besichtigung marschieren Sie die Strecke wieder zurück, abwärts geht es dann schneller. Wer Hunger verspürt, der sollte vorher einen Abstecher zu Benedetti (siehe Adressen) machen und dessen köstliche Würste und Käse verkosten oder als Wegzehrung mitnehmen. (7 km, etwa 2,5 Std.)

Tosende Wasserfälle

Über acht Hektar erstreckt sich der Parco delle Cascate di Molina (Park der Wasserfälle von Molina), den man über San Pietro in Cariano im Valpolicella erreicht. Man muss von hier aus lediglich der Beschilderung in Richtung Molina folgen. Den Namen verdankt der Ort den vielen wasserbetriebenen Mühlen, die es hier seit jeher gab. Mit diesen Mühlen wurde in erster Linie Getreide gemahlen, aber sie wurden auch zum Schmieden von Eisen, zum Zerkleinern von Nüssen oder Oliven und zum Wollwalken zweckentfremdet. Der Reiz dieser Mühlen ist bis heute nicht verblasst.

Den Park mit all seinen Wasserfällen kann man entweder mit einer Führung oder auf eigene Faust, über unterschiedliche festgelegte Routen erobern. Der Parco delle Cascate di Molina ist für die ganze Familie ein wirklich sehenswertes Naturspektakel. Jeweils am dritten Sonntag im Juli findet das Fest der Wasserfälle von Molina statt. Bei dieser traditionellen Veranstaltung kann man vielfältige Handwerkskunst kaufen und ausgefallene Gerichte, zubereitet nach überlieferten Rezepten, genießen.

Links und oben: In den Dörfern auf der Lessinia feiert man gerne.

Infos und Adressen

ÜBERNACHTEN

Agriturismo la Costa di Zecchini snc. Das schön renovierte Landgut liegt perfekt, um die Weinregion Valpolicella und die herrlichen Wanderwege der Lessinia zu erkunden. Località Costa,86, 37023 Grezzana, Tel 045/865 01 11, www.agricosta.it

AKTIVITÄTEN

Parco delle Cascate – Wasserfallpark. Ein unvergessliches Erlebnis für die ganze Familie. Via Bacilieri, 1, 37022 Molina, Tel. 045/772 01 85, www.parcodellecascate.it

Museo dei Cimbri. Via di Sopra 37030 Giazza, www.cimbri.it

EINKAUFEN

Corrado Benedetti. Feines vom Schwein und aromatische Bergkäse. Via Croce dello Schioppo, 1. Loc. Schioppo, 37020 Sant'Anna d'Alfaedo, Tel. 045/754 51 86, www.benedettilessinia.it. Öffnungszeiten: Di–So: 8–13 und 15–19.30 Uhr, Im Sommer auch Mo geöffnet.

La Bottega di Mosè. Typische Produkte der Region. Öffnungszeiten: täglich, außer am Montagnachmittag. Via Monte Baldo, 21, 37020 Erbezzo, Tel. 045/707 51 75, www.labottegadimose.it

INFORMATION

Vivere Molina Srl - Ufficio Turistico Cascate. Via Bacilieri, 1, 37022 Fumane, Tel. 045/772 01 85, www.parcodellecascate.it

Unten: Kirchendetail in Peschiera

24 Peschiera del Garda

Verkehrsknotenpunkt früher und heute

Welch bedeutenden Stellenwert Peschiera in früheren Zeiten hatte, sieht man an den wuchtigen Stadtmauern und den Wehrtürmen, die das Städtchen umgeben. Heute ist es ein stark frequentierter Touristenort und wichtiger Verkehrsknotenpunkt. Als letzter Zipfel des Gardasees in südöstlicher Richtung ist der Hafen ein beliebter Anlegeplatz. Die leuchtend blaugrüne Farbe des Mincio, der hier den See in Richtung Mantua verlässt, ist immer wieder eine Augenweide.

Strategisch günstig

Die Lage von Peschiera ist seit jeher verkehrsstrategisch von Bedeutung. Für Touristen ist es einerseits von hier aus nur einen Katzensprung in die Lombardei und die Po-Ebene, andererseits sind die Vergnügungsparks nur einen Steinwurf entfernt. Bis ins Mittelalter war der Mincio von Bedeutung. Der der aus dem Gardasee nach Süden abfließende Fluss war nämlich schiffbar und stellte somit eine wichtige Verbindung zur Adria dar. Heute »dient« das Gewässer lediglich dazu, die Menschen mit seiner grünblauen Farbe zu erfreuen.

Die Verkehrswege um und in Peschiera sind, damals wie heute, ein geografischer und kultureller Kreuzungspunkt und dementsprechend stark frequentiert. Der hübsche Ort am Südostzipfel des Gardasees ist aber auch ein wichtiger Knotenpunkt für Bahnreisende, da er an der Hauptbahnstrecke Mailand-Venedig liegt. Außerdem gibt es rund um den See lediglich in Desenzano noch

Paolo Bazzoli und seine Frau in ihrer Trattoria Luisa

eine weitere Bahnstation. Ohne Stau und Stress kann man so vom Gardasee einen Ausflug nach Venedig oder nach Verona zu unternehmen.

Die von Wasserkanälen umflossene Altstadt hat einen ziemlich großen Hafen mit Tankmöglichkeit. Deshalb muss man als Bootsführer in den Sommermonaten Wartezeiten einkalkulieren, wenn der Treibstoff zur Neige geht oder man für einen Stadtbummel anlegen möchte.

Heiß umkämpfte Hafenstadt

Schon die Römer haben die Bedeutung der Stadt, die sie Arilica nannten, erkannt und sicherten sie gegen Feinde. Diese Befestigungen wurden von verschiedenen Herrschern weiter ausgebaut. So waltete hier Karl der Große im 10. Jahrhundert, dann Berengar von Tours, der die Burg erweiterte und befestigte. Im 12. Jahrhundert versammelte Kaiser Friedrich I., genannt Barbarossa, sein Heer bei Peschiera, um gegen die Lombardische Liga zu kämpfen. Weitere Fürstenhäuser folgten wie die Scaliger aus Verona, die diese mächtige Burg er-

AUTORENTIPP!

MAL KEINE PIZZA?

Wo man wirklich gut isst, da kann ich Ihnen einen Tipp geben. Die Trattoria Luisa ist für Urlauber leicht zu übersehen, denn sie liegt abseits der üblichen Touristenpfade in einem Wohngebiet Richtung Frassino. Paolo Bazzoli, der Patrone, ist Koch aus Leidenschaft, und das schmeckt man. Das Ambiente ist, sagen wir mal, italienisch elegant und die Lage direkt an der Straße ist auch nicht gerade so, dass man sofort reingehen würde. Aber das ist eben Italien. »Le chef« höchstpersönlich erklärt an jedem Tisch das Menü und berät auch in puncto Wein, wenn man es möchte. Da in dem Ristorante nur maximal 40 Personen Platz finden, ist eine Reservierung unbedingt ratsam.

Trattoria Luisa. Via Frassino, 16, 37019 Peschiera del Garda, Tel. 045/755 07 60. Ruhetag: Di. Betriebsferien: erste Woche im Juni und 23. Dezember–22. Januar

richteten. Um ihre Herrschaft zu sichern bauten sie mächtige Wehranlagen um Peschiera. Nach dem Wiener Kongress 1815 fiel Peschiera unter Österreichische Herrschaft und gehörte gemeinsam mit Mantua, Verona und Legnago zur Quadrilatero, dem sogenannten Festungsviereck.

Die Militäranlagen und Kasernen der Habsburger sind heute noch vorhanden. Sie stehen entweder leer oder sind in Ausstellungräume oder Büros umfunktioniert worden. In den darauffolgenden Jahren, bis zum Ende des Unabhängigkeitskriegs 1861 war Peschiera Schauplatz vieler militärischer Schlachten. 1866 wurde die Stadt in das Königreich Italien übernommen.

Wallfahren, golfen oder bummeln

Während die Wallfahrtskirche Madonna del Frassino schon im 16. Jahrhundert erbaut und sie jährlich rund drei Millionen Pilger anlockt, ist der Golfplatz Paradiso del Garda erst vor wenigen Jahren eröffnet worden. Beide sind auf jeden Fall wichtig für den Fremdenverkehr des Ortes, der seinen wahren Charme erst zeigt, wenn man das Auto geparkt hat und durch die schmalen Gässchen der Altstadt oder entlang der Burgmauern bummelt.

Wer nicht nur in die Schaufenster guckt, sondern auch mal nach oben, der entdeckt beachtenswerte, im venezianischen Stil erbaut Palazzi. Die ehemaligen Kasernen und Militärgebäude aus der Habsburger Zeit sieht man entlang der Straße, die zur Porta Verona führt. Durch dieses Nadelöhr muss man hindurch, wenn man über die Landstraße nach Sirmione oder ins Lugana-Gebiet fährt. Apropos Lugana: Sobald man das alte Stadttor passiert hat, ist linker Hand die Polizei und das Consorzio Tutela Lugana DOC.

Oben: Die alten Kasernen aus der Habsburger Zeit entlang des Mincio
Mitte: Rennradfahren ist ein beliebter Volkssport in Italien.
Unten: Moderne Kunst in Peschiera

Radtour von Peschiera nach Castellaro Lagusello

Die Tour, die keine allzu großen Höhenunterschiede aufweist, beginnt in Peschiera del Garda in der Via Campo Sportivo. Von hier aus nimmt man den Fahrradweg und radelt entlang des Mincio und der Festungsmauer. Halten Sie sich an die Hinweisschildern in Richtung Mantova. Sie passieren den reizenden kleinen Ort Ponti sul Mincio, umrahmt von Weinbergen. Weiter geht es leicht aufwärts auf gut befahrbaren Radwegen nach Monzambano, das auf einen Hügel liegt. Schon von weitem sind die Mauern und Türme der mittelalterlichen Burg zu sehen.

In Monzambano biegen Sie rechts ab nach Castellaro Lagusello. Oliven- und Obstbäume, Weinberge und Zypressen begleiten Sie auf dieser landschaftlich schönen Straße. Castellaro Lagusello liegt malerisch an einem kleinen See. Schön anzusehen sind die Überreste einer uralten Festung aus dem 11. Jahrhundert. Der kleine Ort ist bekannt für ausgezeichnete Salami, die hier Salamelle heißen. Wer hungrig geworden ist, kann sich in der Trattoria La Pesa, im Ortszentrum stärken.

Falls Sie sich für den Rückweg für die Straße über Pozzolengo entscheiden, dann ist die Antica Locanda del Contrabbandiere ein empfehlenswerter Tipp – aber nur wenn Sie sonntags unterwegs sind, denn das hübsche, ein wenig abseits der Straße gelegene Restaurant ist während der Woche nur am Abend geöffnet. Nehmen Sie sich ein wenig Zeit für Pozzolengo, die Pfarrkirche und auch die Burganlage auf dem Monte Fluno sind sehenswert. Von hier geht's abwärts auf einer Nebenstraße nach Ponti sul Mincio und dann zurück nach Peschiera. Die gesamte Tour erstreckt sich etwa 28 km durch das »Colline moreniche«, das moränische Hügelland.

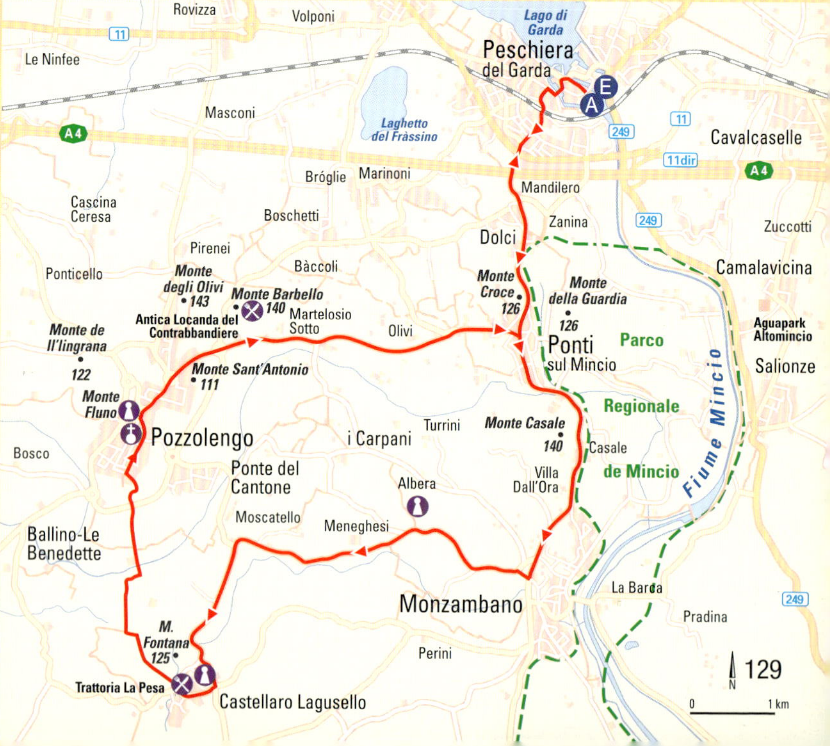

AUTORENTIPP!

URLAUBSSPASS: ANGELN

ÖKO

In Peschiera lädt nicht nur der Gardasee, sondern vor allem auch der Mincio zum Fischen ein. Wann man welche Fische fangen darf, darüber sollte man sich im Fachgeschäft oder im Tourismusbüro erkundigen. Auf jeden Fall braucht man einen Schein, bevor man die Angelrute ins Wasser hält. Den bekommt man in einem Angelgeschäft (zum Beispiel in Affi) oder bei der jeweiligen Gemeinde. In Tabakläden oder im Postamt muss man sich dann Stempelmarken kaufen, die man auf diesen Ausweis kleben muss. Es ist wichtig, den Angelschein immer mit dabei zu haben, denn fürs Schwarzfischen haben die Carabinieri wenig Verständnis. Mit einer gültigen Erlaubnis (meist wird er für drei Monate ausgestellt) darf man im See vom Boot oder vom Ufer aus oder natürlich entlang des Mincio zu angeln. Und da steht man nicht alleine, denn der Fluss ist reich an Fischen und bei Petri-Jüngern ist das Flussufer sehr beliebt!

Die Alpi treffen sich jährlich in Peschiera.

Hier finden im Herbst zahlreiche Weinpräsentationen in den sehr stilvoll renovierten Räumen statt, ein bezauberndes Ambiente, das die Güte der Weine unterstreicht.

Santuario Madonna del Frassino liegt ein wenig außerhalb des Ortes, ist aber gut ausgeschildert. Man kann nachlesen, dass der Bau der Kirche bereits 1514 begonnen wurde. Der gesamte Klosterkomplex umfasst die Wallfahrtskirche, eine Kapelle, sowie zwei Klöster, die noch heute von Franziskanermönchen bewohnt und betreut werden. In der Kirche kann man beeindruckende Freskenmalereien und Bildhauereien aus dem 16. Jahrhundert bestaunen, unter anderem ein Gemälde von Paolo Farinati, entstanden zwischen 1560 und 1586 und Fresken aus dem frühen 17. Jahrhundert, erschaffen von Bernardo Muttoni und Giovanni Simbenati.

Die Mauern des umfangreichen Bauwerks wurden aus Lessinia-Steinen gefertigt, die Treppen aus ro-

tem Veroneser Marmor und das Dach ist mit venezianischen Ziegeln gedeckt. Weshalb ist die Kirche ein Wallfahrtsort? Frassino heißt Esche, und die Geschichte erzählt, dass die Jungfrau Maria aus einer Esche heraus Bartolomeo Broglia zur Hilfe kam, als ihn eine riesige Schlange bedrohte. Die Kirche ist von 12–15 Uhr nicht zugänglich, ebenso ab 19.30 Uhr.

Anders ist das beim Golfplatz, der in Richtung Valeggio liegt, der ist sogar im Winter bespielbar. Es ist ein 18-Loch-Golfplatz (Par 71), zu dem ein 4-Loch-Übungsplatz gehört. Der Platz ist zwar noch nicht sehr gut eingewachsen, da er noch relativ jung ist, aber die Fairways sind breit und sehr gepflegt. Der Platz ist für Anfänger gut spielbar, aber auch für Spieler mit niedrigem Handicap eine Herausforderung.

MAL EHRLICH

OHNE STAU GEHT'S LEIDER NICHT

An Wochenenden und Feiertagen meide ich Peschiera, da man – so erscheint es mir – eigentlich zu jeder Tageszeit im Stau steht. Hauptgrund ist die An- und Abfahrt zur bzw. von der Autobahn nach Venedig und Mailand. An arbeitsfreien Tagen kommen morgens die Veroneser zum Baden an den See und abends geht die Autolawine wieder zurück. An Samstagen kommen dann diejenigen hinzu, die den Urlaub gerade beenden und die neu ankommenden – Bettenwechsel in den Hotels. Außerdem sind die neuen Entlastungsstraßen in der Nähe der Autobahnanschlussstelle – klassisch für italienische Straßenführung – so kompliziert, dass sie für viele Besucher und selbst für Einheimische ein Buch mit sieben Siegeln darstellen. Da hilft nur eins: Geduld! Denn, so habe ich den Eindruck, im Hochsommer kann man einem Stau rund um Peschiera kaum ausweichen.

Infos und Adressen

ESSEN UND TRINKEN

Osteria Goto. Piazza Ferdinando di Savoia, 2, 37019 Peschiera del Garda, Tel. 045/923 30 14. Ruhetag: Do. Betriebsferien: Ende November–Mitte Dezember

ÜBERNACHTEN

Hotel Ai Capitani ***.** Via Castelletto, 2/4, 37019 Peschiera del Garda, Tel. 045/640 07 82, www.aicapitani.com

Camping Bella Italia. Direkt am Seeufer. Via Bella Italia, 2, 37014 Peschiera del Garda, Tel. 045/640 06 88, www.campingbellaitalia.it

VERANSTALTUNGEN

Notte di San Lorenzo. Die Nacht der Sternschnuppen am 10. August wird in Peschiera mit einem Volksfest gefeiert. Ab 21 Uhr gibt es direkt am Seeufer und im Forte Ardietti unter dem Motto »Calici di Stelle« (Sternenkelche) Weine und typische Produkte.

VERKEHRSANGEBOT

Bahnhof Peschiera del Garda. Zugverbindung nach Verona (ca. 20 min) und Venedig (ca. 2 Std. Fahrzeit) und nach Mailand (ca. 1,5 Std.). Via G. Dall'Ora, 37019 Peschiera del Garda

INFORMATION

Fremdenverkehrsbüro. Piazzale Betteloni, 15, 37019 Peschiera del Garda, Tel. 045/755 16 73, www.visitgarda.com

Mitte: Palazzo Sigurta in Valeggio sul Mincio
Unten: Viel Geschick und Fingerfertigkeit braucht man für die feinen Tortellini di Valeggio.

25 Valeggio sul Mincio

Typisch italienisches Flair

Ein Ausflug ins Städtchen Valeggio sul Mincio gehört einfach dazu, wenn man im venetischen Teil des Gardasees Urlaub macht. Es sind nur wenige Kilometer von Peschiera nach Valeggio, aber sogleich ist man in einer anderen Welt. Besuchenswert sind nicht nur die mächtige Scaligerburg, die sechshundert Meter lange Ponte Visconti und das pittoreske Mühlendorf Borghetto, sondern vor allem auch die guten Ristoranti im Ort.

Charmantes Kleinod

Wer den Charme dieser Kleinstadt erst einmal entdeckt hat, wird immer wieder hinfahren. Hier bestimmen die Einheimischen und nicht die Touristen das Straßenbild. Neben den Sehenswürdigkeiten, die es rund um Valeggio gibt, locken vor allem die auf der Zunge zerschmelzenden, handgefertigten Tortellini Gäste aus aller Welt an.

Einen Bummel durch die Stadt beginnt man am besten bei der Kirche. Direkt vis-à-vis ist eine schicke moderne Bar (Via Roma Café) – für mich ein herrlicher Kontrast zur alten Pfarrkirche mit dem Glockenstuhl im Freien. Gleich gegenüber der Bar ist der verführerische Laden von Guido Remelli. Tortellini vom Feinsten in einer unglaublichen Auswahl und vieles, vieles mehr, was das Feinschmeckerherz erfreut.

Vergessen Sie aber darüber nicht, erst einmal über den Rathausplatz und durch die heimeligen Gassen zu bummeln, und sich von diesem typisch italienischen Flair ohne Touristenshops begeistern zu

lassen. Danach rate ich Ihnen, in einem der zahlreichen Ristoranti einzukehren. Mein Lieblingsrestaurant ist seit vielen Jahren das Alla Borsa, wo es für mich die allerfeinsten Tortellini gibt. Da das Restaurant bei den Einheimischen der Umgebung überaus beliebt ist, ist eine rechtzeitige Reservierung unbedingt vonnöten. Nachdem Sie sich gestärkt haben, spazieren Sie hinunter nach Borghetto, bewacht von der mächtigen Scaligerburg, die zu den schönsten Burgen Italiens zählt. Durch einen Park geht es dann zum Mühlendorf.

Es ist romantisch, durch die Gassen Borghettos zu bummeln, mal links, mal rechts ein Mühlrad, und dazwischen erhascht man immer wieder einen Blick auf das gigantische Bauwerk der Ponte Visconti und den Mincio. Bars, Enoteche und Ristoranti laden zum Verweilen ein. Vorbei an einer kleinen Kirche – in der man sich übrigens auch trauen lassen kann – geht es weiter zur Brücke. Von dort sieht man bereits, direkt am rauschenden Mincio, die schön gedeckten Tische der Antica Locanda Mincio. In diesem Traditionsrestaurant stehen vorwiegend Fische aus dem Fluss oder dem Lago auf der Speisekarte.

Der verhinderte Staudamm

Die Visconti Brücke war eigentlich nicht als Brücke geplant, sondern als Staudamm. Mit dem mächtigen Bauwerk, das 1393 erbaut wurde, wollte die Herrscherfamilie Visconti das südlich gelegene Mantua, Residenz der feindlichen Gonzaga trocken legen. Ein raffiniert ausgedachter Plan, aber leider kam es nie zur Vollendung des Staudamms. 1439, fast fünfzig Jahre später wurde das Bauwerk für die Venezianer zu einem echten Problem, als sie ihre Flotte zum Gardasee bringen wollten. Es blieb ihnen nichts anderes übrig, als die Boote über das Gebirge bei Nago runter nach

AUTORENTIPP!

DAS LIEBESKNOTENFEST

Die Visconti Brücke verwandelt sich jedes Jahr am dritten Dienstag im Juni in eine festliche Tafel, an der, sobald die Dämmerung eintritt, viertausend Gäste Platz nehmen. Das »Festa del nodo d'amore« (Liebesknotenfest) fand zum ersten Mal 1993 statt, anlässlich der 600-Jahr-Feier der berühmten Brücke. Da das Fest so einen großen Anklang fand, wiederholt man es nun Jahr für Jahr. Sechzehn Gastronomen aus Valeggio und Borghetto, die sich zur Associazione Ristoratori Valeggio vereint haben, bauen entlang der Brückenmauern Miniküchen auf und bewirten von hier aus ihre Gäste. Das Fest ist aber keinesfalls ein Touristenspektakel, die raren Plätze sind bereits Monate vor dem Spektakel ausverkauft, denn die Einheimischen lieben es. Sobald es dunkel wird, geht es los mit einem Aperitivo und schmackhaften Antipasti, bevor die feinen handgeformten Tortellini, klein und zart, wie sie nur in Valeggio sind, serviert werden. Nach Hauptgang und Dessert folgt um 23 Uhr ein sensationelles Feuerwerk, das die Scaligerburg aus dem 13. Jahrhundert erstrahlen lässt, untermalt von klassischer Musik. Ein grandioser Abschluss eines unvergesslichen Abends.

Oben: Borghetto, das romantische Mühlendörfchen am Mincio
Mitte: Am Ufer des rauschenden Flusses genießt man in der Antica Locanda Mincio.
Unten: Auf dem Fest Nodo d'amore sieht man traditionelle Kostüme.

Torbole zum Ufer des Sees zu schleppen. Das absolut sehenswerte Bauwerk blieb als Staudamm unvollendet und wurde seit je her ausschließlich als Brücke benützt.

Verstecktes, blühendes Paradies

Auf einer Fläche von 560 000 Quadratmeter erstreckt sich der Parco Giardino Sigurtà, gut versteckt hinter hohen Steinmauern. Innerhalb von vierzig Jahren verwandelte Graf Carlo Sigurtà die spärliche Vegetation des Gartens der Villa Maffei in eine faszinierende grüne Oase. Sein Adoptivsohn Enzo legte den Grundstein für das heute für Besucher geöffnete Pflanzenparadies.

Fünf Blütenzeiten sorgen für spannende Abwechslung: Die ersten sind die Tulpen, gefolgt von den Schwertlilien. Die begehrteste Blütezeit ist sicherlich die Rosenblüte, die ab Mai zu sehen ist. Den ganzen Sommer über kann man zudem einheimische und tropische Seerosen bewundern, bis dann die Asternblüten im September den bunten Blütenreigen beenden. Hinzu kommen verschiedene Attraktionen, die für Staunen und Bewunderung sorgen, wie z. B. die kilometerlange Rosenallee, die romantischen Trauerweiden auf der weitläufigen Rasenfläche, eine horizontale Sonnenuhr, ein Kräutergarten und einiges mehr.

ESSEN UND TRINKEN

Alla Borsa. Wenn es um die feinen Tortellini di Valeggio geht, hat das Alla Borsa die Nase vorne. Reservierung unbedingt erforderlich. Via Goito, 2, 37067 Valeggio sul Mincio, Tel. 045/795 00 93, www.ristoranteborsa.it. Ruhetage: Dienstagabend und Mi. Betriebsferien: Mitte Juli–Mitte August, Ende Februar–Anfang März

Gatto Moro. Zum Traditionslokal gehört auch das einzige Hotel in Borghetto (Hotel Faccioli). Loc. Borghetto, Via Tiepolo, 8, 37067 Valeggio sul Mincio, Tel. 045/637 06 05, www.hotelfaccioli.it

ÜBERNACHTEN

La Finestra sul Fiume. Unter Weiden direkt am Mincio frühstücken und in geschmackvoll renovierten Zimmern in einer alten Mühle wohnen. Corte Sega, 2, 37067 Valeggio sul Mincio, Tel. 045/795 05 56, www.lafinestrasulfiume.it

Agriturismo Gian Galeazzo Visconti. Geräumige Appartements, Obst- und Olivengärten, Blick auf die Burg und ein Pool – optimal für den Urlaub mit Kindern. Via Monte Borghetto, 3, Tel. 045/795 20 86, www.agriturismovisconti.it

Signor und Signora Pasqualini vor ihrem Ristorante

EINKAUFEN

Pastificio Artigiano. Die feinsten Tortellini, pasta fresca in allen Variationen und noch vieles mehr, was Genießer erfreut. Guido Remelli, Via A. Sala, 24, 37067 Valeggio sul Mincio, Tel. 045/795 16 30

AKTIVITÄTEN

Parco Giardino Sigurtà. Via Cavour 1, 37067 Valeggio sul Mincio, Tel. 045/637 0 33, www.sigurta.it

INFORMATION

Touristenbüro. Piazza Carlo Alberto, 169, 37067 Valeggio sul Mincio, Tel. 045/795 18 80, tourist@valeggio.com

4000 Genießer feiern beim Fest Nodo d'amore auf der Ponte Visconti.

Mitte: Die Kirche von Sommacampagna
Unten: Luciano Piona, leidenschaftlicher Custoza-Winzer mit Erfolgsgarantie

26 Genusstour durch das Custoza-Gebiet
Hügeliges Weinland nahe dem Lago

Custoza-Weine sind süffig, angenehm fruchtig und nicht zu alkoholisch – also perfekt für warme Sommertage, aber nicht nur … Das kleine Weinbaugebiet, das sich von Bussolengo über Valeggio bis nach Sommacampagna erstreckt, gewinnt mit seinen Weinen von Jahr zu Jahr mehr Beachtung.

Das muntere Cuvée

Die lebendigen Weißweine des Custoza sind Cuvées aus verschiedenen Rebsorten. Der Hauptanteil ist bei allen Winzern die Garganega-Traube, aus der auch der berühmte Nachbar Soave gekeltert wird. Das Weingesetz hat zusätzlich weitere heimische und internationale Rebsorten erlaubt, die hinzugefügt werden dürfen: Trebbiano toscano, Trebbianello, Bianca Fernanda, Malvasia toscana, Riesling italico, Pinot bianco und Chardonnay. Da jeder Weinbauer sein eigenes Cuvée macht, entsteht eine spannende Vielfalt.

Für den Weinliebhaber bedeutet das, dass die Weine von Winzer zu Winzer unterschiedlich schmecken. Das hängt neben der Traubenzusammensetzung natürlich auch von den unterschiedlichen Bodenverhältnissen ab. Grundsätzlich aber haben alle Custoza classico-Weine eines gemeinsam: es sind Weine, die Spaß machen. Fast jeder Winzer hat zudem einen Custoza superiore im Angebot und viele einen sortenreine Garganega, eine Rebsorte, die immer mehr in Mode kommt.

Auf zur Entdeckungsfahrt

Zahlreiche Weingüter säumen die Strada del Vino di Custoza von Bussolengo bis Sommacampagna, die sich durch eine liebliche Hügellandschaft schlängelt. Besonders reizvoll ist die Fahrt im April, wenn die Pfirsichbäume blühen. Kurz ist diese traumhafte Zeit, denn eh man sich versieht, sprießen die Blätter und die Blüten fallen ab. Dann wird es erst wieder im Juni spannend, wenn die reifen Pfirsiche oder Nektarinen an den Bäumen hängen. Bei fast allen Bauernhöfen im »Terre delle pesche« (Land der Pfirsiche) kann man die saftigen Früchte für wenig Geld kaufen.

Noch eine weitere Frucht gedeiht im Weinbaugebiet Custoza bestens, und die ist mittlerweile zu einem wichtigen Erwerbszweig geworden – die Kiwi. Das Aussehen der Pflanzen und auch der Blüten ist aber keineswegs spektakulär, selbst dann nicht, wenn die Früchte reif sind. Das Kiwi-Anbaugebiet im Veneto hat längst Neuseeland als Spitzenreiter der Produktion abgelöst.

Ja, und natürlich gedeihen überall Reben. In den vielen Weinbaubetrieben entlang dieser Weinstraße kann jeder Besucher verkosten und kaufen. Fast alle Kellereien haben einen »Punta Vendita«, also eine Probierstube und einen Direktverkauf. Wer sich zudem ein wenig für Geschichte interessiert, der kann sich den schon von weitem sichtbaren 40 Meter hohen Ossario von Custoza ansehen. Der groteske Anblick der unzähligen Totenschädel ist jedoch nicht jedermanns Sache.

Natürlich gibt es in den kleinen Dörfern Trattorien, wo man sich noch gut und preiswert für die nächste Weinetappe stärken kann. Meistens bieten die Winzerfrauen zur Verkostung auch ein paar Scheiben Salami, Käsewürfel und Grissini an.

Infos und Adressen

ESSEN UND TRINKEN

Trattoria Al Ponte. Man isst gut und günstig. Keinesfalls auf die Tiramisu oder die Apfeltorte verzichten. Via Corrobiolo, 38, 37066 Sommacampagna, Tel. 045/896 00 24

ÜBERNACHTEN

Casa di Caccia. Völlig ruhig gelegen. Zum Haus gehören ein Wellnessbereich und ein gepflegter Garten mit einem Schwimmbad. Strada Ossario, 64, 37066 Custoza, Tel. 045/51 62 71, www.casinodicaccia.it

EINKAUFEN

Corte Gardoni. Loc. Gardoni, 5, 37067 Valeggio sul Mincio, Tel. 045/795 03 82, www.cortegardoni.it

Monte del Fra. Strada per Custoza, 37066 Sommacampagna, Tel. 045/51 04 90, www.montedelfra.it

Tamburino Sardo. Strada Tamburino Sardo, 37060 Custoza, Tel. 045/51 61 90, www.tamburinosardo.it

Le Vigne di San Pietro. Via San Pietro, 23, 37066 Sommacampagna, Tel. 045/51 00 16, www.levignedisanpietro.it

Cavalchina. Fraz. Custoza, Loc. Cavalchina, Via Sommacampagna, 7, 37066 Sommacampagna, Tel. 045/51 60 02, www.cavalchina.com

INFORMATION

Fremdenverkehrsamt. C.so Vittorio Emanuele, 69 c/o Biblioteca Civica, 37069 Villafranca, Tel. 045/790 29 01

Mitte: Wasserspaß für Groß und Klein im Aquapark
Unten: Absolut sehenswert, nicht nur für Autofreaks: das Museo Nicolis

27 Wasserparks und Automobilmuseum

Freizeitvergnügen für alle

Wer Urlaub mit Kindern macht, für den ist das Custoza-Gebiet eine gute Empfehlung. Einerseits ist man mitten in der Natur, es gibt hübsche und preiswerte Agritursimi, und für das Freizeitvergnügen ist auch gesorgt. An heißen Sommertagen ist der Aquapark Cavour genau das Richtige, und wenn es mal regnet, ist das Museo Nicolis in Villafranca eine interessante Abwechslung für die ganze Family.

Rein ins nasse Badevergnügen

Es wird nie langweilig, so viel gibt es hier zu entdecken. Zum Beispiel können die Kids eine nachempfundene Eiszeit erleben und anschließend jeweils zu sechst auf einer mächtigen Wasserrutsche in ein Becken abtauchen.

Weitere Highlights sind der Bau von Sandburgen, das Hüpfen auf Springnetzen oder das Beobachten von Seepferdchen und bunten Fischen in einer künstlichen Meeresatmosphäre. Außerdem gibt es einen Bereich, der wie ein karibisches Atoll gestaltet ist, Schwimmbecken auf mehreren Ebenen, einen enormen Whirlpool, tosende Wasserfälle und, damit die ganz kleinen Gäste nicht zu kurz kommen, eine Baby-Area mit weißem Sandstrand. Einmalig in Europa ist eine Oase mit Palmen inmitten eines kleinen Sees, eine Insel und ein tropisch anmutender Strand mit exotischen Pflanzen. Unterhaltungskünstler und Animateure sorgen dafür, dass es garantiert nicht langweilig wird. Extra viel Spaß für Groß und Klein machen auch die zahlreichen Rutschen,

eine Tibet-Brücke und das schon legendäre Spiel »Botte«, wo mutige Teilnehmer von achthundert Liter Wasser weggespült werden. Sportfreaks haben die Möglichkeit, Beachvolleyball oder Fußball zu spielen, und Mama und Papa können unter Palmen und bei einem schönen Drink den Urlaubstag genießen. Ein abwechslungsreicher Familien-Urlaubstag ist garantiert! (In der Wintersaison ist der Park geschlossen.)

Es regnet, was tun?

Gerade wenn man Urlaub macht, ist Regen wenig erfreulich. In so einem Fall ist das Museo Nicolis in Villafranca perfetto. Schon von außen lädt die moderne Architektur aus Glas und Stahl zum Besuchen ein. Drinnen erwartet den Besucher eine Sammlung blitzblanker Karossen aus zwei Jahrhunderten. Signor Luciano Nicolis, der Besitzer des Museums, hatte immer eine Schwäche für schöne Autos. Heute kann man an die hundert herrliche Oldtimer bewundern, wie zum Beispiel ein Cottereau Populaire aus dem Jahre 1903, ein Benz 8/20 PS Jagdwagen von 1914 oder ein Alfa Romeo 6C 1750 GTC von 1931, um nur ein paar Beispiele zu nennen. Man kommt aus dem Staunen und Bewundern nicht heraus.

Doch Autos sind längst nicht alles, was man im Museo Nicolis zu sehen bekommt. Da gibt es eine weitere Abteilung, die sich ausschließlich der Geschichte des Fahrrads und den Epochen der Motorräder widmet. Spannend ist auch die große Kollektion alter Fotoapparate und Schreibmaschinen. Bei den Musikinstrumenten reicht die Bandbreite vom Grammophon bis zum Leierkasten, und Technikliebhaber müssen unbedingt die diversen Motoren begutachten. Bei so einer spannenden Entdeckungstour durch das abwechslungsreiche Museum vergisst man schnell schlechtes Wetter.

Infos und Adressen

ESSEN UND TRINKEN

Trattoria al Fornello. Man sitzt unter schattenspendenden Bäumen und genießt Teller für Teller der unterschiedlichsten Antipasti – und wer noch Hunger hat, bekommt noch vieles andere mehr. Ideal nach einem sportiven Tag im Aquapark. Loc. Fornello, 37067 Valeggio sul Mincio, Tel. 045/795 03 23

Pizzeria Du de Cope. Die superfeinen Pizzen schmecken Groß und Klein, besonders nach dem Museumsbesuch. Einladend ist auch das erfrischend bunte Ambiente. Via Rinaldo, 39/41 (auf der linken Seite des Castello), 37069 Villafranca, Tel. 045/630 58 52, www.pizzeriadudecope.it

ÜBERNACHTEN

Casa Pierina Agriturismo. Ganz unterschiedlich eingerichtete Appartements. Das Haus liegt zwischen Villafranca und Valeggio. Loc. Casa Pierina, 37069 Villafranca, Tel. 045/630 43 66, www.casapierina.com

AKTIVITÄTEN

Museo Nicolis. Via Postumia, 37069 Villafranca di Verona, Tel. 045/630 32 89, www.museonicolis.com Öffnungszeiten: Di–So 10 –18 Uhr

Parco Acquatico Cavour. Loc. Ariano, 37067 Valeggio sul Mincio, Tel. 045/759 09 04. Öffnungszeiten: Anfang Juni–Ende August 9.30–19 Uhr, www.parcoacquaticocavour.it

SÜDLICHES SEEUFER

Vorangehende Doppelseite: Die Scaligerburg in Sirmione

Mitte: Blick auf das Aquaria Thermalbad

Unten: Die Villa Cortine wurde 1870 erbaut und liegt inmitten eines prachtvollen Parks.

28 Sirmione

Das Juwel am Gardasee

Wie eine Riesenschlange ragt die Halbinsel in den See, auf beiden Seiten flankiert von Hotels, Restaurants, Läden und kleinen Bars, bis man endlich den Parkplatz vor dem eigentlichen Ziel, der Altstadt, erreicht. In ihr ist im Sommer die Hölle los, denn das pittoreske, von drei Seiten vom See umgebene Städtchen will jeder sehen. Wer das wahre Flair dieses Kleinods erleben möchte, sollte im Frühling oder im Herbst durch die schmalen Gassen bummeln.

Seit jeher begehrt als Ferienort

Die Geschichte der Halbinsel lässt sich bis weit in die Zeit vor Christus zurückverfolgen. Bereits um das 17. Jahrhundert v. Chr. soll es hier, wie an vielen Plätzen rund um den Gardasee, Pfahlbauten gegeben haben. Später dann, zu Zeiten der Römer, war Sirmione ein gefragter Ferienort für Wohlhabende, die sich hier auf den Hügeln Ferienhäuser erbauen ließen. Auf dem letzten der drei Hügel von Sirmione standen drei Villen, die heute Teil der »Grotten des Catulls« sind. Auf der ersten Anhöhe, dort wo später das Castello gebaut wurde, hatten die Römer ein »castrum« errichtet. Zu Zeiten der Römer gab es zwei Festungen, zwei Häfen und eine weitläufige, gepflegte Villenanlage.

Nach dem Fall des Römischen Reiches wurde der Ort von Barbaren überfallen und kam später unter die Obhut der Langobarden. Während dieser Zeit entstanden einige Klöster und Kirchen, von denen allerdings nichts mehr erhalten ist. Als nächstes nisteten sich, wie fast überall am Ufer des Benaco,

die Scaliger ein. Sie erbauten im 13. Jahrhundert auf Anweisung des Stadtherrn von Verona, Mastino I. della Scala auf dem alten Römerkastell ihre mächtige Wehrburg mit den typischen Schwalbenschwanzzinnen. Sie war einerseits zur Verteidigung gedacht, anderseits aber auch, um Macht zu demonstrieren. Nur über eine Zugbrücke gelangte man über die tiefen Wassergräben durch das Portal in das Dorf – und so ist es heute noch.

Das Tor ist mit zwei Wappen geschmückt: Eine Leiter für die Scaliger und ein geflügelter Löwe für die Venezianer. 47 Meter hoch ist der Mastio – ein hoher Turm – und überragt die Wehrgänge und Zinnen. Vom Turm aus, der bis 18 Uhr für Besucher geöffnet ist, kann man die enormen Ausmaße der Burg mit den Gängen auf den Mauern und den Ecktürmen sehr gut sehen und sich eine vage Vorstellung verschaffen, wie ausgeklügelt das Verteidigungssystem damals war. Zudem hat man natürlich auch einen traumhaften Blick auf den Hafen und den Lago. Eine derart gut erhaltene Anlage der Scaliger sieht man entlang des Sees selten.

Lebenslustiger Catull

Wer in Sirmione Urlaub macht oder auch nur für ein paar Stunden die Stadt besucht – an dem Poeten Gaius Valerius Catull kommt man nicht vorbei. Er, der hier bereits 54 v. Chr. gestorben ist, gehört zu Sirmione wie der See, der den charmanten Ort umschließt. Seine Verse, unter anderem »salve o venusta Sirmione« – »sei gegrüßt du liebliches Sirmione«, gingen in die Geschichte ein. Laut Überlieferung war der junge Catull, ein verwöhnter und missratener Sohn nobler und reicher Veroneser. Der Vater schickte ihn, noch nicht zwanzigjährig, nach Rom, wo er eine politische Laufbahn einschlagen sollte, wie es sich für den

AUTORENTIPP!

GOLFVERGNÜGEN DAS GANZE JAHR HINDURCH

Nur wenige Minuten von Sirmione entfernt, liegt der neue Golfplatz San Vigilio Chervò Golf. Es ist eine 27-Loch-Golfanlage mit drei Parcours – Benaco, Solferino und San Martino – sowie weiteren 9-Loch-Plätzen, eigens für Anfänger oder Jene die ihr Kurzspiel verbessern wollen.
Allmählich wächst der Platz, der erst 2009 eröffnet wurde, ein wenig ein, und das macht ihn noch reizvoller. Das elegante Clubhaus ist von 12–22.30 Uhr durchgehend geöffnet – Restaurant-Öffnungszeiten, die man sonst am Lago leider eher selten findet. Hier gibt es nicht nur leckere Snacks nach dem Golfspiel, sondern auch erlesene Gerichte und feine Menüs.
Auf der riesigen Terrasse hat man eine wunderschöne Aussicht auf den Monte Baldo und die gepflegten Fairways. Golffreaks können sich im sehr geschmackvollen, neu gebauten Resort Appartements kaufen oder sich im dazugehörenden Hotel für einige Tage einmieten.

Chervò Golf San Vigilio.
Loc. San Vigilio, 25010 Pozzolengo,
Tel. 030/918 01
www.chervogolfsanvigilio.it.

AUTORENTIPP!

YOGA UND VIELES MEHR ...

ÖKO

Ganz in der Nähe von Sirmione, im hübschen moränischen Hinterland, befindet sich eines der außergewöhnlichsten Wellnesscenter, die Cascina Preseglie. Ayurveda, Osteopathie, Yoga, Shiatsu und Homöopathie sind nur einige der angebotenen Möglichkeiten zum Entspannen und Erholen. Zum Center, das inmitten der Natur in einem ehemaligen Gutshof liegt, gehören geschmackvoll eingerichtete Appartements mit allem Komfort. In der riesigen Gartenanlage gibt es einen beheizten Swimmingpool von dem aus man einen herrlichen Blick auf den Lago hat.
Ganz in der Nähe des Agriturismo Le Preseglie ist das Ristorante Fenil Conter, das zur Familie gehört. Hier wird in den hübschen Gasträumen oder auf der großen Terrasse eine sehr gute, traditionelle Küche der Region aufgetischt, die dennoch leicht und bekömmlich ist. Dazu trinkt man die hauseigenen Weine, die Hamsa (weiß) Kundalini (rot) und Kaivalya (weiß) heißen und aus heimischen Trauben gekeltert werden. Auch im Fenil Conter gibt es einige hübsche Gästezimmer.

Le Preseglie
Loc. Preseglie
25015 Desenzano del Garda
Tel.030/910 81 95
www.agriturismolepreseglie.com

Fenil Conter.
Nahe dem Torre di Martino, 25010 Pozzolengo, Tel. 030/991 60 52, www.agriturismolepreseglie.com. Ruhetag: Mo. Im Winter nur Do–So geöffnet. Betriebsferien im Januar

Frühabendliches Treiben in der Via Vittorio Emanuele

Spross aus bestem Hause gehörte. Doch das ging gänzlich schief. Anstatt zu studieren, zog Catull es vor mit anderen jungen Müßiggängern Feste zu feiern. Er begann Verse zu schreiben, kam nach Sirmione zurück und lebte in der Villa seiner Eltern, immer den schönen Dingen des Lebens zugetan, bis er erst dreißigjährig starb.

Das ist eine Version vom Leben des Gaius Valerius Catullus, ob sie wahr ist, steht in den Sternen, denn um ihn ranken sich viele widersprüchliche Geschichten. Fest steht aber auf jeden Fall, dass es ihn gab, das bestätigen seine heute noch gerne gehörten Gedichte. Außerdem klingt der Name »Grotte di Catullo« sehr melodisch – oder?

Kuren in der Grotte di Catullo

Auf dem dritten Hügel der Halbinsel liegen die weitläufigen Ruinen der sogenannten Grotten des Catull und sie veranschaulichen, welche Blütezeit Sirmione in der Antike erlebte. Catull besaß, so vermutet man, lediglich eine von seinen Eltern geerbte Villa, in der er zeitweise wohnte. Bei den Grotten des Catull jedoch handelt es sich nachweislich um eine im ersten und zweiten Jahrhun-

dert – also weit nach seinem Tod – erbaute, römische Villa. Die bisher bei den Ausgrabungen gefunden Reste haben ergeben, dass die Gebäudekomplexe damals ein Ausmaß von etwa 20 000 m² hatten. An heißen Sommertagen war es angenehm, in dem 158 Meter langen, überdachten Gang mit doppelten Säulenreihen zu lustwandeln. Man vermutet, dass an der Außenseite kleine Läden waren, und am südlichen Rand fand man Reste eines Thermalbads, das mittels Bleirohren aus der Boiola-Quelle gespeist wurde.

Die kurierende Wirkung des 69 Grad heißen Heilwassers, das 300 Meter von der Villa entfernt im Gardasee entspringt, war schon bei den Römern geschätzt. Damals wie heute hat man von diesem Wandelgang aus eine unvergleichlich schöne Aussicht auf die »lachenden Wellen des Lyd'schen Sees« (Gardasee), wie es in einem von Catulls Versen so schön heißt.

So kurt man heute!

Zum heutigen Thermalzentrum von Sirmione gehören zwei unterschiedliche Heilbäder: die Therme di Catullo und die Therme di Virgilio, sowie das Wellnesscenter Aquaria. Während sich die Therme Catullo zwischen der Altstadt und den Grotten des Catulls befindet, liegt die neueste Kuranlage, die Therme di Virgilio ein wenig außerhalb von Sirmione! Neben vielen anderen Kuren werden schwerpunktmäßig folgende Behandlungen angeboten:

Inhalationskuren für Atemwegserkrankungen
Fangopackungen und Badetherapien gegen rheumatische Beschwerden
Wasserkuren bei Hauterkrankungen
Unterwassermassagen bei Durchblutungsstörungen und Muskelverspannungen
Bäder bei Entzündungen und Immunschwäche

Oben: Die Grotten des Catull vor traumhafter Kulisse
Mitte: Bummel durch die Grotten des Catull
Unten: Gaius Valerius Catullus (87–54 v. Chr.)

Oben: Stimmungsvoll – Straßenrestaurants mit Blick auf die Scaligerburg
Mitte: Tancredi – superschickes Restaurant am Ufer des Sees mit guter Küche
Unten: Köstliches aus dem Lago und dem Mittelmeer

Das Thermalwasser heilt primär lokal, wirkt aber gleichzeitig auch auf den gesamten Organismus. Es hat eine lindernde Wirkung auf die Haut sowie die Schleimhäute der Atemwege, des Mittelohrs und der Vagina. Die Wärme des Wassers wirkt schmerzstillend und muskelentspannend. Die Einrichtungen der Thermen sind immer auf dem neuesten Stand, was die Behandlung von Erkrankungen der Atemwege angeht.

Aquaria heißt das relativ junge Wellnesscenter und ist eine Rundum-Wohlfühloase für die innere Harmonie und für die Schönheit. »Wellness, Fitness, Beauty, Salute – manchmal sind aller guten Dinge vier« so wirbt das Aquaria auf seiner Website! Die Therme di Sirmione ist heute eine der renommiertesten Thermaleinrichtungen Europas. Zu dieser Unternehmensgruppe gehören auch drei Hotels: Grand Hotel Therme, Hotel Sirmione und Hotel Fonte Boiola.

Gedränge in engen Gassen

Eines steht für viele fest: war man nicht in Sirmione, war man nicht am Gardasee! Und, wenn man ehrlich ist, der Ort ist schon wirklich sehenswert. Während der Hochsaison muss man sich einfach ins Gedränge stürzen oder erst so gegen Abend kommen, dann wird es meist ein wenig ruhiger. Außerdem nimmt das Geschiebe ab, biegt man in kleine Nebengassen ein. Das Auto muss man vor der Altstadt parken, es sei denn, Sie haben ein Hotel im centro storico gebucht! Dann seien Sie aufmerksam und geduldig, wenn Sie Ihr Gefährt durch das Gewusel von Menschenmassen chauffieren.

Wer sein Auto auf einem der offiziellen Parkplätze abgestellt hat, folgt ganz einfach dem Besucherstrom. Über die Brücke und durch das Portal

Art Shop Museum in der Via Piana 18

geht's mit vielen anderen Schaulustigen durch die Via Vittorio Emanuele vorbei an schicken Mode- und Schuhgeschäften, kitschigen Keramikläden, feinen Galerien, Eisständen mit Gelato in allen Farben, Ristorante und Schnellimbissen. Auf der Piazza Carducci trinkt man üblicherweise einen Cappuccino oder einen Spritz. Genießen Sie den Blick auf die alten Häuserfassaden und auf den Lago. Von hier aus bummeln Sie durch die engen romantischen Gassen bis zur Passegiata Panoramica, dort wird es ruhiger, und Sie können sogar manches Mal das Zirpen der Grillen und den Gemurmel der Wellen hören.

Am Ende der Altstadt in der Via Catullo Caio Valerio befindet sich in einer vornehmen Parkanlage die Villa Cortine. Der neoklassizistische Palazzo aus dem 19. Jahrhundert öffnet die Pforten allerdings nur für Gäste, die sich den Luxus eines Fünf-Sterne-Hotels leisten können. Dann allerdings ist alles vom Feinsten, und man kann ungestört die himmlische Lage am See genießen.

AUTORENTIPP!

TORRE DI SAN MARTINO

Den Turm von San Martino sieht man schon von weitem. Er wurde in Erinnerung an die große Schlacht zwischen 1880 und 1893 gebaut und ist König Vittorio Emanuele II. gewidmet, der im unteren Bereich des Turms als Bronzestatue steht, umgeben von Büsten seiner treuesten Generäle. Der Turm ist 74 Meter hoch und hat in der Basis einen Durchmesser von 22 Meter. Man kann bequem auf einer Rampe bis zur Turmspitze gehen. Beim Hinaufgehen erinnern Wandgemälde an den schrecklichen Krieg und das Elend der Soldaten. Und ziemlich weit oben, verstärkt durch die Wölbung der Kuppel, blicken Amazonen herab, die die Städte Italiens symbolisieren. Der Aufstieg lohnt sich für einen gigantischen Blick auf den See, den Monte Baldo und das Moränische Hügelland.

Torre di San Martino.
Museo della Battaglia di San Martino. Via Torre, 2, 25015 Desenzano, Tel. 030/991 03 70, www.solferinoesanmartino.it.
Öffnungszeiten: Oktober bis Februar: 9– 12 und 14– 17.30 Uhr, März bis September: Mo–Sa 9–12.30 und 14.30–19 Uhr, an Sonn- und Feiertagen von 9–19 Uhr

Oben: Malerei in der Kirche von San Pietro in Mavino
Unten: Blick vom Torri di San Martino auf die Weingärten des Luganagebietes

Wer sich für Kirchen interessiert, der sollte abseits der Via Vittorio Emanuele in einer engen mittelalterlichen Quergasse einen Blick in die Chiesa Santa Maria Maggiore werfen. Sie wurde im 15. Jahrhundert an einer Stelle erbaut, wo vorher schon ein langobardisches Bauwerk stand. Der Westfassade des ziemlich schmucklosen Baus ist eine Säulenhalle vorgesetzt, eine der Säulen ist noch römischen Ursprungs.

Kunsthistorisch von Bedeutung ist die Kirche San Pietro in Mavino, die auf dem zweiten Hügel erbaut wurde. Sie stammt noch aus dem 8. Jahrhundert, und man vermutet, dass sie schon bei den Römern ein Heiligtum war. Im 11. und 12. Jahrhundert wurde der Kirchenkomplex um den Campanile sowie drei Apsiden erweitert. Die Fresken stammen aus dem 12. und 16. Jahrhundert und bilden einen bemerkenswerten ikonografischen Zyklus. Die Kirche steht einsam in einem Olivenhain, abseits der wuseligen Gassen. Hier kann man auch während der Hochsaison ruhige Momente erleben.

MAL EHRLICH

ABENDS UND WÄHREND DER WOCHE

Mich bringen im Juli und August keine sieben Pferde nach Sirmione, aber ich kann es mir auch, da ich das ganze Jahr über immer wieder hier bin, aussuchen. Dennoch, das pittoreske Städtchen ist schon ein Pflichtprogramm während eines Gardasee-Urlaubs. Meiden Sie aber, wenn irgendwie möglich Sonn- und Feiertage, denn dann kommen zu den üblichen Urlaubern noch die Besucher aus den umliegenden Städten Verona, Mantua oder Brescia hinzu. So gegen Abend wird es meistens auch ruhiger, und wie gesagt, verlassen Sie die überfüllte Touristenmeile und bummeln Sie durch die kleinen Nebengassen.

ESSEN UND TRINKEN

In der Altstadt

Osteria Cheese&Drink. Das Ambiente ist einfach, aber man bekommt hier ein gutes Glas Wein und dazu eine Auswahl gut gereiften Käse und feinen Prosciutti. Piazza Mosaici, 6, 25019 Sirmione, Tel. 030/990 44 32

Risorgimento. Elegantes Ambiente in einem über 100-jährigen Traditionslokal in der Altstadt, mit guter Küche. Fische aus dem Lago und dem Meer, mediterran zubereitet. Piazza Carducci, 5/6, 25019 Sirmione, Tel. 030/91 63 25, www.risorgimento-sirmione.com. Ruhetag: Di

Signori. Man sitzt auf der Veranda direkt am See. Die Gerichte sind kreativ, und die Weinkarte ist umfangreich. Via Romagnoli, 17, 25019 Sirmione, Tel. 030/91 60 17, www.ristorantesignori.it. Ruhetag: Mo

Ein wenig außerhalb:

Tancredi – Restaurant – Drinks. Ein Ristorante mit einem besonderen Flair! Via XXV Aprile, 75, 25019 Sirmione, Tel. 030/990 43 91

Trattoria Antica Contrada. Gute Fischküche, und mittags gibt es ein preiswertes Drei-Gänge-Menü. Via Colombare, 23, 25019 Sirmione, Tel. 030/990 43 69, www.anticacontrada.it

ÜBERNACHTEN

Grand Hotel Therme ***.** Erlesenes Hotel direkt vor der Kulisse der Scaligerburg, mit zauberhaftem Panoramablick. Viale Marconi,7, 25019 Sirmione, Tel. 030/990 49 22, www.termedisirmione.com

Hotel Fonte Boiola *.** Gastfreundliches Drei-Sterne-Hotel in unmittelbarer Nähe der Scaligerburg, mit großem Garten und eigenem Thermalbereich. Viale Marconi, 11, 25019 Sirmione, Tel. 030/916 43

Hotel Smeraldo. Das neu renovierte Haus liegt direkt am Strand des Gardasees, und bis in die Altstadt sind es eineinhalb Kilometer. Via XXV Aprile, 25019 Sirmione, Tel. 030/91 60 77, www.hotellapaul.it

Garni Ca'Serena. Sie wohnen direkt am See mit einem wunderschönen Ausblick. Via Marolda, 9, 25010 Sirmione, Tel. 030/919 61 67, www.hotelcaserena.net

EINKAUFEN

Favola. Wer sich für Kreuzstich- und Patchworkarbeiten interessiert und dekorative Objekte sucht, der wird hier fündig. Vorwiegend Handarbeit! Via Dante, 4, 25019 Sirmione, Tel. 030/91 63 10

Donum. In diesem Shop finden Sie schöne Dinge aus Glas, wie Muranovasen, hübsche Gläser und vieles mehr. Via Casello 4, 25019 Sirmione, Tel. 030/91 65 89

AKTIVITÄTEN

Aquaria. Hier erfahren Sie alles über die verschiedenen Thermen und das Wellnesscenter. Therme di Sirmione S.p.a., Piazza Virgilio, 1, 25010 Colombare di Sirmione, Tel. 030/916 81, www.termedisirmione.com (auch in deutscher Sprache). Büros sind geöffnet von 8.30–12.30 und 14.30–18.30 Uhr.

Agriturismo Le Preseglie. Alles, was für die Entspannung gut tun. Ayurveda, Yoga und vieles mehr kann man hier, in den moränischen Hügeln, nahe Sirmione, erleben. Loc. Preseglie, 25015 Desenzano del Garda (BS), Tel. 030/910 81 95, www.agriturismolepreseglie.com

INFORMATION

Fremdenverkehrsbüro. Viale Marconi, 2, 25019 Sirmione, Tel. 030/91 61 14, www.visitgarda.com

Mitte: Das kleine aber feine Weingut Ottella in San Benedetto, inmitten des Luganagebietes
Unten: Winzer aus Leidenschaft – Paolo Fabiani (Tenuta Roveglia)

29 Genusstour durch das Luganagebiet

Köstlich frisch und spritzig

Das Anbaugebiet der Trebbianotraube, aus der die Luganaweine gekeltert werden, liegt im Hinterland zwischen Peschiera und Desenzano! Ein kleines Stück gehört noch zum Veneto, der Großteil der Anbaufläche aber zur Lombardei. Die meisten Winzer haben eine Punta Vendita und freuen sich über interessierte und kauffreudige Besucher.

Trendwein mit Geschichte

Lugana ist »der« Trendwein, längst nicht nur am Lago selbst. Hier jedoch, am Ufer des Benaco, sind die feingliedrigen Weine die perfekte Begleitung zu den heimischen Fischgerichten. Stolz sind die Winzer des DOC Gebietes Lugana, weil endlich wissenschaftlich geklärt ist, dass es sich bei ihrer Trebbianorebe um einen ganz speziellen Klon handelt, der ausschließlich hier auf sandigen Böden gedeiht. Diese Böden verleihen den Weinen einen leicht salzigen Geschmack, was ihnen ihre spezielle Raffinesse verleiht.

Luigi Veronelli – ein bekannter und geschätzter Weinkritiker (1926–2005) schrieb: »Der Lugana, eine Rarität unter den Weinen, hat die außergewöhnliche Fähigkeit, an sich zu erinnern. Du verkostest einen Luganawein, und wenn du ein guter Verkoster bist, wirst du ihn nie vergessen.« 1967 erhielt das kleine Weinbaugebiet, als eines der ersten Italiens, den DOC-Status. Darin wurde festgelegt, dass die Weine zu neunzig Prozent aus Trebbiano-di-Lugana-Rebe bestehen müssen und die restlichen zehn Prozent dürfen keinesfalls aro-

matische Trauben sein. Natürlich ist jeder Winzer bestrebt auch einen »superiore« zu machen. Das sind Weine aus besten Lagen, oftmals auch Spätlesen, die dann erst ein Jahr nach der Ernte in den Verkauf kommen. Einige Winzer lassen auch einen Teil der Trauben in luftigen Kisten kurze Zeit antrocknen, um sie anschließend, frisch gepresst, dem jungen Wein hinzuzufügen. Dadurch werden die Weine noch aromatischer und strukturierter. Immer mehr Winzer produzieren auch elegante Schaumweine aus der Trebbiano-di-Luganatraube, teils nach Flaschengär-, teils in Tankgärverfahren.

Eine kleine Winzertour

Gleich nach Peschiera Richtung Sirmione gibt es in San Benedetto zwei Winzer, die zu besuchen sich lohnen. Gleich am Ortsanfang, auf der linken Seite, befindet sich das Ladengeschäft des international bekannten Weinguts Zenato, dessen Santa Cristiana auf fast allen Weinkarten rund um den See zu finden ist. Wenn Sie die Straße weiterfahren, kommen Sie vorbei an der Weinlage Santa Cristina und bereits nach wenigen Metern taucht die Azienda Agricola Ottella auf. Derzeit wird der neue Weinkeller gebaut, aber der Verkauf findet dennoch statt.

Von hier aus ist es nur ein Katzensprung zur aparten Tenuta Roveglia. Es ist ein ansprechendes altes Gutshaus mit heimeligen Räumen und mit freundlicher Beratung. Wiederum nur einige Kilometer weiter in Richtung Sirmione befindet sich der neu gebaute Showroom der Azienda Agricola Provenza, und nicht weit davon entfernt, in Lugana di Sirmione, ist Cà dei Frati, eines der ersten Weingüter, das auf die Weine der Region aufmerksam machte. Das war nur ein erster kleiner Appetitmacher auf viele weitere gute Winzer im Luganagebiet.

Infos und Adressen

ESSEN UND TRINKEN

Antica Locanda del Contrabbandiere. Ein romantischer Garten, mit Sinn für Details gestaltete Räume und köstliche, kreative Gerichte. Loc. Martelosio di Sopra, 1, 25101 Pozzolengo, Tel. 030/91 81 51, www.locandadelcontrabbandiere.com. Ruhetag: Mo. Nur abends geöffnet – So und an Feiertagen auch mittags, Betriebsferien: Ende Dezember–Ende Januar

ÜBERNACHTEN

Cascina Girolda. In der Nähe des Weinguts Ottella und des Minisees Frassino liegt dieses, erst vor einigen Jahren stilvoll ausgebaute Cascina mit fünf schönen Zimmern. Von hier aus sind es lediglich 4 Kilometer zum Golfclub Paradiso del Garda. Loc. Ottella, San Benedetto di Lugana, 37019 Peschiera del Garda, Tel. 045/640 25 60, Mobil: 0039/338-846 80 85

INFORMATION

Consorzio Tutela Lugana DOC Vino. Neben der Polizei, in den renovierten Kasernen erhalten Sie die Adressen aller Winzer im Luganagebiet und auch ein kleine Landkarte für eine vinophile Tour. In einem sehr schönen Saal des riesigen Gebäudekomplexes präsentieren jedes Jahr im Herbst, nach der Weinlese, die Winzer ihre Lugana-Weine. Caserma Artiglieria di Porta Verona, 4, 37019 Peschiera del Garda, Tel. 045/923 30 70, www.consorziolugana.it.

30 Castiglione delle Stiviere und die Colli Moreniche

Landschaft mit Geschichte

Die moränischen Hügel schmiegen sich in einem Bogen vom Südosten bis nach Südwesten um den Gardasee und werden daher auch gerne »moränisches Amphitheater« genannt. Hunderte von sanften Hügeln, auf denen Weinreben und Olivenbäume gedeihen, prägen diese liebliche, aber auch geschichtsträchtige Landschaft. Es lohnt sich, die reizvollen Dörfer und Städte zu besuchen, wie zum Beispiel die historische Stadt Castiglione delle Stiviere.

Mitte: Die Knochenkapelle Ossario di Solferino
Unten: Typisch italienisches Familienidyll in den Gassen

Solferino und das Rote Kreuz

Viele befällt eine gewisse Traurigkeit, wenn sie nach Solferino kommen und im Ossario, der Gebeinkapelle, stehen. Es ist nicht jedermanns Sache, die rund siebentausend gestapelten Schädel und Gebeine gefallener Krieger, die bei der Unabhängigkeitsschlacht 1859 umgekommen sind, zu sehen. Vor dem Eingang blickt Petrus ein wenig traurig von einem Goldmosaik, und auf einer Gedenktafel steht geschrieben: »Den vereinigten Resten toter Krieger weihet Kränze und fromme Gebete. Feinde im Kampfe, ruhen sie im Frieden des Grabes beisammen als Brüder.«

Hingegen lohnt es sich, auf den sogenannten Spia d'Italia, den Spion von Italien, mit seinem 74 Meter hohen, viereckigen Turm, zu steigen, da man von oben einen 360-Grad-Rundblick über die sanften Hügel rundum und den Gardasce mit dem Monte Baldo im Hintergrund hat. Gleich daneben

erinnert ein Denkmal an Henri Dunant (1828–1919), den Gründer des Roten Kreuzes.

Der Schweizer, der während einer Geschäftsreise zufällig an dem Schlachtfeld in Solferino vorbei kam, hatte Mitleid mit den Verwundeten und Sterbenden. Er organisierte Medikamente und Verpflegung für die Schwerverletzten und verfasste nach seiner Rückkehr in die Schweiz die Mahnschrift: »Eine Erinnerung an Solferino«. Gemeinsam mit dem Anwalt Gustave Moynier gründete er das Rote Kreuz, opferte sein Vermögen für diesen Zweck und verarmte schließlich. 1901 erhielt er als allererster den Friedensnobelpreis.

Castiglione delle Stiviere

Lediglich zehn Kilometer von Desenzano entfernt ist man in einer anderen Welt. Kaum Touristen, obwohl die historische Altstadt wirklich besuchenswert ist.

Stolz sind die Bewohner seit jeher, dass in ihrem Ort San Luigi Gonzaga geboren wurde, der Weltpatron der Jugend. Deshalb gibt es auch eine Piazza San Luigi, und geht man ein wenig weiter, kommt man zum Dom. So wie er sich jetzt präsentiert, wurde er 1762 erbaut. Er steht über den Resten der antiken Kirche von SS. Nazario und Celso, wo San Luigi getauft wurde und die erste Kommunion erhielt. Seine Reliquien und Erinnerungsstücke sind jedoch in der Basilica di San Luigi im Stadtzentrum zu sehen.

Die prachtvollen Bauten im historischen Zentrum stammen aus dem 17. Jahrhundert, als Castiglione eine Residenzstadt der Herzöge von Gonzaga war. Lediglich von außen zu betrachten ist das Schloss mit seinen sieben Türmen und dem grandiosen Eingangtor aus dem Mittelalter.

AUTORENTIPP!

EINE GENUSSVOLLE OASE

Ich habe die historische Altstadt von Castiglione delle Stiviere entdeckt, weil ich ein Ristorante aufsuchen wollte, das mir italienische Freunde empfohlen haben. Ich parkte mein Auto vor dem Dom und spazierte die Via Ordanino entlang, vorbei an alten Häusern und Steinmauern, bis mir ein schmiedeisernes Schild »Hosteria del Teatro« signalisierte, dass ich angekommen war.

Der Name verrät schon, dass hier, wo man jetzt vorzüglich speist, früher Gedichte vorgetragen wurden. Das Ristorante hat Charme: drinnen wie draußen im ruhigen Innenhof. Der fast zwei Meter große Claudio, Patrone und Küchenchef zugleich, kommt an den Tisch, um seine Gerichte vorzutragen, die er dann in seiner Küche, in die man durch eine Glasscheibe sehen kann, zubereitet. Und da er sich ebenso leidenschaftlich wie fürs Kochen auch für Weine interessiert, kann man sich auf seine Empfehlung verlassen. Gut zu essen ist auf jeden Fall einer der Gründe, um nach Castiglione zu fahren! Und, es gibt noch eine zweite Hosteria – die Hosteria Viola – die ebenfalls eine empfehlenswerte Küche bietet.

Hosteria del Teatro
di Claudio Truzzi.
Via Ordanino, 5 B, 46043 Castiglione delle Stiviere, Tel. 0376/67 08 13.
Ruhetag: Do

Oben: Der Eingang in die hübsche Hosteria del Teatro
Unten: Mauerschmuck in Solferino

1959 wurde, anlässlich des 100. Gründungsjubiläums des Roten Kreuzes ein Museum eröffnet, das in dem prächtigen Palazzo Longhi untergebracht wurde. Die Asstellung zeigt nahezu alles, was man in dieser schrecklichen Kriegszeit für die Erstversorgung der verwundeten Soldaten benötigte.

Frisch vom Bauern

Landwirtschaft spielt in der hügeligen Umgebung des Lago di Garda-Hinterlandes eine wichtigere Rolle als der Tourismus. Hier findet man noch gute Metzger, die nur Fleisch von Tieren aus der heimischen Region verarbeiten. Daraus werden schmackhafte Würste, aromatische Schinken oder Speck gemacht, denen nur eingeschworene Vegetarier widerstehen können. Da das Landschaftsbild von Olivenbäumen und Weinreben geprägt ist, entdeckt man überall Winzereien und Ölmühlen.

Die Region bietet sich an, sie mit dem Fahrrad zu erobern. Natürlich nicht das ganze Gebiet, das ja von Bussolengo bis weit über Lonato reicht, aber kleinere Etappen sind mühelos zu bewerkstelligen. Da man keine großen Höhendifferenzen überwinden muss, geht es relativ gemütlich dahin, und so hat man auch Zeit, sich die Gegend ein wenig genauer anzuschauen. In den kleinen Dörfern gibt es immer eine Bar und meist auch gute Trattorien, wo man noch für wenig Geld gut und herzlich bedient wird.

Es gibt sogar eine Gelateria mitten auf dem Land – in einem Bauernhof. In der Agrigelateria wird das Eis aus hofeigener Milch und Sahne gemacht, und obwohl sie abseits des Touristenstroms liegt, haben findige Schleckermäuler die ungewöhnliche Eisdiele mitten im Grünen bereits entdeckt. Neben vielen leckeren Sorten, kann man auch frische Milch und Milchprodukte kaufen.

SEHENSWÜRDIGKEITEN

Museum des internationalen Roten Kreuzes. Via Garibaldi, 50, 46043 Castiglione delle Stiviere, Tel. 0376/63 85 05, www.micr.it
Öffnungszeiten: täglich von 9– 12 Uhr und 15–19 Uhr, montags geschlossen

ESSEN UND TRINKEN

Hosteria Viola. Die Hosteria wird bereits in der vierten Generation bewirtschaftet, und deshalb sind die Gerichte traditionell, aber mit modernem Touch. Via Giuseppe Verdi, 32, 46043 Castiglione delle Stiviere, Tel. 0376/63 82 77. Ruhetag: So Abend und Mo

Cascina Capuzza. Die Cascina stammt aus dem 14. Jahrhundert. Es werden heimische Gerichte serviert und dazu gibt es den Wein aus der eigenen Kellerei. Loc. Selva Capuzza, San Martina della Battaglia, Tel. 030/991 02 79, www.selvacapuzza.it. Ruhetag: im Sommer keinen, ab 11. September nur von Do–So geöffnet.

In der Hosteria del Teatro kann man durch eine Glasfront das Treiben in der Küche beobachten (siehe Autorentipp S. 155).

Typische Häuserzeile im reizvollen Städtchen Castiglione delle Stiviere

ÜBERNACHTEN

JHD Dunant Hotel. Modernes Hotel mit nicht alltäglichem Design, gegenüber dem Museum des Roten Kreuzes. Auch ideal, wenn man etwas abseits vom Gardasee wohnen möchte. Via Donatori di Sangue, 2, 46043 Castiglione delle Stiviere, Tel. 0376/67 34 49. www.dunanthotel.it/castiglione-delle-stiviere/hotel-dunant.html

Hotel La Grotta *.** Das Hotel, ein ehemaliges Herrenhaus, liegt mitten im Grünen, mit Blick auf die moränische Hügellandschaft. Es wird von einem jungen Team freundlich betrieben. Viale dei Mandorli, 22, 46043 Castiglione delle Stiviere, Tel. 0376/63 25 3, www.lagrottahotel.it

Cascina Le Volpi. Typisches mantovanisches Bauernhaus aus dem 19. Jahrhundert, mit 8 komfortablen Zimmern, 2 Appartements und einem 300 Quadratmeter großen Fitnessraum.
Via Vicinanze dell Sorgive, 2, 46040 Solfrino, Tel. 0376/85 40 28, www.lesorgive.it

INFORMATION

Ein offizielles Büro gibt es nicht. Wissenswertes finden Sie hier: www.gardacolline.it

Mitte: Der alte Hafen von Desenzano
Unten: Sarkophag von Attilia Urbica

31 Desenzano del Lago

Pulsierendes Leben

Desenzano war zu Zeiten der Römer ein bedeutendes Handels- und Schifffahrtszentrum. Bis heute hat sich daran wenig geändert. Die größte Stadt am Gardasee verdankt dies der verkehrsgünstigen Lage: Die Autobahn Milano-Venezia liegt nur zwei Kilometer entfernt, es gibt einen Bahnhof und einen Jachthafen, auch wenn der nur noch zum Vergnügen der Touristen genutzt wird. Obwohl Desenzano eine reizende Kleinstadt ist, blieb sie bislang vom Massentourismus verschont.

Umschlagplatz für Waren

Jahrhunderte lang war der Hafen von Desenzano ein wichtiger Handelsplatz. Salz, Gewürze, Olivenöl und insbesondere Getreide wurden überwiegend von Süden her importiert und von hier aus nach Riva, im Norden des Benaco, verschifft. Von dort aus ging es über die Alpen weiter in die nördlicheren Regionen.

Dieser Handel bestand schon in der Antike, blühte aber so richtig auf während der venezianischen Herrschaft. Die geschäftstüchtigen Venezianer bauten sich entlang des Hafens feine Herrenhäuser und Palazzi über schattigen Arkadenbögen, unter denen die Marktleute ihre Waren feilboten. Die pittoreske Piazza Malvezzi am alten Hafen mit den herrlichen Häuserfassaden lässt heute noch den Wohlstand von damals erahnen. Der alte Hafen ist zu einem Wahrzeichen der Stadt geworden und ein beliebtes Motiv für Fotografen. Sieht man genauer hin, kann man die Überreste einer alten Burg mit Zinnen und Mauern erkennen. Lang,

lang ist es her, da war es mal eine Fluchtburg und diente während der zahlreichen Kriege, von denen auch Desenzano nicht verschont blieb, als Wehranlage. Geht man die Strandpromenade entlang, kommt man dort, wo der Sarkophag von Attilia Urbica steht, zum neuen Hafen. Hier laufen die Linienschiffe zu den Anlegestellen rund um den Gardasee aus. Die vielen Marinas, Yachten und Boote am Seeufer sowie der vom Leuchtturm bewachte Hafen zeigen, dass Desenzano ein nautisches Zentrum geblieben ist, auch wenn es heute andere Aufgaben sind, die bewältigt werden müssen. Besuchenswert ist der Wochenmarkt mit unzähligen Ständen und unterschiedlichsten Angeboten, der jeden Dienstag entlang des Seeufers stattfindet.

Es war einmal…

Man vermutet, dass sich der Ortsname von Decentius ableitet, das soll ein römischer Tribun gewesen sein. Ob es tatsächlich so war steht in den Sternen. Die Überreste seiner Villa aus dem 4. Jahrhundert, können in einer archäologischen Ausgrabungsstätt besichtigt werden.

Gesichert ist, historischen Funden zufolge, dass Desenzano zu Zeiten der Römer eine bedeutende Siedlung war. Damals schon verkehrsgünstig an der Via Gallia gelegen, war es bei den wohlhabenden römischen Familien angesagt, sich hier auf den Moränenhügeln Villen mit Blick auf den Benacus zu bauen. Ein Beispiel, wie diese luxuriösen Häuser ausgesehen haben, kann man heute, dank der Ausgrabung der Villa Romana bestens nachvollziehen. Für die Archäologen ist es ein beeindruckendes Zeugnis eines spätantiken Wohnsitzes. Man nimmt an, dass die Villa mehrfach umgebaut worden ist, weshalb die genaue Zuordnung der Räume nur schwer möglich ist. Wer sich nicht mit

AUTORENTIPP!

DIENSTAG IST MARKTTAG

Rund um den See und auch im Hinterland gibt es in fast jedem kleineren oder größeren Dorf einen Wochenmarkt.
Egal, ob Haushaltswaren, Obst und Gemüse oder die neueste Mode, ob man kauft oder nur schaut, Italiener lieben ihr Open-Air-Einkaufsvergnügen. Man trifft sich mit Freunden, um die Erlebnisse der Woche auszutauschen, zwischendurch trinkt man einen Café in einer der umliegenden Bars, dann wird ein wenig gefeilscht und schließlich meist auch gekauft. Touristen lassen sich gerne von dieser Begeisterung des Schauens, Anfassens, Feilschens und Kaufens anstecken. Es ist beileibe nicht nur Billigware die hier angeboten wird, und so mancher hat auf dem Markt schon eine todschicke Handtasche zu einem guten Preis erworben oder endlich die passende Tischdecke mit Oliven- oder Tomatenmotiv für die Ferienwohnung. Der Markt in Desenzano, der immer dienstags stattfindet, ist nicht nur der größte rund um den Gardasee, viele sagen, es ist auch der schönste. Hier findet man fast alles was man zum täglichen Leben braucht (oder auch nicht …).

Römische Ausgrabungen in der Villa Romana

Oben: Der historische Leuchtturm am Ende der Mole
Unten: Antiquitätenmarkt in Lonato

Archäologie beschäftigt, wird sich nur schwer vorstellen können, dass dies hier mal eine Prunkvilla war. Einzig die zum Teil noch gut erhaltenen Mosaikfußböden lassen für Laien den Luxus früherer Zeit erahnen.

Im Museo Rambotti (benannt nach dem Entdecker der Polada-Funde) kann man viele Relikte sehen, die in der Torfgrube von Polada zwischen Desenzano und Lonato ausgegraben wurden. Es sind Fragmente von Gefäßen, Statuen und Fresken, Waffenspitzen aus Kieselstein, Waffen und ein Pflug aus Eichenholz, der noch aus der südalpinen Bronzezeit (etwa 2200 v. Chr.) stammt. Am Lungolago Cesare Battisti gibt es einen weiteren eindrucksvollen antiken Fund: ein Sarkophag, mit Reliefs und Inschriften verziert.

Reizvoll für Kunstinteressierte

Ein Besuch der Kirche Santa Maria Maddalena in der Piazza Malvezzi lohnt sich nicht für Gläubige, sondern auch für Kunstinteressierte. Der Entwurf des Kirchenbauwerkes stammt vom namhaften Architekten Giulio Todeschini aus Breschia (1524–1603). Er gestaltete die Fassade im schlichten dorischen Stil, spielerisches Element ist lediglich das vorgesetzte Barockportal. Drinnen gibt die Breschianer Spätrenaissance den Ton an. Die sehr noble, riesige Halle spiegelt den Reichtum der Desenzaner der damaligen Zeit wider. Besonders kostbar sind auch die Gemälde, das wertvollste ist das »Letzte Abendmahl« von Giovanni Battista Tiepolo (1696–1770). Auffallend an diesem Frühwerk des Künstlers ist die Darstellung des Tisches, an dem Christus mit seinen Jüngern speist. Er sitzt nicht frontal zum Betrachter, sondern seine Gestalt ragt vertikal ins Bild hinein. Durch diese ungewöhnlich Perspektive entsteht eine eigentümliche Tiefenwirkung, die durch die raffinierte

Bodenmosaik der Villa Romana

Lichtgestaltung noch unterstrichen wird. Sehenswert in der Sakristei ist neben der ausdrucksstarken »Beweinung Christi« von Palma il Giovanne auch der Hochaltar aus Marmor.

Nightlife in Desenzano

Tagsüber faul am Strand liegen und abends das Nachtleben ausgiebig genießen – vor allem für junge Urlauber das Höchste –, in Desenzano ist das kein Problem! Discofans kommen in der größten Stadt am Lago voll auf ihre Kosten. Hier tobt nachts der Bär und das nicht nur zur Ferienzeit! Die Clubs von Desenzano locken junge Leute auch von weit her an den Lago, denn die Vergnügungsstätten haben einen guten Ruf unter Nacht-

AUTORENTIPP!

SPEZIALITÄT: PFERDEFLEISCH

Vor allem in traditionellen Lokalen in Desenzano und im Hinterland findet man auf der Speisekarte häufig carne di cavallo (Pferdefleischgerichte). Sehr beliebt ist Sfilato, das ist getrocknetes, fein gehobeltes Pferdefleisch. Das magere Fleisch wird aber auch als brasato (Schmorbraten) oder als ragu di carne di cavallo (Pferdefleischragu) angeboten und dazu gibt es klassischer Weise eine Polenta.

Man fragt sich, weshalb es gerade hier – zwischen Mantua und Brescia – so viele traditionelle Pferdefleischgerichte gibt. Wenn man sich ein wenig für Geschichte interessiert, ist das eigentlich naheliegend. Hier nahe Desenzano fanden ständig irgendwelche Schlachten statt, und damals kämpfte man hoch zu Ross. Da bei diesen Kämpfen natürlich viele Pferde umkamen und die Bevölkerung Hunger hatte, entwickelten die kreativen Hausfrauen schmackhafte Gerichte aus Pferdefleisch. Und weil man in Italien Traditionen pflegt, isst man auch heute noch gerne carne di cavallo. Auch wenn, vor allem die englischen Touristen, das unbegreiflich finden.

Vom Sternerestaurant Esplanade hat man einen schönen Blick auf den See.

Oben: Fassade einer Villa in Desenzano
Mitte: Das lila Fahrrad weist auf einen hübschen Lavendel-Laden hin.
Unten: Bummel durch die Gassen von Desenzano

schwärmern. Die wohl angesagteste Adresse derzeit – nicht nur in Desenzano, auch rund um den ganzen See – ist die Großraumdiskothek Dehor. Insider behaupten sogar, sie ist die größte europaweit. An Wochenenden pilgern Tausende dorthin, um das Tanzbein zu schwingen, um Freunde zu treffen, um zu flirten oder zu chillen. Ein Muss für alle, die die Nacht zum Tag machen möchten. Ebenfalls in Desenzano ist die derzeitige In-Disco Sesto-Senso. Sie wurde, speziell bei den Italienern durch den Film »Ragazzi della notte« bekannt, und auch hier ist immer richtig was los.

Wer direkt am Strand, unter freiem Himmel und bei hipper Musik feiern möchte, der geht am besten in den Coco Beach Club am Strand von Lonato, nahe Desenzano. Vor der Silhouette des Gardasees wird hier bis in den Morgen getanzt, geflirtet und gefeiert! Eines sollten diejenigen beachten, die nicht so oft eine Diskothek aufsuchen. Richtig was los ist immer erst so ab 23 Uhr und später. Vorher gönnt man sich beim Flanieren in Desenzano noch einen oder mehrere Cocktails, bevor man sich dann ins Nachtleben stürzt. Niemals vergessen, Kopfschmerztabletten einzupacken!

MAL EHRLICH

BAUSÜNDEN GIBT ES LEIDER AUCH HIER

So schön Desenzanos Altstadt, die Strandpromende und die Strände auch sind, ich erschrecke jedes Mal wieder, wenn ich die Seestraße entlang nach Salò fahre und Desenzano passiere. Ganz besonders schrecklich anzusehen finde ich die scheußliche Shoppingmall auf der rechten Seite vor dem Ortseingang von Desenzano. Ich habe stets Mitleid mit den Menschen, die auf der linken Seite eine wunderschöne alte Villa mit herrlichem Parkgelände bewohnen. Hilft nur eins, schnell weiterfahren nach Padenghe ...

ESSEN UND TRINKEN

Ristorante Caffè Italia. Der Name verwirrt, aber man bekommt hier auch nur einen Caffè oder Aperitivo. Man kann aber auch in den schönen Räumen oder unter riesigen Baldachinen vor dem Eingang sehr gut speisen. Piazza Malvezzi, 19, 25015 Desenzano, Tel. 030/914 12 43, www.ristorantecaffeitalia.it

Antica Hosteria Cavallino. In einem eleganten Ambiente mit lediglich acht Tischen und im Sommer auf einer romantischen, ruhigen Terrasse isst man ganz vorzüglich Fisch. Via Murachette, 29, 25015 Desenzano, Tel. 030/912 02 17, www.risto rantecavallino.it. Ruhetag: Sonntagabend und Mo. Betriebsferien: 14. November–7. Dezember

ÜBERNACHTEN

Hotel Acquaviva del Garda&Spa. Einige Kilometer vor Desenzano, direkt am Strand von Rivoltella, liegt dieses neu erbaute Hotel mit einem 800 Quadratmeter großen Spabereich. Viale Francesco Agello, 84, 25010 Desenzano, Tel. 030/990 15 83, www.hotelacquaviva.it

Hotel Nazionale*.** Nur wenige Schritte von der Altstadt entfernt steht dieses schick renovierte Wohlfühlhotel. Via Marconi 23, 25015 Desenzano, Tel. 030/915 85 55

AUSGEHEN

Discoteca Dehor. Via Fornace dei Gorghi, 2, 20015 Desenzano del Garda, Tel. 030/991 99 48, www.dehor.net

Coco Beach Club Lonato. Open Air bei heißen Discoklängen ausgelassen fiern. Via Catullo, 5, 25017 Lonato del Garda, Tel. 030/912 48 50, www.cocobeachclub.net

Sesto Senso. Ristorante Discoteca, Via Tommaso Dal Molin, 99, 25015 Desenzano del Garda (BS). www.sestosenso.it

INFORMATION

Desenzano und La Strada dei Vini e dei Sapori del Garda. Via Porto Vecchio, 34, 25015 Desenzano del Garda. Tel.: 030/999 04 02, info@stradadeivini.it, www.visitgarda.com, www.stradadeivini.it

Die Biceria Il Bagattino ist ein Ein-Mann-Betrieb und sehr beliebt bei Einheimischen.

Mitte: Arzaga Golf Club – traumhaft und elitär
Unten: Olivenernte erfordert viel Sorgfalt.

32 Padenghe sul Lago

Alte Mauern hoch über dem glänzenden See

Mächtig und von weitem sichtbar ist die Burg von Padenghe. Der Ort liegt ein wenig im Schatten von Desenzano und Manerba. Dabei bietet Padenghe einen sehr gepflegten flachen Strand, ein erobernswertes Umland mit Olivenbäumen und Weinreben. Nur einen Katzensprung vom Ort entfernt ist einer der gepflegtesten Golfplätze am Lago.

Über Allem thront die Festung

Padenghes Ortskern ist klein und überschaubar. Die Häuser schmiegen sich um die Festung aus dem 10. Jahrhundert. Im Innenhof der Burg liegt eine kleine Wohnanlage mit hübschen Gärten. Vom Turm aus bietet sich ein herrlicher Blick auf die Weinberge und die Olivenhaine des Valtènesi und auf den Gardasee. Die barocke Pfarrkirche ist einen Besuch wert, nicht nur wegen des Renaissancebildes von Zenon Veronese (1484–1554), einem bekannten italienischen Barockmaler, das eine thronende Madonna mit einigen Heiligen zeigt.

Wenn man in Padenghe ist, darf man nicht versäumen, eine Tasse köstlich duftenden Kaffees aus frisch gerösteten Bohnen zu genießen. In der Bottega bietet die Kaffeespezialisten Anita, die Möglichkeit, unterschiedliche Sorten zu verkosten. Wer möchte, kann sich anschließend seine eigene Mischung zusammenstellen lassen oder auf die Erfahrung der charmante Meisterin der braunen Bohne vertrauen. Sie erzählt auch bereitwillig, was beim Rösten des Kaffees beachtet werden muss, und man erfährt eine Menge über die un-

terschiedlichen Kaffeesorten und -qualitäten. Ein duftendes, genussvolles und interessantes Urlaubserlebnis.

Golf vom Feinsten

Der Arzaga Golf Club gehört sicherlich zu den elitärsten am Gardasee. Nur wenige Kilometer hinter Padenghe, in Richtung Cavalgese liegt er eingebettet in eine zauberhafte Hügellandschaft. Nach Ansicht von guten Spielern mit niedrigem Handicap ist es ein typisch amerikanischer Platz, mit äußerst gepflegten Fairways. Die beiden hügeligen Parcours sind sehr unterschiedlich gestaltet, aber immer so, dass sich Spieler aller Leistungsstufen gut zurechtfinden. Den 18-Loch-Platz Arzaga I hat Jack Nicklaus designt, den 9-Loch-Platz Arzaga II Gary Player. Zu r Anlage gehören ein schönes Clubhaus und ein Herrenhaus aus dem 15. Jahrhundert, das sehr anspruchsvoll renoviert wurde und heute ein luxuriöses 5-Sterne-Hotel mit weitläufigem Spa-Bereich beherbergt.

Olivenöl, Wein und gutes Essen

Von Padenghe aus ist es nicht weit nach Soiano. Auch hier gruppieren sich die Häuser um eine alte Burg, die auf der höchsten Erhebung des lieblichen Valtènesi steht. Man sieht hier kilometerweit Weinberge und Olivenhaine. Logisch, dass man hier auch ganz feines Olivenöl kaufen kann. In Soiano ist zum Beispiel die Azienda Agricola Manestrini, eine Ölmühle, die man auch besichtigen kann, und es gibt einen schönen Laden, in dem man nicht nur Öle bekommt, sondern auch andere Olivenprodukte. Natürlich gibt es auch viele Weingüter, die zum Verkosten einladen. Eines davon ist Pratello, das sich auf biologische Weine spezialisiert habt. Das dazugehörende Agriturismo bietet auch Übernachtungsmöglichkeiten und eine Küche mit Zutaten aus biologischem Anbau.

Infos und Adressen

ESSEN UND TRINKEN

Ristorante Villa Aurora. In der eleganten Villa mit der schönen Terrasse bekommt man eine liebevoll zubereitete, angenehm leichte, Traditionsküche. Via Ciucani, 1/7, 25080 Soiano del Garda, Tel. 0365/67 41 01. Ruhetag: Mi. Betriebsferien: über Weihnachten

ÜBERNACHTEN

Campingplatz Villa Garuti **.** Direkt am Seeufer mit vielen schattigen Stellplätzen. Via del Porto, 5, 25080 Padenghe sul Garda, Tel. 030/990 71 34, www.villagaruti.it

Agriturismo Garda Hill. Via Brescia, 15, 25080 Soiano del Lago, Tel. 030/191 80 62, www.gardahill.it

EINKAUFEN

Ölmühle Az. Ag. Manestrini. Via Avanzi, 7, 25080 Soiano del Lago, Tel. 0365/50 22 31, www.manestrini.it

Azienda Agricola Pratello. Via Pratello, 26, 25080 Padenghe sul Garda, Tel. 030/990 70 05, www.pratello.com

La Bottega. Caffé Martini, Via Chiesa, 34, 25080 Padenghe, Tel. 0377/186 67 21, www.caffemartini.eu.

AKTIVITÄTEN

Arzaga Golf Club. Loc. Arzaga, 25080 Carzago di Cavalgese, Tel. 030/680 62 66, www.palazzoarzaga.com

INFORMATION

www.stradadeivini.it

Oben: Blick von den Hügeln des Valtènesi auf den Lago
Unten: Eingang in die sympathische Trattoria La Pepola

33 Genusstour Valtènesi

Liebliches Hinterland

Reizvolle Hügellandschaft, übersät mit Ölbauern, Winzern, kleinen aber feinen Genussläden und natürlich traditionelle Trattorien – und immer wieder der Blick auf den tiefblauen Gardasee: Das ist Valtènesi! Sportliche erobern sich das Gebiet mit dem Fahrrad, wer auf der Tour auch gerne einkaufen möchte, der nimmt das Auto. Stau und Parkplatzprobleme gibt es hier nicht! Also nichts wie los!

Gemeinsam sind wir stark

Nach diesem Motto haben sich Weingüter, Olivenölmühlen, Restaurants und Trattorien, Feinkostgeschäfte, Hotels und Argiturismi sowie einige Kultureinrichtungen zusammengeschlossen zur »Strada dei Vini e dei sapori del Garda«. Dabei handelt es sich nicht um eine Weinstraße im üblichen Sinne, sondern vielmehr um eine entdeckenswerte Genusstour quer durch das Hügelgebiet südlich des Lago di Garda. Das Gebiet erstreckt sich vom Hinterland von Sirmione über Lonato, Padenghe, Beddizole, Cavalgese bis nach Salò. Was das Gebiet eint, sind die fruchtbaren Böden, die Naturverbundenheit und der Stolz auf die Heimat. Bleiben Sie nicht immer nur am Ufer des Sees, entdecken Sie auch sein liebliches Hinterland.

Lonato und seine Kirchen

Lonato, den Namen kennen viele Touristen vor allem als Lido di Lonato, einen wunderschönen Strand. Nachtschwärmer wissen, dass hier in der Stranddiskothek, dem Coco Beach Club, Nacht für Nacht gefeiert wird. Das lombardische Städtchen

Lonato liegt etwa fünf Kilometer vom Ufer und Desenzano entfernt auf einem Hügel. Schon von fern kann man die große Festung mit Wehrtürmen sehen!

Lonato war ein strategisch wichtiger Platz im Grenzgebiet zwischen Verona und Brescia. Von der Burgruine aus hat man einen traumhaften Blick auf den glitzernden See, von dem Isabella d'Este Gonzaga so angetan war, dass sie ihrem Mann schrieb: »Niemals sah ich eine schönere Gegend. Ich sah den schönen See, die herrlichen Weinberge und Ländereien, die alle wie Gärten aussahen.« Und das trifft heute noch genauso zu! An der Piazza Matteotti, einem kleinen Marktplatz, steht der 55 Meter hohe Turm Maestra. Er stammt aus dem Jahr 1555 und überragt weithin sichtbar den gesamten Ort.

Sehenswert ist zudem der Palazzo del Podestà, eine wunderschöne Villa im gotisch-lombardischen Stil, die dem Kunstsammler Udo da Como gehörte und die er nach seinem Tod einer Stiftung hinterließ, die ihrerseits das mittelalterliche Haus weiter für die Nachwelt erhält. In der Villa kann man da Comos wertvolle Sammlungen von Möbeln, Gemälden und Büchern betrachten. Die Bibliothek umfasst zigtausend Bücher und Manuskripte, die von Studenten genutzt werden dürfen. Im Roten Saal befinden sich Gemälde vom 16. bis zum 18. Jahrhundert, darunter auch die »Heilige Familie« von Andrea Celesti.

Es sind aber vor allem die Kirchen, zum Teil aus dem 15. Jahrhundert, die viele Urlauber nach Lonato locken. Zwischen eng stehenden kleinen Altstadthäusern, die bis heute sehr gut erhalten sind, ragt die Fassade des Doms hervor. Beeindruckend ist die gewaltige, sechzig Meter hohe Kuppel des barocken Gotteshauses, das im 18. Jahrhundert

AUTORENTIPP!

GESCHMORTES KANINCHEN ODER, ODER, ODER

Wenn es kein Sternerestaurant sein soll, dann rate ich Ihnen, einen Abstecher nach Cavalgese zu machen. Es sind nur ganz wenige Kilometer von der Kellerei Cantrina zur Trattoria La Pepola.
Die Trattoria liegt mitten im Grünen, und von der hübschen Terrasse, eingerahmt von gemauerten Bögen, hat man einen schönen Blick auf die Weinhügel des Valtènsi. Das Gastzimmer ist schlicht, aber sehr heimelig eingerichtet, und die Tische sind so gestellt, dass man die Gespräche am anderen Tisch nicht mithören muss. Anna Maria und ihr Sohn Gerardo kochen leidenschaftlich, und Vater Hugo betreut die Gäste.
Köstlich, das geschmorte Kaninchen mit der Kastanienpolenta oder die hausgemachten Nudeln mit Rucola und Gorgonzola. Aber es nützt ohnehin nichts, wenn ich Ihnen einige Gerichte aufzähle, die mir geschmeckt haben. Die Speisekarte passt sich den Jahreszeiten und auch der Kreativität von Mutter und Sohn an.

Trattoria La Pepola
Via I Maggio, 8, 25080 Calvagese,
Tel. 030/60 10 94. Ruhetag: Mi

erbaut wurde und Johannes dem Täufer geweiht ist. Sehenswert sind aber auch die Kirchen Santa Maria del Corlo mit dem reichen Freskenschmuck und die barocke Wallfahrtskirche Madonna di San Martino, die auf der Strecke nach Cavalgese liegt. Falls Sie das Besichtigen hungrig gemacht, es gibt am Rande von Lonato eine Trattoria mit einer gepflegten Terrasse, umgeben von üppiger Blumenpracht und mit Blick auf den Gardasee – aber vor allem: mit großartiger Küche. Sie heißt: Trattoria Da Oscar - seit Jahrzehnten bekannt für ihre gute und leichtbekömmliche Küche!

Oben: Die Winzer Diego Lavo und Cristina Inganni
Mitte: Weingut Cantrina – klein, aber erlesen
Unten: Inmitten eines herrlichen Gartens speist man in der Trattoria Da Oscar.

Bedizzole – nie gehört?

Genießer kennen den Ort wegen zwei Adressen: Das Sternerestaurant Ortica und Cantrina, das Miniweingut mit beachtlichen Weinen. Am besten ist, man verbindet das eine mit dem anderen.

Kenner wissen, dass das Ristorante Ortica noch vor einigen Jahren in Manerba lag. Zu hohe Mieten vertrieben den leidenschaftlichen Koch ins Hinterland. Seinen Gästen, vielen Einheimischen, ist es egal, ob sie nach Manerba oder nach Bedizzole fahren. In Bedizzole hat man wenigstens kein Parkparkplatzproblem. Witzig ist der Blick in die Küche durch ein schmales langes Fenster, und grandios schmeckt, was auf die Teller kommt – und alles, für eine Sterneküche, zu ganz vernünftigen Preisen.

Nur ein paar Kilometer weiter, ein wenig versteckt inmitten von Weingärten, liegt die Winzerei von Cristiana Inganni und ihrem Mann Diego. Sie haben ihre eigene Philosophie beim Weinbau. hre Erzeugnisse benötigen etwas Zeit zum Reifen, dann aber vergisst man das, was man im Glas hat, nicht so schnell. Also, ein kleiner Abstecher nach Bedizzole lohnt allemal!

ESSEN UND TRINKEN

Trattoria Da Oscar. Oscar liebt die leichte Küche und hat seit vielen Jahren Erfolg damit. Auf der Terrasse zu sitzen mit dem Blick auf den See ist erholsam. Via Barcuzzi, 16, 25017 Lonato, Tel. 030/913 04 09, www.daoscar.it. Ruhetag: Mo und Di

Ortica (1 Michelinstern). Piercarlo Zanotti ist ein leidenschaftlicher Koch und seine Gerichte basieren auf eine traditionellen Küche, der er seinen ganz persönlichen Stempel aufdrückt. Via Capuzzi, 3, 25081 Bedizzole, Tel. 030/687 18 63, www.ristoranteortica.it

ÜBERNACHTEN

Agriturismo Sangallo der Familie Bottarelli. In einem Bauernhof aus dem 17. Jahrhundert, nahe Bedizzole gibt es sowohl Zimmer als auch Wohnungen und ein Restaurant mit traditioneller Küche. Via Cogozzo Sotto, 12, 25081 Bedizzole, Tel. 030/67 49 65, www.sangalloagriturismo.it

Hotel La Corte*.** Ein alter Bauernhof wurde geschmackvoll in ein komfortables Hotel umgebaut. Via Benaco, 25081 Bedizzole, Tel. 030/687 30 91, www.albergolacorte.it

EINKAUFEN

Perla del Garda. Junges Weingut in einer herrlichen Lage und einer modernen, stilistisch schönen Kellerei. Schwerpunkt ist Lugana, aber auch feine Spumante. Via Fenil, Vecchio, 9, 25017 Lonato, Tel. 030/910 31 09

Az. Ag. Cantrina . »Freiheit in der Stilistik«, das ist der Leitfaden der sympathischen Winzerin aus Bedizzole, die gemeinsam mit ihrem Mann ganz eigenständige Weine macht. Via Colombera, 7, Loc. Cantrina, 25081 Bedizzole, Tel. 030/687 10 52

INFORMATION

www.stradadeivini.it
ohne Büro in den Orten

Sehr gute Küche und eine schöne Aussicht dazu bietet die Villa Aurora in Soiano del Lago.

Mitte: Blick durch die Gassen auf das mittelalterliche Kastell
Unten: Familienfreundlicher Badespaß

34 Moniga del Garda
Schöne Badestrände und mittelalterliche Gassen

Auf der Strecke von Desenzano nach Salò gibt es eine Vielzahl kleiner Dörfer. Meist liegt ein Ortsteil direkt am See, der andere am Hügel. Moniga ist so ein Dorf! Biegt man nach rechts ab und fährt Richtung Wasser, entdeckt man einen malerischen Hafen und lange schöne Strände. Weinkenner werden hier sicher fündig, denn hier gibt es gute Winzer.

Endlose Strände

Wie fast in allen Dörfern entlang des Seeufers hat auch Moniga eine bewegte Vergangenheit – erst die Römer, dann die Invasion der Barbaren und die Herrschaft der Venezianer. Ein Labyrinth von mittelalterlichen Gassen und eine mittelalterliche Burg, die auf der Ruine eines römischen Kastells erbaut wurde: charmant und heimelig!

Aber die meisten, die in Moniga Urlaub machen, zieht es zu den weitläufigen Stränden, die sich bis San Felice hinziehen. Diese sind speziell für Familien mit Kindern geeignet, da die Küste relativ flach ist. Hier wird Badespaß pur geboten. Tret- und Motorbootverleihe stehen für Freizeitkapitäne ebenso zur Verfügung, wie die Möglichkeit Wasserskifahren zu erlernen. Entlang der Küste gibt es viele sehr schöne und gepflegte Campingplätze mit Schwimmbädern, für all jene, die nicht so gerne im See plantschen wollen. Von all den Stränden hat man einen herrlichen Blick auf die Halbinsel Sirmione und auf die gegenüberliegende Seeseite, bei klarem Wetter sieht man sogar die Seezunge Punta San Vigilio.

Wer Ruhe und Entspannung sucht und keine Kinder hat oder diese bereits dem Plantschbeckenalter entwachsen sind, der wird sich am Strand vielleicht weniger wohlfühlen. In dem Fall empfiehlt es sich, ein Hotel oder Agriturismo auf der anderen Straßenseite zu buchen und auf Genuss- und Weintour zu gehen.

Die Heimat des Chiaretto

Chiaretto gibt es sowohl in der Gegend um Moniga del Garda als auch auf der anderen Seite des Sees im Anbaugebiet von Bardolino. Die beiden unterscheiden sich in der Zusammensetzung. Während auf der Ostseite die Corvinatraube die Hauptrebsorte für Chiaretto ist, ist hier die Groppello-Traube der Protagonist des Weins. Hinzu kommen – hier wie da – kleine Anteile anderer heimischer Rebsorten. Im Gebiet um Moniga sind das Marzemino, Sangiovese und Barbera.

Die gepressten Trauben bleiben einige Stunden, meist über Nacht, auf der Maische, auf diese Weise erhält der Wein die zartrosa Farbe. Chiarettoweine bestechen durch eine angenehme, nicht zu aufdringliche Fruchtigkeit und eine lebendige Frische. Obwohl die Weine momentan total im Trend liegen, sind sie beileibe keine Neuerfindung.

Seit einigen Jahren gibt es auch Chiaretto als spritzigen Spumante, meist nach Tankgärverfahren hergestellt. Ein perfekter Aperitivo für unbeschwerte Sommertage. Beide ob – still oder prickelnd – sind eine harmonische Begleitung zu Fisch-, Geflügel- oder Gemüsegerichten oder zu jungen Käsesorten. In und um Moniga gibt es einige wirklich sehr gute Produzenten, aber beileibe nicht nur für Chiaretto. Probieren Sie unbedingt auch die würzigen Rotweine aus der heimischen Groppello-Traube!

Infos und Adressen

ESSEN UND TRINKEN

Al Porto. Ausschließlich ganz frischer Fisch vom Lago kommt hier – kreativ zubereitet – auf den Tisch. Via Porto, 29, 25080 Moniga del Garda, Tel. 0365/50 20 69, www.trattoriaporto.com. Ruhetag: im Sommer Mi, im Winter Di–Mi

Quintessenza. Restaurant mit einen Michelinstern. Piazza San Martino,3, 25080 Moniga del Garda, Tel. 0365/50 21 16. Ruhetag: Mi und Donnerstagmittag

ÜBERNACHTEN

Camping Fontanelle. Die Stellplätze liegen im Schatten von Olivenbäumen. Via Magone, 13, 25080 Moniga del Garda, Tel. 0365/50 20 79, www.campingfontanelle.it

EINKAUFEN

Costaripa. Familienweingut mit köstlichem Spumante und mehr ... Via Costa, 1/A, 25080 Moniga del Garda, Tel. 0365/50 20 10, www.costaripa.it

Cantina Civielle. Die kleine Genossenschaft von Weinbauern macht spannende und zugängliche Weine aus heimischen Trauben. Via Pergola, 21, 25080 Moniga del Garda, Tel. 0365/50 20 02, www.civielle.com

INFORMATION

Fremdenverkehrsbüro. Piazza San Martino, 1, 25080 Moniga del Garda, Tel. 0365/50 20 15, www.visit-garda.com

Mitte: Blick auf die Isola San Biagio und Belvedere
Unten: Andrea Salvetti, Weingut Cascina La Pertica

35 Manerba del Garda

Traumhafter Blick über den See

Nach Manerba fährt man nicht, um alte Baudenkmäler und Museen zu besuchen, obwohl es die in der näheren Umgebung natürlich auch zu Genüge gibt. Ncin, hicrher kommt man in erster Linie, um das malerische Südufer und den Traumblick über den See, bei klarer Sicht bis hinauf zur Nordspitze, zu genießen. Und nicht zuletzt, um gut zu essen und zu trinken, und da gibt es rund um Manerba viele Möglichkeiten ...

Die Rocca und die Isola

Ein riesiger Felsbrocken, 216 Meter hoch, ragt bei Manerba aus dem See und ist von vielen Seiten aus sichtbar. Lediglich ein paar spärliche Überreste der Festungfestung, die vermutlich aus der Langobardenzeit stammt und 1575 von den Venezianern bis auf die Grundmauern zerstört wurde. Heute wandert man der schönen Aussicht wegen, die man vom Gipfelkreuz aus hat, auf den Felsen oder man besucht den Archäologischen Naturpark.

In einem modernen Bauwerk kann man über zwei Stockwerke viel über die Vergangenheit dieser Region erfahren. Die Ausstellungen sind der Natur sowie prähistorischen und römischen Funden gewidmet. Auf einem der Rundgänge des neun Hektar großen Naturparks kann man die landschaftlich herrliche Gegend genießen und die einzig- artige Flora und Fauna, die sich von Jahreszeit zu Jahreszeit immer wieder anders darstellt. Ein erholsamer Spaziergang und ein schöner Kontrast zum Rummel am Strand.

Kreuzgänge des Klosters von Manerba

Wenn man wieder zurück am Ufer des Gardasees angelangt ist, dann macht ein Fußweg zur 200 Meter entfernten Isola San Biagio richtig Spaß. Die Insel, die bei den Einwohnern »Halbinsel« genannt wird, ist eine Verlängerung der tatsächliche Halbinsel »Punta Belvedere«. In den fünfziger Jahren des vergangenen Jahrhunderts testete hier der Waffenhersteller Beretta seine Schusswaffen. Heute ist die Miniinsel ein beliebtes Ausflugsziel das man bequem zu Fuß durch knie- bis hüfthohes Wasser erreichen kann – wenn der Wasserstand niedrig ist, was im Hochsommer schon mal passiert, sogar trockenen Fußes. Es gibt aber auch die Möglichkeit, mit dem Boot anzulegen. Wer auf der Insel verweilen möchte, muss Eintritt bezahlen, kann dann aber den ganzen Tag Sonne und Wasser genießen und sich an der Bar mit einem Drink erfrischen.

Wein und Oliven

Manerba del Garda ist kein einheitliches Dorf, es besteht aus verschiedenen Fraktionen. Die sehenswertesten Kirchen kann man in den Ortsteilen Solarolo und Balbina sehen. Abseits des elf Kilome-

AUTORENTIPP!

EINE WAHRE OFFENBARUNG FÜR FLEISCHLIEBHABER

Von Raffa fährt man in Richtung Puenago und dann immer die Via dei Laghi entlang, bis zum gut ausgeschilderten Fleischparadies. Beeindruckend ist dort die Fleischtheke mit mehr als zwölf verschiedenen Bistecche aus internationalen und heimischen Rinderrassen.
Dahinter steht Amedeo und erklärt voller Enthusiasmus die geschmacklichen Unterschiede von Chianina, Marchigaina, Angus oder auch Pata negra, das spanische Schweinefleisch, das hier roh und nicht als Schinken bereit liegt. Sobald man sich entschieden hat, kommt das Stück auf das lodernde Feuer. Anschließend verspeist man genüsslich das köstliche Fleisch, lediglich mit gutem Salz bestreut und mit Olivenöl von einer der nahe liegenden Ölmühlen beträufelt.
Im Fior di Loto gibt es auch hausgemachte Pasta und viele andere gute Primi, und nicht zuletzt verlockende Dolci, aber man muss viel Hunger mitbringen, um alles zu schaffen ...

Fior di Loto die F.lli Olivari & Co. snc
Via die laghi, 8, 25080 Puenago del Garda, Tel. 0365/65 42 64,
www.ristorantefiordiloto.it

Oben: Motorboote in der Abendsonne
Mitte: Fresken in der Abteikirche von Maguzzano
Unten: Gianfranco Comincioli macht nicht nur feinstes Olivenöl, sondern auch gute Weine.

ter langen Sandstrandes von Manerba prägen Weinhügel und Olivenplantagen das Landschaftsbild. Seit einigen Jahren erlebt die heimische Rotweinrebsorte Groppello eine Renaissance. Um diese urige Rebsorte besser kennenzulernen, rate ich Ihnen zu einem Besuch einer der zahlreichen Kellereien. In Manerba und im reizvollen Hinterland gibt es einige gute Winzerbetriebe, die auch Wein direkt ab Hof verkaufen, wie etwa »Avanzi« in Manerba, »San Giovanni« in Raffa, auch unter dem Namen der Besitzers Pasini bekannt, und die nahe Polpenazze gelegene Cascina Pertica, ein biodynamischer Betrieb.

Bei Avanzi können Sie nicht nur Wein verkosten, sondern auch Olivenöl. Aber das ist längst nicht die einzige Ölmühle in Manerba! Besuchenswert ist auch die Mühle von Taver, und den leidenschaftlichsten aller Olivenölproduzenten, Signor Comincioli in Puenago, muss man einfach erlebt haben. Er produziert Olivenöl nach der Methode von Veronelli, dem berühmten, im Jahre 2005 verstorbenen Weinkritiker.

Die Oliven werden hierzu von Hand geerntet, entkernt und innerhalb von vier Stunden gepresst. Das Pressen geschieht unter Ausschluss von Sauerstoff. Das Ergebnis sind einzigartige Öle, die schon Essenzen gleichen, und dementsprechend hat Signor Comincioli auch wunderschöne Flaschen, besser gesagt Flakons, fertigen lassen. Nebenbei bemerkt, macht Gianfranco Comincioli auch einen Groppello mit viel Körper und einen finessenreichen Chiaretto. Von seinem Anwesen aus hat man einen herrlichen Blick auf die Olivenhaine und den Lago. Unweit von ihm entfernt wirkt und werkt der Quereinsteiger in Sachen Oliven, Alex Nember, dessen Öl sicherlich eines der teuersten von ganz Italien ist.

Manerba del Garda

SEHENSWÜRDIGKEITEN

Parco Archäologico Naturalsitico. Viale Rocca, 20, 25080 Manerba del Garda, Tel. 0365/55 25 33, www.parcoroccamanerba.net. Öffnungszeiten: 1. April–30. September täglich: 10–12 und 14–18 Uhr, 1. Oktober–31. März: Do– Sa 10–16 Uhr, So 10–17 Uhr

ESSEN UND TRINKEN

Rolly – Wine Bar & Cucina. Charmanter Service dank Stefano und eine Küche mit einem unverwechselbaren Stil. Obwohl man nicht am See sitzt, fühlt man sich auf der schicken Terrasse sehr wohl. Via delle Repubblicca, 4, 25080 Manerba del Garda, Tel. 0365/65 11 59

Da Rino. Hier kann man direkt am Ufer des Sees eine traditionelle Küche genießen, insbesondere auch Fische vom Lago. Loc. Porto Torcolo, Via Belvedere, 86, 25080 Manerba del Garda, Tel. 0365/ 55 11 25. Ruhetag: Di, im Sommer keinen

ÜBERNACHTEN

Camping San Biagio**.** Der terrassenförmig angelegte Platz ist gepflegt und bietet einen sensationellen Ausblick. Via Cavalle, 19, 25080 Manerba del Garda, Tel. 0365/55 15 49. www.sanbiagio.de

Olivenöl vom Allerfeinsten auf der Südseite des Gardasees

Beliebter Platz bei Wasserratten

Hotel Villa Schindler. Familiär geführtes Hotel mit einer bezaubernden Terrasse und einem herrlichen Privatstrand. Wer Ruhe und Individualität sucht, dem gefällt das hier bestimmt. Familie Brotto, Via Bresciani, 68, 25080 Manerba del Garda, Tel. 0365/65 10 46, www.villaschindler.it

EINKAUFEN

Ölmühle und Weingut Avanzi. Via Trevisago, 19, 25080 Manerba del Garda, Tel. 0365/55 13 09, www.avanzi.net

Cascina Pertica. Weingut. Via Rosario, 44, 25080 Polpenazze del Garda, Tel. 0365/65 14 71, www.cascinapertica.it

Az. Ag. Comincioli. Ölmühle und Weingut, Via Roma, 10, 25080 Puenago sul Garda, Tel. 0365/65 11 41, www.comincioli.it

Alex Nember. Via Paradiso, 10, 25080 Raffa di Puegnago, Tel. 0365/621 52

INFORMATION

Fremdenverkehrsbüro. Piazza Garibaldi, 19, 25080 Manerba del Garda, Tel. 0365/55 11 21, www.visitgarda.com

Mitte: Santuario della Madonna del Carmine
Unten: Leckere Gerichte und feine Weine gibt es im La Dispensa in San Felice.

36 San Felice del Benaco

Alte Gassen und eine geheimnisvolle Insel

Wo fängt San Felice an und wo hört es auf, das frage ich mich jedes Mal. Der Ort ist weitläufig, immer wieder kleinere Ansiedlungen zwischen Olivenbäumen und Zypressen. Alles sehr reizvoll und, wenn man den alten Ortskerns erst einmal erreicht hat, dann ist man auch gefangen vom Charme der engen Gassen und Palazzi. Von hier aus ist es auch wirklich nur ein Katzensprung zur sehenswerten Isola del Garda.

Dörfchen für Romantiker

Der Ortskern von San Felice, der etwa zwei Kilometer vom Gardaseeufer entfernt liegt, verzaubert die Besucher mit seinen alten Gassen. Hier gibt es selbst in der Hochsaison selten dichtes Touristengedränge – trotz der geringen Entfernung zum Urlaubstrubel. Alles ist hier noch viel ursprünglicher, denn es ist, trotz seines Charmes, vom Massentourismus verschont geblieben. Es sind vielmehr die Brescianer die an den Wochenenden hierher kommen – im Sommer, um mit ihren Motorbooten den See zu erobern, im Winter, um entlang des Sees spazieren zu gehen und natürlich auch, um gut zu essen und zu trinken.

Sehenswert ist die Pfarrkirche Santi Felice aus dem 18. Jahrhundert, die mitten im Zentrum des Dorfes steht. Im Inneren kann man gut erhaltene Fresken und Gemälde bewundern. Witzig ist, dass man als Campanile den alten Turm der ehemaligen Scaligerfestung verwendet hat. Das verleiht dem monumentalen Bauwerk etwas Einzigartiges.

San Felice del Benaco

Von der Festungsruine aus dem 14. Jahrhundert, die schon leicht mit wildwachsenden Sträuchern überwuchert ist, hat man einen gigantischen Blick über den See.

Ein wenig außerhalb des Ortskerns in südlicher Richtung kann man eine Karmeliterkirche aus dem 15. Jahrhundert besichtigen. Das von außen schmucklose Gotteshaus wurde zwischen 1452 und 1482 erbaut und ist eine beliebte Wallfahrtskirche. Der einschiffige Saalbau hat einen offenen Dachstuhl und ist reichhaltig mit Fresken geschmückt. Kunsthistoriker erkennen an den Figuren sofort den Übergang der spätgotischen Malerei in die Art während der Renaissance.

Hübsch ist auch der kleine Hafen Porto Portese, auch wenn anstelle der Fischerboote, die früher hier ausliefen, um für den Broterwerb zu sorgen, heute Yachten das Hafenbild prägen. Fährt man weiter Richtung Westen, erreicht man rasch Salò. Oder man fährt mit dem Boot von hier aus auf die Isola del Garda.

Die mystische Isola del Garda

Nahe der Bucht von San Felice liegt die Isola del Garda, die seit Jahrhunderten als mystisch bezeichnet wird. Die erste kleine Ansiedlung gründete bereits Franz von Assisi. Wer die Insel besucht, ist fasziniert von der Ausstrahlung der prunkvollen Villa. Sie wurde vom Architekten Luigi Rovelli im frühen 19. Jahrhundert entworfen und im neugotisch-venezianischen Stil erbaut. Im Inneren ist ein wertvolles Gemälde von Carlo Carloni aus dem 16. Jahrhundert zu bestaunen.

Vor dem herrschaftlichen Gebäude erstrecken sich traumhaft schöne Terrassen und faszinierend angelegte Gärten bis hin zum Seeufer. Die Ge-

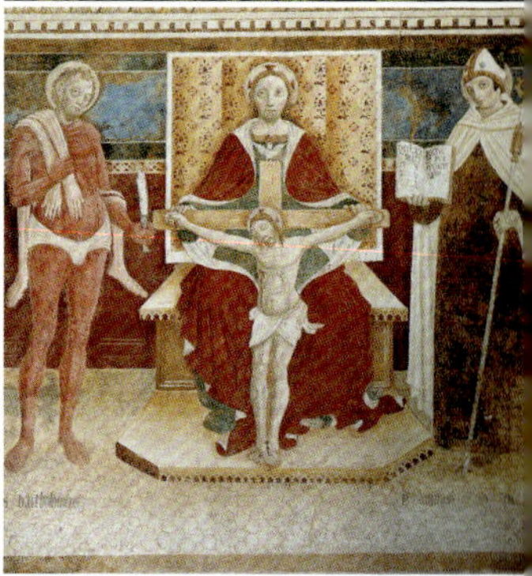

Oben: Der Tisch ist gedeckt.
Mitte: Beeindruckende Renaissancefresken
Unten: Erholung findet man nicht nur am See, sondern auch in den Pools der Hotels.

AUTORENTIPP!

HIER VERWÖHNEN VATER UND SOHN IHRE GÄSTE

Direkt gegenüber dem Rathaus in San Felice, einem typisch italienischen Platz, gibt es seit 2010 das Ristorante La Dispensa, und das ist alles andere als eine übliche Dorfkneipe. Roberto, der jahrelang durch Europa jettete und Mode verkaufte, erfüllte sich vor einigen Jahren den Traum eines eigenen Lokals. Das eröffnete er, gemeinsam mit seinem Sohn Michele, in einer der engen Gassen nahe dem Rathaus. Michele, ein leidenschaftlicher Koch zauberte in der Miniküche, was eben möglich war.
Highlight ist auch heute noch das köstliche, von Hand gehackte Tartar, auch wenn viele andere köstlich Speisen dazugekommen sind, seit die Beiden in den neuen, viel größeren Räumen ihre Gäste verwöhnen. Michele kocht nach wie vor großartig, und Papa Roberto sorgt für den passenden Wein, seine Leidenschaft, und betreut die Gäste mit sehr viel Charme.

La Dispensa
Di Bontempi Roberto und Michele
Piazza Municipio, 10, 25010 San Felice del Benaco, Tel. 0365/55 70 23
Ruhetag: Mo

Einschiffige Saalkirche mit offenem Dachstuhl in San Felice

staltung dieses traumhaften Naturparks mit heimischen und exotischen Pflanzen und einem Wald aus Pinien, Zypressen, Akazien und Zitronenbäumen geht auf das Jahr 1880 zurück. Der Großteil der zum Teil riesigen Bäume stammt aus Nordamerika und Nordafrika. Hinzu kommt eine Vielzahl an mediterranen Pflanzen wie Zitronenbäume, Steineichen, Granatapfelbäume und Lorbeersträucher. Einmalig ist zudem der Gesang der Vögel, die sich in diesem ungestörten Paradies natürlich sehr wohl fühlen. Rosen und Bougainvillea sind die leuchtenden Farbtupfer! Alles in allem ein Erlebnis, das man sich nicht entgehen lassen sollte.

Wie eh und je ist die Villa in Besitz der Familie Cavazza (drei Schwestern und vier Brüder), die sich seit kurzem entschlossen hat, die Insel nun für Führungen und Veranstaltungen zu öffnen und dieses einmalige Vermächtnis der Außenwelt zugänglich zu machen. Dank der Einnahmen daraus ist es der Familie jetzt auch möglich, wichtige Restaurationsarbeiten durchzuführen, um dieses kleine Paradies für die Nachwelt zu erhalten.

SEHENSWÜRDIGKEITEN

Azienda Agricola Borghese Cavazza Società Agricola s.s.. Via Mazzini, 22, 25010 San Felice del Benaco. Besichtigung nur mit Voranmeldung unter: Tel. 0328/384 92 26 und 0328/612 69 43, info@isoladelgarda.com, www.isoladelgarda.com

ESSEN UND TRINKEN

Primavera (ehemals Caminaccio). Familiäres gemütliches Ambiente, Gardaseefische vom Grill und eine einfache, aber schmackhafte heimische Küche. Loc. Portese, Via Bertazzi, 4, 25010 San Felice del Benaco, Tel. 0365/621 26. Ruhetag: Di. Von Oktober bis März nur mittags geöffnet, außer Sa und So

ÜBERNACHTEN

Hotel Sogno **.** Das Hotel liegt direkt am Strand, und auf der Terrasse des hauseigenen Restaurants kann man die gute Küche und dazu den Sonnenuntergang genießen. Via Porto, 41, 25010 San Felice del Benaco, Tel. 0365/621 02, www.sognogarda.it

Residenza Antica Torre. Das neu renovierte Anwesen liegt inmitten der Altstadt, umgeben von einem ruhigen Garten mit Swimmingpool. Der See ist zu Fuß etwa ein Viertelstündchen entfernt. Via Dietro Castello, 25010 San Felice del Benaco, Tel. 0365/622 73, www.residenceanticatorre.it

Camping Weekend. Nur einige hundert Meter vom See entfernt in einem schattigen Olivenhain liegt dieser Platz, von dem aus man auch einen fantastischen Blick über den See hat. Via Vallone della Selva, 2, 25010 San Felice del Benaco, Tel. 0365/437 12, www.weekend.it

INFORMATION

Fremdenverkehrsbüro. Es gibt kein Büro. Tel. 0365/55 86 04, www.visitgarda.com

Borghese-Cavazza auf der Isola del Garda

Federica
MARIA STELLA

WESTLICHES SEEUFER

37 Salò

Einkaufsparadies am See

Salò, eine der größten Städte am Benaco, liegt eingekuschelt in einer reizenden Bucht. Obwohl die Stadt Charme hat und die eleganten Geschäfte zum Bummeln und Shoppen verlocken, ist Salò vom Massentourismus verschont geblieben. Hier ist alles ein bisschen nobler als in anderen Orten rund um den See: schöne Palazzi, schmale Gassen mit schicken Mode- und Schuhläden und ein reges, kein hektisches Treiben am langen, von stilvollen Kolonnaden gesäumten Lungolago.

Vorangehende Doppelseite: Der kleine Hafen von Gargnano

Mitte: Blick auf die Strandpromenade von Salò
Unten: Süße Verführung: Pasticceria Vasalli

Schon bei den Römern ...

... war Salò ein bedeutendes Handels- und Verwaltungszentrum, was zahlreiche Funde auch bestätigen. Die Bauten von damals sind jedoch nicht mehr zu sehen.

Der Name Salò geht auf die römische Siedlungsbezeichnung »Pagus Salodium« zurück. 1387 kam Salò unter die Verwaltung der Herrscherfamilie Visconti, aber ein paar Jahrzehnte später willigte Salò freiwillig ein, sich der Regentschaft Venedigs zu unterstellen. Allerdings unter der Bedingung, die Comunità della Riviera zu bleiben.

Die Serenissima, so nannte man die Republik Venedig, prägte bis 1797 die Stadt politisch und auch kulturell. In dieser Zeit entwickelte Salò am südwestlichen Gardaseeufer seinen städtischen Charakter, der bis heute zu sehen und zu spüren ist. Von 1943 bis 1945 war Salò die Hauptstadt der Repubblica Sociale Italiana, unter der Führung von Mussolini.

Ein Bummel durch Salò

Geschützt durch den Hügel Monte San Bartolomeo im Hintergrund und auf der anderen Seite durch das hügelige Valtènesi, schmiegt sich die Stadt mit ihren über zehntausend Einwohnern in die schöne Bucht. Die Altstadt ist eingerahmt von zwei noch sehr gut erhaltenen Stadttoren: im Norden durch das Karmelitertor, im Süden durch das Garibalditor, auch Uhrturmtor genannt, nach den beiden Uhren, die darin verbaut sind. Dazu muss man wissen, dass Salò für den Bau von Turmuhren einen sehr guten Ruf genoss.

Ein entspannendes Urlaubserlebnis ist es, am Lungolago Zarnadelli zu flanieren, vorbei an herrlichen Palazzi aus unterschiedlichen Epochen und den Kolonnaden des venezianischen Statthalterpalastes, die in die Arkaden des alten Rathauses übergehen. Das heutige Rathaus, der ehemalige Palazzo della Podestà aus dem 14. Jahrhundert, wurde beim Erdbeben 1901 ebenso wie der Stadtkern zerstört, wurde aber bereits 1905 wieder im alten Stil aufgebaut. Der Arkadengang und die Fassade stammen vom berühmten venezianischen Architekten Sansovino (1486–1570). Darin ist eine Büste von Caspare Bertolotti zu sehen, der auch Caspare von Salò genannt wurde, und als Geigenbauer berühmt war. Er war es auch, der dem Instrument seine heutige Form verliehen hat. Gleich neben dem Rathaus ist der Palazzo della Magnifica Patria aus dem Jahre 1524, ehemals Sitz des venezianischen Stadthalters. Im Rathaus ist das Museo Civico Archeologico, mit seinen beachtenswerten römischen Kunstwerken, untergebracht.

Entlang der Strandpromenade gibt es viele Cafés und Bars, die dazu einladen, ein wenig innezuhalten und einen Blick auf den See und die vorbeifahrenden oder gerade anlegenden Boote zu wer-

AUTORENTIPP!

ENRICOS KÄSEPARADIES

ÖKO

Wer in einem guten Restaurant im Süden und Südwesten speist und sich einen Käseteller bestellt wird unweigerlich mit Enrico, dem Käsekünstler konfrontiert. Einige Kilometer von Salò entfernt liegt das Städtchen Gavardo, dort im Ortskern, nahe einer Brücke, ist der Käseladen von Enrico und Giuseppina Orioli, der »Mercato coperto del formaggio«. Eine kleine Wartezeit muss man schon einplanen, wenn man hierher kommt. Denn Enrico erklärt die Käsesorten gerne, er fragt nach, ob der Käse pur gegessen oder was Feines daraus gekocht wird, und damit die Kaufentscheidung noch leichter fällt, muss natürlich probiert werden. Seine große Leidenschaft ist der Bagoss. Ein typischer Bergkäse der Lombardei, der im Valle Sabbia von kleinen Käsereien aus Rohmilch hergestellt wird. Den Bagoss, wie fast alle seine Rohmilchkäse gibt es in unterschiedlichsten Reifegraden. Ein echtes Käseparadies.

Mercato Coperto Formaggio
Via Molino, 3
25085 Gavardo
Tel. 0365/311 10

AUTORENTIPP!

GENUSSVOLLE FAMILIEN-BANDE

Die Antica Trattoria Alle Rose ist seit nunmehr Jahrzehnten »die« Adresse, wenn es um empfehlenswerte Restaurants in Salò geht. Stets isst man sehr gut in dem aparten Ristorante in der Altstadt und wird immer freundlich bedient. Gianni Briarava, der Patrone eröffnete vor über 25 Jahren die Trattoria, die eigentlich ein Ristorante ist.

Bis heute kocht dort La Signora Rosanna, seine Schwiegermutter. 1996 beschloss der Familienclan, die heimelige Osteria dell`Orologio zu übernehmen, die seither sein Schwager führt, und seine Frau schwang bis vor kurzem dort den Kochlöffel. Damit aber nicht genug! Der umtriebige Gianni übernahm das Hotel Benaco am Lungolago Zanardelli und renovierte den alten Palazzo. Natürlich durfte auch ein Ristorante nicht fehlen, diesmal sehr modern und cool. Seine Frau übernahm daraufhin den Service im Alle Rose und Gianni kümmert sich nun um seine Gäste direkt am Lungolago. Die Gerichte in der Locanda del Benaco sind kreativ und leichtbekömmlich, und man sitzt direkt an der Strandpromenade mit Blick auf den See.

Antica Trattoria Alle Rose
Via Gasparo da Salò, 33
25087 Salò
Tel. 0365/432 20
www.trattoriaallerose.it
Ruhetag: Mi. Von November bis März empfiehlt sich eine vorherige telefonische Anfrage.

Die herrlichen Palazzi an der Uferpromenade vom See aus

fen. Das ist Urlaubsvergnügen vom Feinsten! Wer gerne shoppen geht, der sollte bei der Piazza Vittoria den Lungolago verlassen und rechts in die Gassen der Altstadt einbiegen. Es gibt kaum eine Frau, die in den schön dekorierten Schuh- und Modegeschäften nicht fündig wird. Ob Sie gerade etwas benötigen oder nicht, gehen Sie in eine der alten Apotheken oder auch in den Feinkostladen in der Via Duomo. Das altehrwürdige Interieur ist einfach bezaubernd, und man kommt sich vor, wie in eine andere Zeit versetzt.

Ähnlich ist es, wenn man die Halle des geschichtsträchtigen Hotels Laurin betritt. Das Hotel wurde Anfang des 20. Jahrhunderts erbaut. Es war während des Zweiten Weltkriegs Sitz des Ministeriums für Auswärtige Angelegenheiten, und in den 60er-Jahren der vergangenen Jahrhunderts ist es, dank Familie Rossi in ein Romantikhotel umgebaut worden. Viel edles Holz und Wandmalereien von Bertolotti und Landi, sowie feine Holzeinlegearbeiten verleihen dem Haus seinen Charme. Wer ein wenig die Luft vergangener Zeiten schnuppern möchte, der kann einen Café auf der Terrasse trinken oder im Hotelrestaurant speisen.

Eisschlecken am Dom

Der Dom Santa Maria Annunziata ist die größte und bedeutendste Kirche am Gardasee. Von außen vermutet man kaum, welch unglaubliche Schätze sich im Inneren verbergen, lediglich das imposante Marmorportal fällt ins Auge. Typisch für die Renaissance ist der von Doppelsäulen getragenen Triumphbogen und die reich verzierten Giebel. Den Kirchenraum überwölbt eine riesige Kuppel mit acht Fenstern. Der dreischiffige Innenraum wirkt ziemlich düster, da es kaum Fenster gibt. Die hohen, typisch gotischen Fenster waren in Italien ohnehin nicht geschätzt. Sofort ins Auge springt der reich mit Gold verzierte Hauptaltar. Für kunsthistorisch Interessierte gibt es viel zu entdecken, wie etwa das große spätgotische Kruzifix von Hans von Ulm (1449) mit Johannes und Maria als Begleitfiguren oder das Bild von Gerolamo da Romano (1486–1560), auf dem die Muttergottes mit dem Kind zwischen dem Heiligen Sebastian und dem Heiligen Bonaventura dargestellt ist. Auch ein Gemälde von Moretto, der die Menschen gefällig und lieblich porträtierte, ist zu sehen. Einen Blick muss man unbedingt auch in die Kapellen des rechten Seitenschiffs werfen, die ebenfalls mit Gemälden und Fresken reich geschmückt sind. Dort gibt es Kunstwerke aus dem 14. und 15. Jahrhundert zu bestaunen.

Da Besichtigungen meist anstrengend sind, gönnen Sie sich einfach anschließend – gleich rechts vom Dom, wenn Sie das Portal verlassen – ein Eis. Es ist aber nicht irgendein Eis! Das Gelati ist bei Schleckermäulern in der ganzen Gegend begehrt. Joseph Filomena, der Eismacher, war Koch, hatte aber immer eine Vorliebe für Desserts. Auf dem Weg zurück in seine Heimat nach Süditalien, blieb er mit seiner Frau und dem neugeborenen Baby in Salò hängen. Er begann Eisköstlichkeiten zu

Oben: Eingang in den Dom Santa Maria Annunziata
Unten: Paradies für Schleckermäuler

kreieren, und heute ist er der »King of Gelati« im Südwesten des Gardasees. Das Geheimnis seiner exquisiten Eissorten: nur Zutaten der allerbesten Qualität und immer frische Zubereitung. Das ist jedoch ohnehin kein Problem, bei den vielen Fans die vor seinem kleinen Laden Schlange stehen. Übrigens: Es gibt nur Eis zum mitnehmen!

La Signora Elvira Vassali

Sie ist die Grand Dame des Unternehmens Vassali, steht Tag für Tag im Laden und herrscht über Milliarden von Kalorien. Mit Argusauge wacht sie darüber, ob die Kunden zufriedenstellend bedient werden, ob alles auch schön verpackt wird oder ob jemand ihren Rat braucht. Signora Elvira ist allgegenwärtig, und sollte sie mal nicht anwesend sein, dann fehlt einfach etwas... Der große Laden in der Via San Carlo in der Altstadt bietet zu jeder Jahreszeit alle das was man so an süßen Verführungen in Italien traditionell liebt. Ostern ist es die Colombo Pasquale, zu Weihnachten die Panettone und das ganze Jahr hindurch die Bacetti di Salò. Daneben gibt es aber auch unwiderstehliche Minitartes, Profiterolls und feinste hausgemachte Pralinen. Eine Augenweide sind die kleinen, reich verzierten Torten.

Auch wer ein süßes Mitbringsel sucht, der ist hier richtig, denn es gibt eine große Auswahl an Köstlichkeiten aus den Pomeranzen und Zitronen der Westküste: mal als Marmelade, mal in Schokolade getauchte, mal in Zucker gewälzte Früchte und vieles mehr. An dem süßen Schlaraffenland darf man einfach nicht vorbeigehen. Natürlich gehört zum Laden auch ein paar Tische, an denen man vor der Tür in der Fußgängerzone einen Caffè mit einem leckeren Dolce genießen kann. Ein weiteres Vassali Café gibt es noch am Lungolago Zanardelli, aber ohne Kuchenverkauf... und ohne Signora Elvira.

Oben: Die prachtvollen Arkaden am Lungolago
Mitte: Holzskulptur in Salò am Lungolago
Unten: Sehen und gesehen werden

Gutes Spiel oder Guten Appetit

Wenn man von Manerba Richtung Salò fährt, liegt ein wenig abseits von Cunettone, kurz bevor es über Serpentinen in das reizende Städtchen geht, der 9-Loch-Platz Il Colombaro. Den Golfer erwartet ein schön gelegener Platz mit kurzen Bahnen, also perfekt für Einsteiger, aber auch für Mittelklassespieler, die mal in Ruhe ihr kurzes Spiel verbessern können.

Im dazugehörenden Restaurant kann man gut essen – und das durchgehend. Mathias aus Marburg liebt die mediterrane Küche, und ob Pasta, Brot oder Kuchen, alles ist hausgemacht. Im Sommer genießt man die schmackhaften Gerichte auf der Terrasse. Alexandra, seine Freundin betreut die Gäste mit großer Herzlichkeit. Hier können Sie sich belohnen, wenn Sie gut gespielt haben oder sich trösten nach einer schlechten Runde!

MAL EHRLICH

NICHTS FÜR MORGENMUFFEL

Salò ist eine elegante und sehr schöne Stadt, und sie zählt für mich zu den absoluten Highlights am Lago. Dennoch, ich werde immer wieder gefragt, ob ich nicht lieber auf der Westseite wohnen möchte? Klar, hier ist alles ein wenig gediegener und auch nicht so touristisch wie auf der Ostseite, aber für einen Morgenmuffel, wie ich einer bin, ist die Westseite nicht so geeignet. Während hier nämlich der Sonnenaufgang lang und wunderschön ist, sieht man vom tramonto (Sonnenuntergang) weniger. Zudem geht natürlich hier die Sonne auch früher unter, was besonders im Winter nachteilig ist, da es früher dunkel und dadurch auch ein wenig kühler wird. Für einige Urlaubstage stört das keinesfalls, man sollte es nur bedenken, wenn man sich hier für längere Zeit niederlassen möchte ...

AUTORENTIPP!

VILLA ARCADIO

Das Hotel und Restaurant Arcadio thront sozusagen über Salò, eingebettet in einen wunderbare Naturlandschaft. Ein wahres Paradies, wenn jemand Ruhe und Entspannung sucht. Das ehemalige Kloster auf einem Hügel über Salò wurde vor einigen Jahren komplett renoviert und bietet heute eine elegante und gediegene Atmosphäre. Vergangenheit und Moderne ergänzen sich perfekt, und diese Wohlfühlstimmung zieht sich durch das ganze Haus: von den Zimmern über das Restaurant zum Wellnessbereich und zum Park mit dem traumhaft gelegenen Swimmingpool.
Ein besonderes Erlebnis ist es, auf der Terrasse des Restaurants zu speisen. Man hat einen grandiosen Blick auf Salò und die herrliche Landschaft und wird kulinarisch vom Feinsten verwöhnt.

Hotel Villa Arcadio**.**
Via Palazzina, 2, 25087 Salò
Tel. 0365/422 81
www.hotelvillaarcadio.it

Lang und sehenswert: Die Uferpromenade

Infos und Adressen

ESSEN UND TRINKEN

La Locanda del Benaco. Gut essen am Lungolago ist nicht so einfach, hier ist es möglich. Lungolago Zanardelli, 44, 25087 Salò, Tel. 0365/203/08, www.benacohotel.com. Ruhetag: Mi

Osteria dell' Orologio. Heimeliges Ambiente, eine gute Küche und feine Weinauswahl. Via Butturimi, 26, 25087 Salò, Tel. 0365/29 01 58, www.osteriadellorologio.it. Ruhetag: Mi

Ristorante Colombaro (am Golfplatz). Nach dem Golfen fein essen, oder einfach auch nur so – ohne Sport! Via Colombaro, 1, 25087 Salò, Tel. 0365/52 01 16. Ruhetag: Mo und Di Abend

Osteria di Mezzo. Die familiär geführt Osteria liegt in einer Seitengasse in der Altstadt und die schmackhaften Gerichte von Mamma Dory kann man auch außerhalb der sonst sehr starren Essenszeiten in Italien genießen. Via di Mezzo, 10, 25087 Salò, Tel. 0365/29 09 66. Ruhetag: Di

QB – Quanto basta. Geschmackvoll renoviertes, schmuckes Restaurant mit einer kreativen Küche und herzlichen Service. Im Sommer isst man im heimeligen Garten mit Blick auf den See. Via del Panorama, 5/7, 25087 Salò, Tel. 0365/52 04 21

Köstliche Pasta, natürlich hausgemacht

Park und Pool des Hotel Laurin

ÜBERNACHTEN

Romantik Hotel Laurin. Ein wenig Vergangenheit schnuppern, aber mit dem gewohnten Komfort der Gegenwart. Viale Landi, 9, 25087 Salò, Tel. 0365/220 22, www.hotellaurinsalo.de

Relais de Charme Le Videlle. Einige Kilometer vom See und von Salò entfernt, nahe dem Golfplatz Colombare, liegt in einem jahrhundertealten Park (mit Swimming-Pool) diese Wohnanlage mit acht geschmackvoll eingerichteten Ferienwohnungen. Eine Oase der Ruhe. Via P. Bonomi, 3, 25080 Raffa di Puegnago, Tel 0365/55 46 15, www.levidelle.it/relais_de_charme

Agriturismo Il Colombaro. Ansprechend renovierte Wohnungen inmitten von Olivenbäumen. Für Golfer ideal, da der Agriturismo direkt neben dem 9-Loch-Platz liegt. Und das Restaurant ist auch empfehlenswert. Via Colombaro, 25087 Salò–Cunettone, Tel. 0365/55 31, www.ilcolombaro.com

EINKAUFEN

Pasticceria Vassali. Feinste Pralinen, aufwendige Torten und unwiderstehliche Köstlichkeiten aus Zitrusfrüchten. Via San Carlo, 86, 25087 Salò, Tel. 0365/207 52, www.pasticceria-vassali.it

Il Principe. Schuhe und Taschen verschiedenster Marken – immer die aktuellste Mode! Da kommt man als Frau kaum dranvorbei. Lungolago Zanardelli, 21, 25087 Salò, Tel 0365/422 25, www.calzatureprincipe.com. Öffnungszeiten: täglich, auch an Sonn- und Feiertagen. Großer Parkplatz in der Nähe

Pasticceria Vassalli

Gemütlich ist es in der Osteria dell'Orologio.

Museo Storico del Nastro Azzuro. Via Fantoni, 49 (Palazzo Fantoni), 25087 Salò, Tel. 0365/ 29 07 65, www.museonastroazzurro.it. Öffnungszeiten: Sa–So von 10– 12 Uhr und 15–18 Uhr. An anderen Tagen nur nach vorheriger Vereinbarung.

AKTIVITÄTEN

Golf Club Il Colombaro. Via Colombaro 1, 25087 Cunettone, Tel. 0365/52 01 16, www.ilcolombaro.com

INFORMATION

Fremdenverkehrsbüro. Piazza S. Antonio, 4, 25087 Salò, Tel. 0365/54 60 83, www.visitgarda.com

Jugendstilmalerei im Hotel Laurin

Mitte: Weinberge bei Rovato
Unten: Tradition und Moderne im Weingut Bellavista

38 Franciacorta mit dem Lago d'Iseo
Genusstour für Leib und Seele

Von Brescia ist es nur ein Katzensprung zum Lago d'Iseo und in das kleine, aber feine Weinbaugebiet Franciacorta. In dieser wunderschönen, lieblichen Landschaft entstehen großartige Schaumweine! Der Lago d'Iseo lädt zum Baden ein und der 27-Loch-Golfplatz ist einer der schönsten der Lombardei. Hinzu kommt, dass man in den zahlreichen Trattorien sehr gut isst – und das zu vernünftigen Preisen. Also, nichts wie auf in die Franciacorta!

Schaumwein vom Feinsten

Weinbau hat in der Franciacorta eine sehr lange Tradition. »Der Franciacorta«, gemeint ist damit der elegante Schaumwein, der zuallererst 1960 von der bekannten Sektkellerei Berlucchi in Flaschen abgefüllt wurde.

Bald darauf taten es ihnen viele gleich, da man erkannte, dass das Gebiet bestens geeignet ist für die Chardonnay- und Pinot Nero-Traube. Einige Großindustrielle kauften daraufhin Rebflächen, bauten Kellereien und verhalfen der kleinen Region mit ihrem Know-how und Geld zu Ruhm und Ansehen in puncto Spumante. Seit 1995 dürfen die Schaumweine, die allesamt nach Flaschengärmethode hergestellt werden, das DOCG Gütesiegel tragen. Bei den Stillweinen, sowohl weiß als rot, steht auf dem Etikett DOC Terre di Franciacorta.

Aufgrund seiner Güte darf der elegante Schaumwein, als einer der wenigen, den Namen der Region als Bezeichnung führen.

Franciacorta mit dem Lago d'Iseo

Die Sekte werden ausschließlich nach traditioneller Flaschengärmethode hergestellt, das bedeutet, dass sie vor dem Degorgement, in italienisch spoccatura, mindestens zwei Jahre auf der Flasche ruhen, bis sie verkauft werden dürfen. Die so entstandenen Schaumweine sind eine echte Alternative zu Champagner: Feine Perlage, elegante Aromen und eine gute Länge im Abgang.

Bekannte Weingüter der Franciacorta sind Bellavista, Ca del Bosco, Berlucchi, Ferghettina und Monte Rossa, um nur einige der gut hundert Winzer des schönen Weinbaugebiets zu nennen.

Üblicherweise werden die eleganten Schaumweinen aus Chardonnay und einer kleinen Menge Pinot Nero gekeltert. Falls sie aus hundert Prozent Chardonnay oder höchstens mit einem kleinen Anteil an Pinot Bianco erzeugt wurden, jedoch ohne Pinot Nero, heißen sie Saten (vergleichbar mit dem blanc de blanc in der Champagne). Und last but not least, gibt es natürlich feinste Franciacorta Riserva aus besonders guten Jahrgängen, die oftmals viele Jahre auf der Flasche reifen.

Rund um den Lago d'Iseo

Der Iseosee ist mit gut 65 km^2 der viertgrößte See Oberitaliens. Man kann ihn, trotz der steilabfallenden Felswände im Westen, mit dem Auto vollständig umrunden. Die Straße wurde an vielen Stellen in den Felsen gehauen. Im See befindet sich die Insel Monte Isola, mit einem Umfang von neun Kilometern die größte Insel in einem italienischen Binnensee. Auf dem Inselberg thront, weithin sichtbar, die Kirche Santuario della Madonna della Ceriola. 1750 Inselbewohner sind durch Fähr- und Schiffsverbindungen sehr gut mit dem Festland verbunden. Es gibt noch zwei weitere kleine Inseln, die jedoch in Privatbesitz sind.

AUTORENTIPP!

ELEGANT UND BESTECHEND SCHÖN

Einer der ersten Industriellen, der Rebflächen in der Franciacorta erworben hat, ist Vittorio Moretti. Er gründete 1977 die Kellerei Bellavista, die bald darauf, dank seines Önologen und damaligen Geschäftsführers Mattia Vezzola weltweit erfolgreich wurde. Ihr vinophiles Flaggschiff ist ein außergewöhnliches Jahrgangscuvée aus Weinen des Jahrgangs 2004, also eine Franciacorta Riserva! Es ist ein Schaumwein mit Charakter und viel Persönlichkeit benannt nach dem charismatischen Besitzer Vittorio Moretti.
Signor Moretti hat aber nicht nur das Weingut gegründet, er ist auch Eigentümer des wunderschönen Relais&Chateaux Hotels Albereta, einem Hotel, das in jeder Hinsicht höchsten Ansprüchen gerecht wird. Die Zimmer sind einfach traumhaft, die Eleganz des gesamten Anwesens ist bestechend schön, der Wellnessbereich ist sowohl in seiner Gestaltung wie auch in Ausstattung und Größe eine Klasse für sich.
Und eine besondere Erwähnung verdient natürlich das dazugehörende Restaurant, das der Zwei-Sterne-Koch Gualtiero Marchesi leitet, einer der bekanntesten Köche Italiens.

Hotel L'Albereta *****
Via Vittorio Emanuele, 23
Tel. 030/776 05 50
www.albereta.it/en
mehr darüber und für Buchungen:
www.siglinde-fischer.de/Franciacorta

Oben: Weinberge soweit das Auge reicht
Mitte: Alter Weinkeller mit den typischen Rüttelpulten und Holzfässern
Unten: Franciacorta DOCG sind feinste Flaschengärsekte

Rund um den See gibt es eine entdeckenswerte Fauna und Flora. Am südlichen Seeufer liegt der sehenswerte Naturpark »La Riserva Naturale delle Torbiere del Sebino«. In diesem Feuchtgebiet leben über siebzehn verschiedene Vogelarten, und im See tummeln sich die unterschiedlichsten Fische, unter anderem Hechte, Katzenfische, Aale, Karpfen. Der See selbst ist nicht nur ein beliebter Badesee, vor allem auf der Ostseite gibt es schöne Strände – er ist vor allem bei Seglern überaus begehrt. Das Umfeld, besonders die bis zu 2600 Meter hohen Berge, wie zum Beispiel der Passo Gavia oder der Passo Mortirolo, laden zum Wandern und Bergsteigen ein.

Golfer kommen ins Schwärmen, wenn sie vom Golfclub Franciacorta sprechen, da der Platz optisch wie spielerisch sensationell ist. Mittlerweile sind achtzehn Weingüter an diesem Platz beteiligt, die jeweils jährlich ein Turnier organisieren. Jede Woche werden die »bollicine« von jeweils einem anderen Winzer im Clubhaus ausgeschenkt.

Ein weiterer Pluspunkt der Corte Franca: Es gibt hier viele Ristorante und Trattorien, in denen man sehr gut isst – und um einiges preiswerter im Vergleich zum Gardasee.

ESSEN UND TRINKEN

Dispensa Pani e vini. Im eleganten Ristorante von Vittorio Fusari gibt es kreative Gerichte auf traditioneller Basis und erlesene Weine und zudem eine Enoteca, Osteria und Winebar. Loc. Torbiato, Via Principe Umberto, 23, 25010 Adro, Tel. 030/745 07 57, www.dispensafranciacorta.com. Ruhetag: Mo. Öffnungszeiten: Enoteca, Winebar und Osteria 9–22 Uhr. Ristorante: 12.30–14.30 und 19.30–22.30 Uhr

Hier schmeckts: Dispensa Pani e Vini.

La Mongolfiera dei Sodi. Eine antike Cascina wurde in ein Restaurant mit einer reizenden Veranda umgebaut. Es gibt toskanische und traditionelle, lombardische Gerichte. Via Cavour, 7, 25030 Erbusco, Tel. 030/726 83 03, www.mongolfiera.it. Ruhetag: Do

ÜBERNACHTEN

Hotel Rivalago **.** Das alte Gebäude Rivalago hat Familie Paglirini komplett renoviert, und es erstrahlt nun in neuem Glanz. Vom Garten hat man einen direkten Zugang zum Lago d'Iseo. Via Cadorna, 7, 25058 Sulzano, Tel. 030/98 50 11, www.rivalago.com, mehr darüber und für Buchungen: www.siglinde-fischer.de/Franciacorta

Regionale Köstlichkeiten

Relais Franciacorta **.** Nahe dem Golfplatz liegt das, vom Weinproduzenten Berlucchi umgebaute alte Bauernhaus in einer zauberhaften Landschaft! Man isst auch hier sehr gut! 25040 Colombaro di Corte Franca, Tel. 030/988 42 34, www.relaisfranciacorta.it, mehr darüber und für Buchungen: www.siglinde-fischer.de/Franciacorta

AKTIVITÄTEN

Golfclub Franciacorta. Via Provinciale, 34 B, 25040 Corte Franca, Tel. 030/98 41 67, www.franciacortagolfclub.it

INFORMATION

Consorzio per la tutela del Franciacorta. Via G. Verdi, 53, 25030 Erbusco, Tel. 030/776 04 77, www.franciacorta.net und www.lagoiseo.it

Mattia Vezzola, Önologe von Bellavista ist stolz auf seine Eichenfässer.

Mitte: Villa Fiordaliso in Gardone
Unten: Sarkophag im Park des Vittoriale degli Italiani

39 Gardone Riviera

Das »Nizza am Gardasee«

In der Belle Époque war Gardone ein überaus beliebter Treffpunkt des europäischen Hochadels. Die prachtvollen Villen und luxuriösen Hotels erinnern uns heute noch an diese glorreiche Vergangenheit. Ins »Nizza am Gardasee« fuhr man zur Kur, vor allem in den Wintermonaten, im Sommer dagegen waren damals die meisten Hotels geschlossen. Heute ist es genau andersrum, an seiner Faszination hat Gardone dennoch nichts eingebüßt.

Der Kurort der Belle Epoque

»Die Welt zu meiden winterlang, um länger auf der Welt zu sein«, schrieb Paul Heyse in seinem Wintertagebuch. Es war tatsächlich so, dass man damals zur kalten Jahreszeit des milden Klimas wegen an die Westküste fuhr. Der deutsche Dichter und Nobelpreisträger Heyse verbrachte viermal seine Ferien in Gardone und war entzückt von der Landschaft und vom Klima. Mit ihm zog es viele Poeten und Künstler an die Westküste, zum einen wegen der milden Temperaturen, aber natürlich auch, weil es zu der Zeit überaus schick war, in Gardone Urlaub zu machen.

Heutzutage kommt man gerne hierher, um auf den Spuren der Vergangenheit zu wandeln und den Glanz vergangener Zeiten zu genießen, zum Beispiel in einem der wunderbaren Hotels. Auffallend ist, und man sieht es gut am Grand Hotel Gardone, dass sich die Hotels von der Straßenseite her eher schlicht und gar nicht wie ein Grandhotel präsentieren. Die Eleganz und Pracht der Häuser erschließt sich nur vom See aus. Das kommt

Die grandiose Fassade des Grand Hotels Lungolago

daher, dass Gardone und die anderen Orte an der Westküste früher lediglich mit dem Boot erreichbar waren. Das im Jahre 1884 als erstes am Gardasee erbaute Grand Hotel Gardone beherbergte schon viele berühmte Persönlichkeiten, wie zum Beispiel König Georg von Sachsen, d'Annunzio und Churchill, um nur einige zu nennen. Die dreihundert Meter lange hoteleigene Promenade führt direkt zum Bootssteg, vom Schwimmbad aus blickt man auf den See und die gegenüberliegenden Dörfer. Das Grand Hotel Gardone verfügt über eine verhältnismäßig kurze, aber breite Flaniermeile, die am Seeufer entlangführt. Bars laden zum Verweilen ein und Modegeschäfte zum Einkaufen, wobei hier sicherlich mehr die reifere Damenwelt fündig wird. Gardone ist nicht gerade der Ort für das ganz junge Publikum.

Ebenfalls an der Promenade gibt es seit einigen Jahren ein sehr gutes Restaurant, das Gabriellino. Es wird charmant geführt von Massimiliano und Alessandro. Ihr asiatischer Koch überrascht die Gäste mit individuellen, aber nicht abgehobene Gerichten. Im Sommer sitzt man unter Sonnenschirmen auf der Piazza mit Blick auf den See.

AUTORENTIPP!

GUT ESSEN IM ANTICO BROLO

Die Osteria ist noch ziemlich neu, obwohl die beiden Küchenchefs alles andere als ein unbeschriebenes Blatt sind. Nur wenige hundert Meter von seiner alten Wirkstätte entfernt, eröffnete Enrico Pellegrini im Mai 2010 sein eigenes, kleines aber feines, Ristorante das er Osteria Antico Brolo nannte.

Brolo heißt Hof und dort kann man im Sommer abseits allen Trubels in Ruhe die Köstlichkeiten von Enrico und seinem Souschef Marcello Cappa genießen. Sollte es mal regnen, macht das nichts, denn auch das Innere ist geschmackvoll gestaltet. Was hier auf den Tisch kommt ist eine traditionelle Küche aus seiner lombardischen Heimat, mit zeitgemäßen Akzenten.

Osteria Antico Brolo
Via Carere, 10
25083 Gardone Riviera
Tel. 0365/214 21
Ruhetag: Mo, außerhalb der Saison auch noch Di

AUTORENTIPP!

GRAND HOTEL FASANO

Vor vielen Jahren übernahm Familie Mayr den Jagdsitz des österreichischen Kaiserhauses in Toplage, aber nicht in Topzustand. Sie renovierten es mit sehr viel Feingefühl, und heute ist es eines der gefragtesten Luxushotels auf der Westseite, vor allem bei deutschen Urlaubern. Die Söhne Patric und Olliver Mayr führen heute die Geschicke dieses charmanten Hauses. Schön ist, dass der 1000 Quadratmeter große Spa-Bereich für alle zugänglich ist, auch wenn man nicht im Hotel wohnt. Wichtig, für alle die am See überwintern: das Wellness-Center ist auch im Winter geöffnet, nicht jedoch das Hotel. Der Spa-Bereich erinnert ein wenig an römische Thermalbäder. Neben einem großen Schwimmbad, gibt es Saunen, Dampfbäder, Erlebnisduschen, Solarien und Ruhezonen und selbstverständlich eine Beautyfarm. Sollte es der Wettergott mal nicht so gut meinen, dann ist der Spa vom Grand Hotel Fasano eine willkommene Abwechslung.

Grand Hotel Fasano
Corso Zanardelli, 190
25083 Gardone Riviera
Tel: 0365/29 02 20
www.ghf.it

Doppeldecker SVA 10 im Vittoriale degli Italiani

Ein wenig weiter Richtung Toscolano fährt man an vielen prächtigen Villen vorbei, unter anderem auch an der Villa Fiordaliso. In dem eleganten Jugendstilbau logierte Claretta Petacci, die Mätresse von Mussolini, während der Faschistenherrschaft. In ihrem ehemaligen Schlafgemach kann man heute noch wohnen, mit Möbelstücken von damals und einem schicken Bad aus toskanischem, gelbem Marmor. Die sehr schön renovierte Villa ist heute ein nobles Relais & Chateaux Hotel mit einem fantastischen Park und allem Luxus, den man sich vorstellen kann. Das dazugehörende Restaurant ist mit einem Michelinstern gekrönt.

Kunstvoller Botanischer Garten

In der Nähe des Grand Hotels führt, entlang gepflegter Gärten, ein Weg hinauf nach Gardone sopra. Etwa auf halbem Weg ist der Giardino Botanico des deutschen Professors Arthur Hruska, der zwischen 1910 und 1971 diesen Park anlegte und ihn kunstvoll gestaltete. Es gelang dem Forscher, alpine, mediterrane, afrikanische und asiatische Pflanzen in einem experimentellen Weltgarten harmonisch zu vereinen. Die Villa des Botanikers ist seit 1988 in Besitz des bekannten Künstlers

und Multitalents André Heller, der sich auch um die Erhaltung und Pflege dieses einzigartigen Gartens kümmert. An heißen Sommertagen ist ein Spaziergang durch den Park und das Bestaunen der vielfältigen Pflanzenwelt eine herrliche Alternative zum Baden im See, da es hier, dank der riesigen Bäume, immer schattig ist.

Gardone sopra ist ein kleiner, noch sehr ursprünglicher Ort mit einem neu renoviertem Rathaus, guten Ristoranti und der sehenswerten barocken Kirche San Nicola. Faszinierend ist vor allem der Blick vom Eingangsportal auf den See.

Geht man vom kleinen Ortskern durch einen Torbogen, gelangt man zur bekanntesten Attraktion von Gardone: das Vittoriale degli Italiani von Gabriele d´Annunzio (1863–1938). Sein persönliches Heiligtum, das er dem italienischen Staat vermachte, kann das ganze Jahr hindurch besichtigt werden. Der Literat gilt als einer der größten Selbstdarsteller der Geschichte. Unablässig feilte er an seinem Ruf als großer Dichter und füllte seine Villa in Gardone mit unendlich vielen Erinnerungsstücken aus seinem Leben als Schriftsteller und seinen Frauengeschichten.

Hochwertige Kunstwerke finden sich hier Seite an Seite mit Kitsch und geschmacklosen Erinnerungsstücken. Sein Repertoire reicht von Minischildkröten aus Gold und Elfenbein, übrigens das Lieblingstier des Poeten, bis hin zu Büchern, Reliquien unterschiedlichster Religionen und einem Kriegsschiff, das im Garten aufgestellt ist. Allein im Bad gibt es hunderte von Kämmen, Bürsten und Wässerchen, die er zur Pflege seines kahlen Kopfes benötigte. Über acht Millionen Objekte befinden sich in dieser Villa, für die Angestellten der Stiftung eine Sisyphusarbeit. Jeder, auch der noch so kleinste, Gegenstand ist mit einem Mag-

Oben: André Hellers Botanischer Garten
Mitte: Tropische Pracht
Unten: Skurriler Wasserspeier

netstreifen gesichert, der beim Verlassen des Anwesens Alarm auslösen würde. Im neun Hektar großen Park rund um das Wohnhaus schuf der Architekt Gian Carlo Maroni einige Bauten, mit denen er ein nationales Denkmal für das italienische Volk schaffen wollte. Zudem ist der Park gespickt mit militärischen Erinnerungen: einem alten Flugzeug, mit dem d'Annunzio 1918 über Wien kreiste und anti-österreichische Flugblätter abwarf, dem Vorschiff des Kreuzers Puglia, das er von der Marine geschenkt bekam und der Dalmatasäule vor dem Eingang, um nur einige zu nennen. Zentraler Punkt ist aber sein Mausoleum als Totenkultstätte, in der er als Held mit seinen Mitstreitern die letzte Ruhe fand. Die Tomben aus Marmor erinnern an die kalte Architektur faschistischer Bauten und stehen, weithin sichtbar, im Zentrum der Parkanlage. Von hier aus hat man auch einen gigantischen Blick über den See, den er sich für den Tod erträumt hatte.

Orangenmarmelade statt Kunst?

Wenn Ihnen nach der Mischung aus Kunst und Kitsch der Sinn nach etwas Süßem steht, dann gehen Sie doch auf einen Sprung, gleich gegenüber des Eingangs vom Vittoriale, in den Marmeladenladen von Frau Steinbacher. Sie hat aus der Not eine Tugend gemacht: Karin Steinbacher hat vor vielen Jahren angefangen, die heruntergefallenen Pomeranzen und Zitronen zu köstlicher Marmelade oder frischfruchtigem Limoncello zu verarbeiten. In ihrem kleinen süßen Laden verkauft sie ihre selbstgemachten Produkte! Die Marmelade aus Gardasee-Pomeranzen kann mit vielen englischen Orangenmarmeladen mithalten, und wer jemals ihren Limoncello verkostet hat, versteht, weshalb die Zitrusfrüchte von der Riviera dei Limoni zu früheren Zeiten in den Adelshäusern Europas so begehrt waren.

Oben: Kreuzer La Puglia, Vittoriale degli Italiani
Mitte und Unten: Impressionen aus dem Vittoriale degli Italiani von Gabriele d'Annunzio

SEHENSWÜRDIGKEITEN

Vittoriale. Via Vittoriale, 12, 25083 Gardone Riviera, Tel. 0365/29 65 11, www.vittoriale.de. Ganzjährig geöffnet. Mo geschlossen. Öffnungszeiten: 1. April–30. September 9.30–19 Uhr, 1. Oktober–31. März 9–13 Uhr und 14–17 Uhr

ESSEN UND TRINKEN

Ristorante Gabriellino. Raffinierte Gerichte, gutes Weinangebot und ein liebenswerter Service, das erwartet Sie am Lungolago – drinnen wie draußen ein Erlebnis. Lungolago Gabriele d Annunzio, 42, 25083 Gardone, Tel. 0365/29 07 46. Ruhetag: während der Saison keinen, außerhalb Mi

Viele Ristorante sind Familienbetriebe

ÜBERNACHTEN

Grand Hotel Gardone Riviera. 1884 als erstes Hotel am Gardasee erbaut, verkörpert es nach wie vor die Eleganz im Stil dieser Epoche. Via Zanardelli, 84, 25083 Gardone Riviera, Tel. 0365/202 61, www.grangardone.it

Villa Fiordaliso. Zwischen Zypressen, Pinien und Olivenbäumen bietet das Hotel wohltuende Ruhe. Corso Giuseppe Zanardelli, 25083 Gardone Riviera, Tel. 0365/201 58, www.villafiordaliso.it

Feine Konfitüre aus Gardasee-Pomeranzen von Frau Steinbacher

Appartements Premignaga Country House&Resort. Die neun individuell eingerichteten Wohnungen liegen in einem weitläufigen Park, nur etwa fünfhundert Meter vom Seeufer entfernt. Via della Chiesa, 47, 25083 Gardone Riviera, Tel. 0365/221 15, www.premignaga.it

EINKAUFEN

Orangenmarmeladen-Laden. Vis-à-vis vom Eingang des Vittoriale iliegt der liebevoll gestaltete Laden, wo es selbstgemachte Orangenmarmelade und Limoncello gibt. Karin Steinbacher, Via Caduti, 23, 25083 Gardone Riviera, Tel. 0365/724 62

AUSGEHEN

Torre San Marco. Hier gilt: In ist, wer drin ist. Für Discofans ein tolles Urlaubserlebnis. Discoteca und Pianobar, Corso Zanardelli, 132, 25087 Gardone Riviera, Tel. 0365/218 06, www.torresanmarco.it

INFORMATION

Fremdenverkehrsbüro Gardone. Corso Repubblica, 8, 25083 Gardone, Tel: 0365 20347, www.visitgarda.com

Unten: Im Tal der Papiermühlen

40 Toscolano-Maderno und das Tal der Papiermühlen
Wirtschaftszentrum des Mittelalters

Toscolano und Maderno, die durch den Wildbach Toscolano getrennten Dörfer, haben sich 1928 zu einer Gemeinde zusammengeschlossen. Während heute die beiden Orte vor allem durch die regelmäßige Fährverbindung nach Torri del Benaco und den endlos langen Sandstrand bei Touristen aus aller Welt bekannt sind, hatten die Dörfer in früheren Zeiten vor allem wegen der Papierproduktion italienweit einen hervorragenden Ruf.

Historisches Toscolano

Der Ortname Toscolano deutet auf den etruskischen Ursprung hin und lässt auf eine vorrömische Besiedlung schließen. Gesichert ist, dass dort, wo heute die Kirche Ss. Pietro e Paolo in Ufernähe steht, früher einmal ein römischer Bacchus-Tempel stand. In der Wallfahrtskirche befand sich bis ins 16. Jahrhundert hinein ein Altar mit vier Säulen, in dem das Bildnis des Zeus Ammon aufbewahrt wurde. Der Heilige Carlo Borromeo verbannte es, zusammen mit einigen anderen heidnischen Gegenständen, aus dem Gotteshaus. Die mächtige Kirche Ss. Pietro e Paolo beeindruckt auch heute noch, insbesondere durch das prunkvolle Portal. Im dreischiffigen Innenraum faszinieren vor allem die zahlreichen Bilder des venezianischen Malers Andrea Celesti (1637–1712), die zu den schönsten Kunstwerken am Gardasee zählen.

Wirtschaftszentrum Maderno

Im Mittelalter war Maderno das wichtigste wirtschaftliche Zentrum der Riviera Bresciana. Otto I. und Friedrich Barbarossa hatten dem Ort Unabhängigkeitsrechte zugebilligt. Als jedoch die Scaliger im 14. Jahrhundert Salò zur Hauptstadt der Comunità delle Riviera machten, verlor Maderno immer mehr an politischer und wirtschaftlicher Bedeutung.

Heute lebt das Städtchen mit dem belebten Hafen, dem langen Sandstrand und den prachtvollen Villen vor allem vom Tourismus. Die zahlreichen Gäste genießen in erster Linie die Landschaft, das milde Klima und die netten Geschäfte, Bars und Ristoranti. Dennoch, es lohnt sich, die Kirche Sant´Andrea zu besuchen, deren Fassade inmitten moderner Häuser heraussticht. Die romanische Kirche wurde wahrscheinlich auf den Ruinen eines heidnischen Tempels errichtet, dann im 12. Jahrhundert nach dem Vorbild der Kirche San Zeno in

Eingangsportal von Sant'Andrea

AUTORENTIPP!

KUNSTWOCHEN IN CECINA

Cecina ist ein kleines verschlafenes Dörfchen über Toscolano-Maderno gelegen. Hier spürt man noch das Flair eines ursprünglichen italienischen Dorfes. Aber Cecina ist beiweitem nicht verschlafen, dafür sorgt schon La grande Signora Carlotta, wie sie von den Einheimischen genannt wird.

Die Rheinländerin Charlotte Heiss, die sich hier mit ihrem Mann eigentlich zur Ruhe setzen wollte, scharte eine Gruppe von Kunstinteressierten um sich, um Cecina kulturell ein wenig aufzumöbeln. Sie hingen eine Woche lang Bilder von berühmten Künstlern in den Innenhöfen der Häuser und in den engen Gassen auf, mit dem Ziel den kleinen Ort kulturell publik zu machen. Bereits 1989 gründete die Gruppe die Associazione Cecina Promotion, einen gemeinnützigen Verein, die Jahr für Jahr die Kunstausstellung in Cecina organisierten. Bald kamen so viele Menschen, dass Cecina aus den Nähten zu platzen drohte und deshalb verlagerte man die »Settimana d'Arte di Cecina« die Kunstwoche, die mittlerweile einen internationalen Ruf hat, nach Toscolano-Maderno.

Heute hat der Verein 220 Mitglieder und die Kunstwoche, die jedes Jahr in der ersten Augustwoche stattfindet, ist zu einem festen und beliebten kulturellen Treffpunkt geworden. Complimenti Signora Heiss!

Kulturwochen in Toscolano-Maderno

Associazione Cecina Promotion
Via Cecina, 32
25088 Toscolano-Maderno
www.gardacecinaprom.com

Oben: Kirchenprozession zu Wasser
Mitte: Angler unter sich
Unten: Detail aus dem Portal von Sant'Andrea

Verona umgebaut. Der dreischiffige Innenraum wurdet kunstvoll von Steinmetzen gestaltet, sehenswert sind auch das Portal und die Krypta. Besonders beeindruckend ist die mit schönen Fresken geschmückte Fassade der Villa Lucia und natürlich auch der Botanische Garten Ghirardi, in der Via Religione. Dort kann man an die sechshundert verschiedenen Pflanzen, vorwiegend Medizinalpflanzen bewundern. Der Garten wird von der Universität Mailand wissenschaftlich betreut.

Über allem wacht der 1500 Meter hohe Monte Pizzocolo, der den Einheimischen auch als Wetterorakel dient. Ihn zu erwandern oder zu erradeln, ist ein besonders reizvolles und sportliches Urlaubsvergnügen.

Hochburg der Papierindustrie

Toscolano war bereits Anfang des 14. Jahrhunderts berühmt für hochwertige Papierherstellung und Druckereien. Sehr berühmt war die Buchdruckerei der Brüder Paganini, die im 16. Jahrhundert viele Ausgaben lateinischer Klassiker druckten. Entlang des reißenden Wildbachs Torrento Toscolano lagen im Mittelalter zahlreiche Papiermühlen. Das dort produzierte, feine Papier, mit dem Ochsenkopf als Druckmarke, wurde in den venezianischen Druckereien verwendet und in allen Königshäusern Europas nachgefragt. Selbst die Bibelvorlage von Martin Luther war auf Papier von Toscolano-Maderno gedruckt. In den sechziger Jahren wurde die immer schwieriger werdende Papierproduktion im Tal von Toscolano-Maderno eingestellt, zu groß war der internationale Konkurrenzdruck.

Ein Ausflug entlang der antiken Papierstraße, dem Tal der Papiermühlen, oder wie es in italienischer Sprache heißt, dem Valle delle Cartiere, sollten Sie

nicht versäumen. Längs des Wildbachs Toscolano stand damals ein Papierwerk nach dem anderen, die mittlerweile alle geschlossen sind. Heute entdeckt man auf dem Weg entlang des Wasserlaufs Brücken, Tunnels und Reste alter Werkstätten inmitten einer scheinbar unberührten Natur.

Um die damalige mühevolle Arbeit der Papierproduktion den Besuchern zu veranschaulichen, baute man im letzten Werk des Tales, Maina Inferiore, ein ehemaliges Fabrikgebäude zu einem Museum um, das 2007 eröffnet wurde. Darin ist ein Besucherzentrum mit dem Namen »Centro di eccellenza e incubatoio d´impresa dedicato alla filiera carta stampa« eingerichtet. Auf einem Rundgang erhält man einen Eindruck über die Geschichte der Papierherstellung und des Buchdrucks im Mittelalter. Typische Maschinen und Ausrüstungen zur Papiererstellung vom 15. bis 18. Jahrhundert sind originalgetreu nachgebildet. Dieses Museum und das ganze Valle delle Cartiere spiegelt die Bedeutung der industriellen Frühgeschichte Norditaliens wieder. Tatsächlich in Betrieb ist in Toscolano derzeit nur noch eine Papierfabrik, und zwar die Cartiera di Toscolano, die zur Gruppe Marchi bzw. Burgo gehört.

Feizeitspaß am Westufer

Nach Toscolano-Maderno fährt man nicht, um einen Kultururlaub zu machen, dafür gibt es andere Plätze, hierher kommt man der schönen Landschaft und des milden Klimas wegen. Beim entspannten Spazierengehen entlang des Seeufers, unter Alleen von Zitronen- und Pomeranzenbäumen, kann man die Schönheit der Umgebung genießen, die Seele baumeln lassen und sich wieder regenerieren. Die zwei reizenden Dörfer bieten aber vor allem die drei W´s, Wasser, Wellen und Wind, die den Gardasee zum absolu-

AUTORENTIPP!

KUNST UND KULTUR ERLEBEN

Das Centro Eccellenza und das Tal der Papiermühlen zu entdecken ist nicht nur tagsüber unglaublich spannend, abends finden den ganzen Sommer über immer wieder unterschiedliche Festivals statt: mal klassische Musik italienischer Künstler, mal Kunstausstellungen, mal Jazz. Die abendlichen Konzerte kosten keinen Eintritt, man kann aber auch nicht reservieren. Die Kunst-Ausstellungen sind nur zu den üblichen Öffnungszeiten zugänglich und sind im Eintrittspreis enthalten. Wann welche Konzerte und Kunstausstellungen stattfinden, erfahren Sie im Fremdenverkehrsamt, in der Gemeinde oder im Centro Eccellenza direkt.

Fondazione Valle delle Cartiere
Centro di Eccellenza Polo cartario
di Maina Inferiore
Via Valle delle Cartiere
25088 Toscolano Maderno (
Tel. 0365/64 10 50 oder
Mobil 0039/338-933 64 51
Öffnungszeiten: April–Juni und Anfang Oktober–Mitte Oktober: Sa–So 10.30–18 Uhr, Juni–September: Mo–So 10.30–18 Uhr, November–März geschlossen

Toscolano-Maderno vom See aus

Oben: Blick von der Autofähre auf einen Zypressenhang
Mitte: Lombardische Spezialität: Lo Spiedo (Spießbraten)
Unten: Tal der Papiermühlen mit dem Wildbach Toscolano

ten Wassersporteldorado gemacht haben. Die weiten Strände laden zum Baden, Surfen, zum Jetski-, Wasserskifahren, Wakesurfen und Segeln ein. Und nicht zu vergessen die Motorbootfahrer. Bis nach Limone ist es noch erlaubt, mit Motorkraft über den See zu flitzen. Der Trentinische Teil des Gardasees gehört dann ausschließlich den Surfern.

Natürlich kann man auch sein Anglerglück versuchen, nicht nur im See auch im Wildbach Toscolano. Reiter können auch hoch zu Ross das Umfeld erobern. Und die steil hinter der Ortschaft ansteigenden Berge, insbesondere die Hausberge von Toscolano-Maderno, der Monte Pizzocolo oder der Monte Pirello, bieten zahlreiche Möglichkeiten für Trekking- und Mountainbike-Touren in ganz unterschiedlichen Schwierigkeitsgraden. Außerdem verlocken viele Pfade und Wege dazu, eine gemütliche Wandertour, besonders auch mit Kindern, zu unternehmen! Alles in Allem bietet Toscolano-Maderno unzählige Möglichkeiten für einen sportiven und gleichzeitig herrlich erholsamen Urlaub.

MAL EHRLICH

NICHTS FÜR RUHESUCHENDE

Kommt man mit der Fähre in Toscolano-Maderno an, fährt man mit dem Auto erst mal endlos an einem Sandstrand vorbei. Auf der anderen Seite erstreckt sich eine Reihe moderner Wohnhäuser. Der Strand erinnert mich ein wenig an die Adria: ein Liegestuhl neben dem anderen und dazwischen kleine Bars. Langweilig wird es hier sicher nicht, und um Kontakt zu schließen, ist die Enge auch vorteilhaft. Wer jedoch Ruhe und Entspannung sucht, der sollte sich einen anderen Gardaseestrand suchen – oder einfach eine Wanderung ins ruhigere Hinterland machen.

Giacomo und Luigina verwöhnen die Gäste in der Trattoria La Sosta.

ESSEN UND TRINKEN

Trattoria La Sosta. Giacomo und seine Frau Luigina sind bei Einheimische und Touristen gleichermaßen geschätzt: wegen ihrer Herzlichkeit und dem Fleisch vom Grill! Via Cecina, 79, 25088 Toscolano-Maderno, Tel. 0365/64 42 95. Ruhetag: Mi

Osteria Gatto d'Oro. Typische Brescianer Küche mit hausgemachten Nudeln, Polenta und Fleisch vom Spieß und das in einem sympathischen Ambiente drinnen wie auf der Terrasse. Via Fratelli Bianchi, 41, 25088 Toscolano-Maderno, Tel. 0365/54 09 75, www.osteriagattodoro.it. Ruhetag: Dienstagmittag

Sonnenuntergang in Toscolano-Maderno

ÜBERNACHTEN

Hotel Villaggio Piccolo Paradiso **.** Diese gepflegte Ferienanlage liegt im Ortsteil Cecina, mit einem fantastischen Seeblick und lediglich zwei Kilometer vom Ortszentrum und dem See entfernt. Loc. Cecina, Vicolo Messaga 24/25, 25088 Toscolano-Maderno, Tel. 0365/64 30 80, www.hg-hotels.com

Tenuta Le Selve. Traumaussicht und ein exklusives Ambiente. Via Selve, 11, 25080 Toscolano-Maderno – Gaino, Mobil 0039/339-854 69 26, www.tenutaleselve.com

Im Tal der Papiermühlen

Camping Toscolano **.** Der Platz ist von blühenden Gärten umgeben und liegt direkt am Ufer des Gardasees. Villa Religione, 88, 25088 Toscolano-Maderno, Tel. 0365/54 15 84, www.hg-hotels.com

INFORMATION

Fremdenverkehrsbüro. Via Sacerdoti, 25088 Toscolano-Maderno, Tel. 0365/54 60 83, www.visitgarda.com

Mitte: Ruheoase zwischen Bergen, der Lago Valvestino
Unten: Verschlafene Dörfer auf der Hochebene über dem Gardasee

41 Lago d'Idro und Lago di Valvestino
Ruhige Beschaulichkeit

Sie werden oft vergessen, die kleinen Schwestern des Gardasees. So vergleichsweise klein sie auch sind, sie bieten den Besuchern ein einzigartiges Naturschauspiel. Wer an schicken Strandpromenaden flanieren möchte oder nachts in die Disco will, der wird sich hier nicht so wohl fühlen. Alle jedoch, die Ruhe und Erholung suchen, werden die beiden Seen, mit ihrem ganz individuellen Charakter lieben.

Fjordartiger Valvestino-See

Um diesen Stausee zu erreichen, muss man von Gargnano aus über kurvige Straßen durch dunkle Wälder fahren: eine Spaßroute für versierte Mountainbiker, Motorrad- oder Cabriofahrer. Oben angekommen, breitet sich der dunkelgrün schimmernde Valvestino See aus, umgeben vom 1369 Meter hohen Monte Palotto und dem 1188 Meter hohen Monte Fassane. Das urwüchsige Gebiet um den See ist ein Naturschutzgebiet, in dem dichte Wälder seltenen Tieren Schutz gewähren.

Der ziemlich abgelegene See ist touristisch kaum erschlossen. Allerdings ist die kurvenreiche Bergstraße eine Lieblingsstrecke für Motorradfahrer. Aber auch Fische fühlen sich in dem ruhigen Bergsee wohl, weil sie hier ziemlich ruhig, mal abgesehen vom Motorlärm ihr Dasein verbringen können. Hier gibt es auch eine Fischzucht – die meisten Forellen, die am Gardasee verspeist werden, kommen von hier! Der See ist ein echtes Naturparadies, nur einen Steinwurf vom Lago di Garda entfernt.

Lago d'Idro/Lago di Valvestino

Fährt man vom Valvestino-See in westlicher Richtung weiter, gelangt man über Capovalle in die lang gezogene Ortschaft Idro, an der Südspitze des Sees gelegen.

Wasserspaß am Lago d'Idro

Er ist der größte unter den Nachbarseen des Lago di Garda, 12 Kilometer lang und etwa 2 Kilometer breit! Auf einer Höhe von 368 Metern breitet er sich aus, umgeben von Wäldern und den über tausend Meter hohen Bergen der Lombardei.

Rundherum verstreut gibt es kleine Dörfer mit gemütlichen Trattorien, aber auch Hotels, die vorwiegend familiär geführt werden. Von Juni bis Ende September ist der See so angenehm warm, dass man darin schwimmen kann. Für all jene, die große Hitze weniger gut vertragen, ist der Idrosee geradezu optimal, weil es hier eigentlich nie so richtig heiß wird. Fast jeden Nachmittag bläst ein konstanter Wind, der so genannte »Ander« und sorgt zum einen für eine angenehme Frische und garantiert Seglern und Surfern den optimalen Speed. Ein weiterer Vorteil des Windes: es gibt keine Stechmücken. Deshalb kann man hier getrost abends im Freien essen, ohne um sich zu schlagen oder sich wie im Winter anzuziehen.

Petrijünger freuen sich hier über ihr Anglerglück, denn im See tummeln sich zuhauf Fische aller Art, und außerdem stören keine eingeölten Strandnixen das ruhige Fisch- und Fischerdasein. Ein weiteres Plus: Motorboote sind verboten. Obwohl auch hier im Sommer die Campingplätze gut belegt sind, ist die Ursprünglichkeit der Natur weitgehend bewahrt. Wanderer und Mountainbiker kommen hier voll auf ihre Kosten, denn die umliegenden Berge und Wälder laden zu Touren unterschiedlicher Schwierigkeitsgrade ein.

Infos und Adressen

ESSEN UND TRINKEN

Ristorante Trattoria Da Giovanna. Herzhafte lombardische Hausfrauenküche. Loc. Balotello, Strada per Capovalle, 25074 Crone di Idro, Tel. 0365/82 33 74

Ristorante Pizzeria La Terrazza. Pizza aus dem Holzofen, dazu ein Glas Wein und das alles freundlich serviert. Via Tre Capitelli, 149, 25074 Idro, Tel. 0365/82 33 93

ÜBERNACHTEN

AZUR Camping Idro Rio Vantone **.** Via Vantone, 45, 25074 Idro, Tel. 0365/831 25, www.azur-camping.de

Villagio Tre Capitelli. Die Ferienanlage liegt in einem Park eingebettet direkt am Ufer des Idrosees. Via Tre Capitelli, 146, 25074 Idro, Tel. 0365/831 77, www.trecapitelli.com

Raggio di Sole di Grandi Silvana. B&B in einem renovierten Bauernhaus. Bed&Breakfast, Via Croce 16/a, 25980 Moerna di Valvestino, Tel. 0365/75 00 61, www.raggiodisolemoerna.com

INFORMATION

Consorzio Forestale Terra tra i due Laghi. Loc. Cluse, 25080 Turano di Valvestino, Tel. 0365/74 50 07, www.consorzioforestalevalvestino.com

Consorzio Operatori Turistici del Lago Idro. Via Trento, 46, 25074 Idro, Tel. 0365/832 24, www.lagodidro.it

Mitte: Abseits des Trubels
Unten: Blick von einer noch aktiven Limonaia (Zitronengarten)

42 Gargnano

Blütenpracht und Zitrusfrüchte

Der kleine verträumte Hafen von Gargnano ist noch ziemlich unverändert, auch wenn von hier nicht mehr viele Fischerboote auf den See hinausfahren. Es gibt nur noch wenige Fischer, die meisten Bewohner leben heute vom Tourismus. Dennoch hat sich das Dorf mit den herrschaftlichen Villen, der beeindruckenden Vegetation und den in den Himmel ragenden Limonaien seine Ursprünglichkeit weitgehend bewahrt.

Reizvolle Limonaie

Wieder einmal war es Johann Wolfgang von Goethe, der hier mit dem Schiff an Gargnano vorbeifuhr und begeistert schrieb: »Keine Worte drücken die Anmut dieser so reich bewohnten Gegend aus«. Er hatte Recht, denn vom See aus ist der Ort mit seiner Uferpromenade, dem Hafen und den herrlichen Villen besonders beeindruckend. Was damals die betuchten Urlauber anlockte, war das milde mediterrane Klima. Der Cima Comèr, der Berg im Rücken des Dorfes, hält die kalten Nordwinde zurück. Deshalb gedeihen hier Zitrusfrüchte und die farbenprächtigen Bougainvillea besonders prächtig.

Die Zitronengärten die sich entlang der Westküste an den Berghängen ausbreiten, haben zwar ihre wirtschaftliche Bedeutung verloren, der Name »Riviera dei Limoni«, blieb aber erhalten. Seit jeher waren diese Limonaien ein magischer Anziehungspunkt für Dichter, Künstler und Wissenschaftler aus aller Welt. Man sagt, dass es Franziskanermönche waren, die hier die ersten Zitronenbäume

gepflanzt haben. Die venezianischen Arkaden des ältesten Klosters in Gargnano, das 1289 gebaut wurde, besitzen mit Zitronen und Orangen verzierte Kapitelle. Im 15. Jahrhundert war es bei den Reichen und Adeligen Mode, sich Zitronengärten in ihren Parks anzulegen, nicht aus wirtschaftlichen Gründen, nur des schönen Anblicks wegen. Allmählich entwickelte sich daraus ein wichtiger Erwerbszweig für die Bevölkerung, und ein reger Handel mit Zitrusfrüchten begann.

Bedingt durch die Steilküste wurden die Zitronenbäume auf vier Meter breite Terrassen angebaut, deren Fläche zwischen Holzsäulenpaaren – zwei vorne, zwei hinten – 20 Quadratmeter betrug. In den kalten Wintermonaten, wenn es auch hier schon mal Minusgrade gibt, wurden die Pflanzen durch eine Holzverkleidung geschützt, die je nach Bedarf geöffnet oder geschlossen werden konnte.

Die Zitronen vom Gardasee wurden geschätzt, weil sie besonders schmackhaft und aromatisch waren. Im Jahre 1850 wurden alleine in Gargnano auf einer Fläche von 47 Hektar sieben Millionen Früchte geerntet. Das Geschäft mit den Zitronen boomte, bis wegen der immer günstiger werdenden Transportwege aus südlicheren Gefilden der Absatz nachließ. Endgültig vorbei war es mit diesem wichtigen Geschäftszweig nach dem »schwarzen Winter« 1928 auf 1929, als ein Großteil der Zitronenbäume erfror.

Anschließend wurden die Limonaien zweckentfremdet, teils als Geräteschuppen oder ausgebaut für Sommerresidenzen. In den vergangen Jahren hat man erkannt, dass gerade diese Limonaien der Küste den Hauch des Besonderen verleihen, und deshalb begann man, sie nach und nach wieder zu sanieren.

AUTORENTIPP!

GOLFPLATZ MIT BEWEGTER GESCHICHTE

Eigentlich gehört der Golfplatz Bogliaco zur Gemeinde Toscolano-Maderno, aber er heißt nun mal Bogliaco und dieser Ortsteil gehört nun mal zur Gemeinde Gargnano. Wie auch immer, der Golfplatz liegt im Hinterland der beiden Gardaseedörfer, wunderschön in die Natur eingebettet. Er wurde, dank der Unternehmungslust eines Hoteliers, 1912 als dritter Golfplatz Italiens errichtet und hat eine sehr bewegte Geschichte hinter sich: 1928 wurde das Grün zum Getreidefeld umfunktioniert, später von den deutschen Truppen im zweiten Weltkrieg als Flugzeugpiste eingesetzt, um anschließend von den Amerikaner als Baseballplatz genutzt zu werden. Erst seit 1953 wird der schöne Platz mit dem alten Baumbestand, der mediterranen Vegetation und den faszinierenden Ausblicken auf den Gardasee wieder als Golfplatz genutzt. Heute begeistert er Golfspieler aller Handicaps und im dazuhörenden Restaurant zu essen ist auch kein Fehler.

Bogliaco Golf Resort
Via del Golf 21
25084 Gargnano
Tel. 0365/64 30 06
www.golfbogliaco.com

Idylle bei der Fischerfamilie Dominici

AUTORENTIPP!

LA SIGNORA MIT DEM STERN

Jahr für Jahr verteidigt Mamma Maria vom Ristorante La Tortuga ihren Michelinstern und das seit 1980. Mamma Maria wird seit einigen Jahren von Ihrer Tochter Orietta unterstützt, ebenfalls einer leidenschaftliche Köchin. Sie stand schon von Kindesbeinen an, zusammen mit ihrer Mutter, in der Küche. Schon damals war Maria nicht bereit in der Trattoria ihrer Schwiegereltern, die sie mit ihrem Mann übernahm, nur das tägliche Einerlei zu kochen. Sie begann die Gardaseefische mal ein wenig anders zuzubereiten als es üblich war, und das kam bei den Gästen an. Wer von den Beiden eine neue Idee hat, bereitet das Gericht zu, und dann verkostet es die ganze Familie. Anschließend wird diskutiert und falls nötig noch geändert, bis es dann schlussendlich auf die Speisekarte kommt. Reservieren Sie sehr rechtzeitig, denn die Plätze sind knapp!

La Tortuga
Via XXIV Maggio, 5,
25084 Gargnano
Tel. 0365/712 51
www.ristorantelatortuga.it
Ruhetag: Di. Nur abends geöffnet
Betriebsferien: 15. November–1. März

Teils am Berg, teils am See

Die dreizehn kleinen Ansiedlungen, die zur Gemeinde Gargnano gehören schmiegen sich größtenteils an die Berghänge. Einige, wie zum Beispiel Bogliaco und Villa, erstrecken sich entlang des Seeufers, getrennt von der Gardesana Occidentale.

Die schmalen Gässchen des ursprünglichen Ortskerns führen alle zum romantischen Hafen, wo auch das Rathaus aus dem späten 16. Jahrhundert steht, mit den schattigen Kolonnaden und dem Brunnen vor dem Eingang. Die Uferpromenade ist im Vergleich zu anderen Gardaseeorten relativ kurz, aber nicht minder hübsch. Wer das Rathaus genau betrachtet, wird Kanonenkugel-Einschüsse im Mauerwerk erkennen. Diese erinnern an das Jahr 1866, als österreichische Kanonenboote die italienischen und französischen Schiffe angriffen, die sich hierher zurückgezogen hatten.

An manchen Häusern sieht man eingemauerte Kanonenkugeln, sozusagen als Zeugnisse dieses kriegerischen Geschehens. Für so einen kleinen Ort ist die Pfarrkirche, die dem San Martino geweiht ist, erstaunlich monumental. Anscheinend hat der Architekt Rodolfo Vantini aus Brescia das Pantheon in Rom als Vorbild gewählt. Der ovale Innenraum ist riesig, und man vermutet, dass der Hauptaltar von Moretto (1498–1554) stammt, einer der populärsten Maler der norditalienischen Hochrenaissance. Lediglich der Renaissanceturm stammt noch von einer Vorgängerkirche.

Am Ende des Dorfes ist noch die Kirche San Francesco sehenswert. Laut Überlieferung soll der Heilige Franziskus hier 1289 eine Einsiedelei gegründet haben. Allerdings stammt nur noch die Fassade mit dem Rundbogenportal aus romani-

scher Zeit. Sehr gut erhalten ist der romanisch-gotische Kreuzgang. Die Ornamente zeigen Orangenbäume mit Früchten und die Gardaseeforelle, heute eine Rarität unter den Gardaseefischen.
In den engen Gassen gibt es die stark frequentierte Eisdiele ciocolat, an der Sie nicht vorbeigehen sollten, ohne sich ein Eis zu kaufen. Naturalmente ist hier alles fatta a casa! Köstlich sind auch die Brioche mit Eis oder die leckeren Eistorten.

Prachtvolle Palazzi

Wie bei so vielen Gebäuden am Westufer kommt die Schönheit des Palazzos Bettoni von Seeseite am eindrucksvollsten zur Geltung. Der Veroneser Architekt Adriano Cristofali hat die beeindruckende dreiflügelige Anlage entworfen. Ein dekorativer Figurenfries schmückt den Mitteltrakt, der die beiden Seitenflügel überragt. Eine Anreihung von vierundzwanzig Fenstern verleiht dem Prachtbau eine unglaubliche Noblesse. Drinnen befindet sich eine wertvolle Kunstsammlung, die aber leider nicht öffentlich zugänglich ist. Wunderschön ist die terrassenförmige, dem Hang angepasste Gartenanlage. Die sich kreuzenden Treppen mit Marmorskulpturen verleihen dem Park seine einzigartige Raffinesse. Leider ist dieser Teil durch den Bau der Hauptstraße von der Villa abgetrennt worden, auf diese Weise kann man aber im Vorbeifahren einen Blick auf diesen herrlichen Park werfen, vor allem im Sommer, beim üblichen Stop-and-Go-Verkehr.

Ebenfalls beeindruckend ist der Palazzo Feltrinelli, der als Privatwohnsitz von Giuseppe Feltrinelli an der Piazza Vittorio Veneto errichtet wurde. Der wuchtige Bau ist heute eine Außenstelle der Universität Mailand, und im Sommer finden dort italienische Sprachkurse für Studenten aus aller Welt statt.

Oben: Blick auf Gargnano
Mitte: Die berühmte Villa Feltrinelli ist heute ein Hotel der Spitzenklasse.
Unten: Romantisch, die Villa Giulia

Der Palazzo Feltrinelli darf nicht verwechselt werden mit der Villa Feltrinelli, die nur wenig hundert Meter nördlich von Gargnano steht. Das repräsentative Gebäude, direkt am Seeufer gelegen, wurde zwischen 1892 und 1899 erbaut und ist eingebettet in einem fantastischen Park.

Von Oktober 1943 bis April 1945 war die Villa Feltrinelli Wohnsitz von Benito Mussolini und seiner Familie. Heute ist diese traumhaft schöne Villa ein Nobelhotel, sicherlich eines der schönsten und auch luxuriösesten Hotels am Gardasee. Das Restaurant krönt ein Michelinstern.

Segelregatta – Centomiglia

Dass der Gardasee vor allem entlang des westlichen Ufers ein Seglerparadies ist, das ist hinlänglich bekannt. Seit 1951 findet immer am zweiten Sonntag im September in Gargnano die wichtigste Wassersportveranstaltung am Gardasee statt.

Die besten Segler aus ganz Europa kommen an den Lago, um gegeneinander anzutreten. Mehr als 350 Mannschaften aus 20 verschiedenen Nationen nehmen mit ihren Booten an der beliebten Segelregatta teil. Mitmachen kann übrigens jeder, ob Profi- oder Hobbysegler. Gestartet wird morgens am Hafen von Bogliaco und die schnellsten schaffen die hundert Meilen – daher der Name – in weniger als acht Stunden. So manche Mannschaft kommt aber auch erst bei Einbruch der Dunkelheit zurück.

Die zurückzulegende Strecke führt erstmal nach Torbole, dann hinunter nach Desenzano del Garda und vorbei an Manerba wieder zurück. Am schönsten anzusehen sind die Boote der Kategorie Libera A, da die Boote eine Rumpflänge von zwölf Metern haben und zwanzig Meter hohe Segel-

Oben: Kirchturm von San Martino in Gargnano
Mitte: Centomiglia – die Hundert-Meilen-Regatta
Unten: Warten auf den großen Fang: Gardaseefischer

masten. Die Segler hängen sich als Ballast teilweise waghalsig aus dem Boot, um mit ihrem Gewicht den Winddruck auszugleichen.

Damit das Zuschauen am Ufer nicht zu eintönig wird, finden in dieser Zeit in Gargnano und anderen Orten Open-Air-Feste statt.

Die Fischer von Gargnano

Eine der letzten professionellen Fischerfamilien, die es noch in Gargnano gibt, sind die Dominicis. Vater Dominici und seine beiden Söhne Luca und Marco fahren Tag für Tag am späten Nachmittag hinaus auf den See, um die Netze auszulegen.

Damit die Fischer frühmorgens nicht die falschen Netze ins Boot ziehen, sind diese mit farbigen Styroporbojen bestückt. Jeder Fischereibetrieb verwendet eine andere Farbe. Am nächsten Morgen – was heißt hier Morgen, mitten in der Nacht – so zwischen drei und vier Uhr, geht's in die Fischerboote und raus auf den pechschwarzen See. Das Herausziehen der Netze, in deren Maschen die Fische zappeln, ist harte Arbeit.

Manchmal sind es nicht nur Corregone oder Lavorello (Renken), Persico (eine Barschart) oder die beliebten Gardasee-Sardinen, sondern auch mal eine der raren Gardasee-Forellen. Sobald dann die Sonne über den Bergen aufgeht und den See in ein unvergleichlich schönes Licht taucht, geht's wieder zurück ans Ufer.

Beim Fischereibetrieb der Dominicis, ganz in der Nähe des geschichtsträchtigen Kirchleins San Giacomo aus dem 11. Jahrhundert, können Privatkunden am Vormittag die absolut frischen Fische kaufen, sofern sie ihnen nicht schon vorher von den Gastronomiekunden weggeschnappt wurden.

AUTORENTIPP!

OB BERGFEX ODER WASSERRATTE

Der charmante Ort mit dem idyllischen Hafen, den schmalen Gassen, den wunderschönen Palazzi ist kein klassischer Touristenort, wie zum Beispiel Sirmione oder Bardolino, um nur einige zu nennen. Natürlich sind die dreizehn Dörfer der Gemeinde Gargnano im Sommer auch gut besucht, aber es gibt nicht das Geschiebe durch die Gassen.
Hierher kommen all jene, die sehr gerne im nahegelegenen Nationalpark »Alto Garda Bresciano« wandern oder biken. Surfer und Segler lieben die steife, aber gleichmäßige Brise vor der Küste.
Golfer sind überglücklich dass es hier einen so traumhaft gelegenen Golfplatz gibt. Und dann erholen sich alle, die sich tagsüber sportlich ausgetobt haben, abends in einer der vielen guten Trattorien und Ristorante, die es in Gargnano zuhauf gibt.

Der kleine aber hübsche Schutzhafen im Ortszentrum

Infos und Adressen

ESSEN UND TRINKEN

Ristorante Lido di Adriano Gramatica. Adriano verwöhnt die Gäste mit umwerfendem Charme, Mamma Maria steht wie eh und je in der Küche und die traumhafte Lage am See sorgt für Urlaubsfeeling. Via Colletta, 61, 25084 Villa di Gargnano, Tel. 0365/79 10 42. Ruhetag: Di. Betriebsferien: 1. November–1. März. Keine Kreditkarten!

Ristorante Al Miralago – vis-à-vis des Bootsanlegestegs

Villa Feltrinelli (1 Michelinstern). Wenn schon nicht in der Villa wohnen, dann zumindest dort speisen und das Flair dieses Ambientes mit dem beeindruckenden Park bei gutem Essen genießen. Via Rimembranze, 38/40, 25084 Gargnano, Tel. 0365/79 80 00, www.villafeltrinelli.com. Ruhetag: keiner, nur abends geöffnet

Ristorante Allo Scoglio. Man sitzt unter Olivenbäumen direkt am Ufer des Gardasees, und es ist angenehm ruhig. Fische vom See oder Meer und dazu ein Glas Wein – einfach himmlisch. Via Barbacane, 2, 25084 Gargnano, Tel. 0365/710 30, www.allscoglio.it. Ruhetag: Mo. Betriebsferien: 30. November–1. März

Ristorante Al Miralago. Es ist möglich: Gute kreative Küche, aufmerksamer Service, feines Weinangebot und das vis-à-vis vom Bootsanlegesteg. Lungolago Zanardelli, 5, Tel. 0365/712 09, www.almiralago.com. Ruhetag: Di. Betriebsferien: Anfang November–Ende Februar

Trattoria Vicovetere. Drinnen wie auch auf der Veranda sitzt man sehr hübsch und genießt eine feine traditionelle Küche. Loc. Villavetro, Via Carpione, 5, Tel. 0365/728 62. Ruhetag: Mo. Öffnungszeiten: nur abends geöffnet, Sa–So auch mittags

ÜBERNACHTEN

Lefay Resort&SPA ***.** Das schicke, luxuriöse Hotel ist voll und ganz in ökologischer Weise erbaut. Beeindruckend ist der Traumblick auf den See und das gegenüberliegende Ufer. Via Angelo Feltrinelli, 118, 25084 Gargnano, Tel. 0365/24 18 00, www.lefayresorts.com

Hotel Villa Giulia **.** Urlaub machen in einem romantischen Ambiente, das ist hier garantiert. Die viktorianische Villa stammt aus dem 19. Jahrhundert und liegt direkt am See. Viale Rimembranza, 20, 25084 Gargnano, Tel. 0365/710 22, www.vialgiulia.it

Auf der Terrasse des Hotels Villa Giulia

Malerische Uferpromenade

Residence La Lilmonai by Liana. Vier Appartements und eine Suite inmitten eines liebenswerten Gartens direkt am Ufer des Sees, mit eigener Bootsanlegestelle. Via Rimembranze, 18, 25084 Gargnano, Tel. 0365/716 94, www.apartmentslalimonaia.com

Nautic Resort San Carlo. Die komfortablen Ferienhäuer und -appartements gehören zur Bootswerft Feltrinelli. Sie liegen am Hang über der Werft und die Gäste können den hauseigenen Bootsverleih nutzen. Via della Libertà, 84, 25084 Gargnano, Tel. 0365/79 18 28, www.gardaholidays.it

Agriturismo Sbrigol. Auf der Bergseite von Gargnano liegen die fünf Ferienwohnungen, teilweise in umgebauten Limonaien. Sensationell die Aussicht und ganz nah am Dorf und See. Via Prea, 3, 25087 Gargnano, Tel. 0365/725 07, www.agrbertanza

Hotel Europa *.** Die zweiundzwanzig Zimmer befinden sich in einer malerisch gelegenen Villa mit herrlichem Garten über Gargnano, aber dennoch nah am Strand und Zentrum. Via Repubblica, 38, 25084 Gargnano, Tel. 0365/711 91, www.frassinehotels.it

EINKAUFEN

La Casa del Formaggio. Via don Primo Adami, 8, 25084 Gargnano, Tel. 0365/720 05

Bignotti. Gastronomia Salumeria Carni Alta Qualità, Via Roma, 13, 25084 Gargnano, Tel. 0365/712 20, www.bignotti-gargnano.it

Oleificio Gargnano. Via della Libertà, 92, 25084 Gargnano, Tel. 0365/723 15

AKTIVITÄTEN

Segreteria Ufficio Stampa Centomiglia. Via Alessandro Bettoni, 23, 25084 Gargnano, Tel. 0365/714 33, www.centomiglia.it. Öffnungszeiten: Mo–Sa von 9–12 Uhr. Mobil außerhalb der Öffnungszeiten: 0039/338-910 11 63

INFORMATION

Consorzio Riviera dei Limoni. Via Oliva, 32, Tel. 0365/79 11 72, 25084 Gargnano, www.rivieradeilimoni.it

Associazione Turistica Gargnano. Piazza Boldini, 2, 25084 Gargnano, Tel. 0365/79 12 43, www.gargnanosulgarda.it

Mitte: Vom Hochplateau Tignale hat man atemberaubende Ausblicke.
Unten: L'Osteria-Enoteca La Miniera

43 Tignale

Eldorado für Sportbegeisterte

Fährt man von Gargnano weiter nach Limone, biegt nach einigen Kilometern links eine Straße ab, hinauf nach Tignale, einem kleinem Paradies, sechshundert Meter über dem See. Von hier hat man einen fantastischen Blick auf Campione, das erst seit kurzer Zeit wieder zum Leben erweckt wurde.

Biken, Wandern und gut essen

Tignale erreicht man entweder ganz einfach über eine gut ausgebaute Serpentinenstraße von der Gardesana Occidentale aus oder über eine ziemlich kurvige, enge Straße von Tremosine. In früheren Zeiten war Tignale nicht von der Küstenstraße erreichbar und fristete daher lange Zeit ein ziemlich isoliertes Dasein. Die Bevölkerung lebte damals vorwiegend von der Landwirtschaft, erst in den 60er-Jahren begann der Tourismus auf dem Hochplateau eine Rolle zu spielen.

Heute ist Tignale ein begehrtes Urlaubsziel für Wanderer und Biker. Die vielfältigen Wege und Trails führen durch Buchen-, Kastanien und Kiefernwälder, und immer wieder kann man zwischendurch den See erblicken. Bis auf 1600 Meter Höhe ziehen sich die Pfade und fordern Biker und Wanderer, aber diese werden belohnt mit einer fantastischen Aussicht und auch durch gute Hausmannskost der Trattorien in Tignale und Umgebung. Ein beliebtes Ausflugsziel, das man auch mit dem Auto gut erreichen kann, ist die auf einem Felsvorsprung erbaute Wallfahrtskirche Madonna di Monte Castello. Pilger kommen seit Jahrhunderten hierher, um die Heilige Jungfrau

Maria zu ehren. Seit einigen Jahrzehnten haben sich viele Touristen dazugesellt, die neben der Kirche vor allem von der bella vista vom Portal aus über den ganzen See fasziniert sind. Vor der Kirche gibt es ein kleines Café, in dem man die schöne Aussicht bei einem Cappuccino oder einem Glas Wein genießen kann.

Wer mehr über die Traditionen der Bevölkerung dieser Hochebene erfahren möchte, vom Fischfang bis zum Anbau von Zitronen und Oliven, der sollte das Besucherzentrum Parco Alto Garda Bresciano im Ortsteil Prabione besuchen.

Campione neu entdeckt

Surfer und Segler schätzten seit jeher den Wind vor der flachen Landzunge Campione, zwischen Gargnano und Limone. Das Dorf selbst aber schien ziemlich verlassen, und man konnte nur erahnen, dass es einmal bessere Zeiten gesehen hatte. Einst gab es dort eine Baumwollspinnerei, die jedoch 1970 geschlossen wurde. Als die Arbeiter und Angestellten wegzogen, verfielen die Häuser.

Seit 2012 ist das neue Projekt – eine exklusive Anlage mit komfortablen Wohnungen, teils in den historischen, teils in neuen Gebäuden – fertig. Die früheren Wohnhäuser der Arbeiter und das Fabrikgelände wurden vollständig renoviert, um die Charakteristik des ehemaligen Baumwolldorfes weitgehend zu erhalten. Die Unternehmensgruppe, die das Projekt vollendet hat, sorgte auch dafür, dass es über 180 Bootsplätze mit modernsten Service-Leistungen vor der Landzunge gibt. Die günstigen Wetterbedingungen sowie die gute Lage unweit von Limone machen das neue Campione-Dorf sicherlich zu einem gefragten Platz für Wassersportler aller Art. Mehr darüber unter www.campionedelgarda.de.

Infos und Adressen

ESSEN UND TRINKEN

Osteria La Miniera. Bodenständige Gerichte, raffiniert verfeinert. Via Chiesa, 9a, 25080 Tignale, Tel. 0365/ 76 02 25. Ruhetag: Di. Betriebsferien: November und 7. Januar–14. Februar

ÜBERNACHTEN

Residence Besass. Hotel in ruhiger Lage, auf 580 Metern Höhe und nur wenige Minuten vom Ortsteil Gardola entfernt. Via Giovanni Tonoli, 13, 25080 Tignale, Tel. 0365/76 00 82

Albergo Castello. Familienhotel im Ortskern von Gardola! Ab 2012 gibt es, 500 Meter davon entfernt, neue Appartements mit Internet, TV und vielem mehr. Via Castello, 16, 25080 Tignale, Tel. 0365/730 41, www.ferienwohnungentignale-gardasee.de

EINKAUFEN

Al Portichetto Pasticceria. Typische Kuchen, Gebäcke und natürlich verlockendes Eis bekommt man in diesem gemütlichen Café. Piazza Umberto, 12, 25080 Tignale, Tel. 0365/731 36

INFORMATION

Consorzio Turistico Tignalese (Tourismusverband). Via Europa, 5, 25080 Tignale, Tel. 0365/733 54, www.tignale.org

Museo del Parco Alto Garda Bresciano. 25080 Tignale Fraz. Prabione, Tel. 0365/76 16 42, www.tignale.org. Im Sommer täglich 10–17 Uhr, Fr geschlossen

Mitte: Blumengeschmückter Balkon in Pieve hoch über dem Lago
Unten: Herbstvergüngen: Kastanien im Feuer

44 Tremosine und die vielen Dörfer

Balkon über dem See

Aus achtzehn kleinen Dörfchen besteht die Gemeinde Tremosine, die sich auf einer Hochebene über dem Gardasee ausbreitet, dort wo Alpen und mediterranes Flair aufeinandertreffen. Tremosine liegt mitten im Naturpark »Alto Garda Bresciano«. Wer Natur, Ruhe und Ursprünglichkeit sucht, der ist hier genau richtig. Beeindruckend – wie Adlerhorste kleben die Miniorte auf einer Höhe von über vierhundert Meter über dem See.

Hauptstadt: Pieve

Von Stadt kann natürlich keine Rede sein, aber das größte der achtzehn Dörfer, die sich auf etwa siebzig Quadratkilometer ausbreiten, ist auf jeden Fall Pieve auf 423 Meter ü. d. M. Nimmt man alle Bewohner zusammen, dann wohnen etwa 2000 Menschen auf diesem einzigartigen Balkon über dem Gardasee.

Da 98 Prozent der Italiener katholisch sind, gibt es natürlich eine Pfarrkirche, die Kirche San Giovanni Battista. Neben den sehenswerten Altären kann man einige beachtenswerte Kunstwerke besichtigen. Nichts gegen schöne Kirchen, aber hier oben ist es noch mehr die Landschaft, die eine innere Einkehr bewirkt.

Unverfälschte Natur – soweit das Auge reicht. Das ganze Gebiet, mit seinen vielen Pfaden, von denen man immer wieder mal einen unvergesslichen Blick auf den Gardasee werfen kann, waren anno dazumal wichtige Tausch- und Schmuggler-

Von Pieve nach Bocca Neves und zurück

Ausgangsort der nicht sehr anstrengenden Wanderung, die locker auch Schulkinder mitmachen können, ist im Ortsteil Pieve von Tremosine die Piazza Cozzaglio, gegenüber dem Tourismusbüro.

Weiter geht's dann in Richtung Mezzema. Halten Sie sich immer links und folgen einem Schotterweg, dem Hang entlang. Wenn Sie auf ein rotes Haus zugehen, sehen Sie schon Pregasio.

Der Wanderweg führt Sie durch den Ort! Beim Minimarket folgen Sie dem Wegweiser »Bocca Nevese 267« . Sobald Sie auf dem Sentiero Montagnoli angekommen sind, geht es immer aufwärts bis zum Bergrücken der Bocca Nevese. Hier weiden glückliche Kühe, und man genießt mit Ihnen die herrliche Fernsicht.

Der Weg führt weiter nach Cà del Lupo, und vor Ihnen liegt Vesio. Vorbei an einem großen Bauernhof geht es leicht abwärts zum Cà del Lupo auf 662 Metern Höhe. Passen Sie auf, denn anschließend müssen Sie scharf nach rechts abbiegen und dem Wegweiser nach Sompriezzo folgen.

Die Kirche in Pieve

Ein Hohlweg führt Sie abwärts, und Sie wandern weiter bis kurz vor dem Ortsteil Voiandes. Von hier geht's weiter nach Sompriezzo und dann in Richtung Pieve. Halten Sie sich bei der Kirche von Sompriezzo links, und gehen Sie bis zum Haus Nr. 20. Dort angekommen folgen Sie einem schmalen Pfad abwärts nach Musio.

Vor einem Hauseingang müssen Sie scharf links abbiegen und in Richtung der Fahrstraße gehen. Bei der Bushaltestelle überqueren Sie die Straße, gelangen in die Via die Gregoi und gehen weiter immer abwärts zur Kirche.

Von dort biegen Sie links in die Via Brasa ein. Rechts durch einen Hausdurchgang geht es auf einer Straße weiter abwärts, an einem Bachlauf entlang bis zur Fahrstraße. Auf dieser gehen Sie ein Stück nach links, um dann gleich wieder rechts in einen Schotterweg einzubiegen, der Sie über die Via Sabioera zurück in die Ortsmitte führt. Nach wenigen Metern ist man wieder am Ausgangspunkt auf der Piazza angekommen. Jetzt schmeckt ein Spritz oder ein Campari als Belohnung besonders gut.

AUTORENTIPP!

ABENTEUERLICHE ZUFAHRT

Man war nicht in Tremosine, hat man nicht einmal einen Ausflug in das Brasatal gemacht. Es ist das Tal der Schmieden und Mühlen. Je näher man in Richtung See kommt, umso steiler und felsiger wird das Gebiet. Hier findet man noch unverfälschte Natur! Der Bach Brasa war in früheren Zeiten die wichtigste Energiequelle für die Industrie. Entlang des Baches entstanden Gerbereien, Nagelschmieden und Getreidemühlen. Wer von hier oben weiter nach Limone will oder von dort kommt, um nach Tremosine zu fahren, der braucht ein gutes Feeling für sein Auto und, vor allem im Sommer, gute Nerven. Eng und unübersichtlich schlängelt sich der Weg nach oben! Zu allererst muss man jedoch aufpassen, dass man die Abfahrt 100 m vor dem Tunnel, etwa fünf Kilometer nach Limone, in Richtung Salò nicht verpasst. Und bis vor einigen Jahren gab es für diejenigen, die dieses Gebiet kennen und lieben, einen optischen Höhepunkt: eine Holzrinne, durch die das Wasser des Bächleins floss, kreuzte den Weg. Leider, leider wurde es ersetzt durch ein sicherlich praktisches, aber scheußliches Plastikrohr. Schade!

Knapp 400 Meter über dem Gardasee

wege. Heute wird hier nicht mehr geschmuggelt, sondern gesportelt, mal mit Wanderschuhen, mal mit dem Mountainbike.

Wer ein wenig Nervenkitzel braucht, der kehrt am besten im Hotel Paradiso ein. Hier gibt es eine Terrasse, die mehrere Meter weit über den Rand des Abgrunds hinausragt. Man steht also direkt über dem Abgrund, und da bekommt man schon mal eine Gänsehaut, daher auch der Name Schauderterrasse. Der Besuch der Plattform ist nicht davon abhängig, ob man im Restaurant des Hotels etwas verzehrt, aber mit einem Glas Wein oder einem Cappuccino kann man die Aussicht angenehmer und länger genießen. Nebenbei bemerkt, wer Fernsicht liebt, der kann im Hotel Paradiso auch übernachten.

Die meisten, die in einem der achtzehn Dörfer, die übrigens bis auf eines (Campione am See) alle auf der Hochebene verstreut sind, Urlaub machen, haben garantiert Wanderschuhe oder ein Mountainbike im Gepäck. Hier oben finden die Touristen Entspannung und Ruhe, Discos und heiße Bars sucht man vergebens.

ESSEN UND TRINKEN

Hotel Ristorante Miralago. Die Restaurantterrasse liegt auf einem Felsvorsprung vierhundert Meter über dem Gardasee. So kann man bei leckeren Gerichten den grandiosen Ausblick auf den See genießen. Piazza A. Cozzaglio, 2, 25010 Tremosine, Tel. 0365/95 30 01, www.miralago.it

Pizza auf der Schauderterrasse im Hotel Paradiso mit gigantischer Aussicht

Ristorante Pizzeria Brasa. Inmitten der Natur gibt es eine gute Pizza, aber auch viele Spezialitäten der Region, wie Spießbraten, Nudelgerichte oder Schmorbraten. Via Benaco, 22, 25010 Tremosine, Tel. 0365/91 81 19, www.basa.it

Wunderschön gelegen: die Dörfer von Tremosine

ÜBERNACHTEN

La Balze **.** Ein einzigartiges Panorama, Shuttlebus zum See, schönes Schwimmbad und jeglicher Komfort – perfekt für einen entspannenden Urlaub. Via Delle Balze, 8, 25010 Tremosine, Tel. 0365/91 71 55, www.hotel-lebalze.it

Agriturismo Nai. Wer den Ausblick und die Natur genießen will, der wird sich auf dem Bauernhof, seit 2007 ein Biohof, auf 780 Metern Höhe, wohlfühlen. Loc. Nai , Via Vassacler, 50, 25010 Tremosine, Tel. 0365/91 80 01, Mobil 0039/339-727 29 70

EINKAUFEN

Alpe del Garda. Eine Genossenschaft der kleinen Käseproduzenten auf der Hochebene. Im weitläufigen Laden gibt es Käse und viele weitere Köstlichkeiten, die hier gedeihen oder produziert werden. Via Provinciale, 1, 25010 Tremosine, Tel. 0365/95 30 50, www.alpedelgarda.it

INFORMATION

Informationsbüro Pieve di Tremosine. Piazza Marconi, 1, 25010 Tremosine, Tel. 0365/95 31 85, www.infotremosine.org. Öffnungszeiten: April–Oktober täglich 9–12.30 Uhr und 15–18.30 Uhr, November–April nur vormittags

Unten: Eng schmiegt sich Limone an den Hang.

45 Limone sul Garda

Pittoreskes Flair

Schon alleine der Ortsname suggeriert dem Besucher blühende Zitronenbäume und ein mildes, mediterranes Klima! So ist das auch, obwohl sich der Name nicht von Limoni, also Zitronen, sondern vom lateinischen Wort »limes« Grenze ableitet. Das pittoreske Touristendörfchen Limone klebt schier an den steilen Felshängen des Dosso di Roveri und ist ein wahres Eldorado für sportive Urlauber.

Riviera dei Limoni

Die Häuser scheinen keinen Platz zu finden zwischen dem tiefblauen See, der sich ab hier fjordartig verengt, und den steilen Berghängen. Das verleiht Limone seinen unvergleichlichen Charme! In den Sommermonaten schiebt sich eine gewaltige Touristenschar durch die engen Gassen hin zum reizvollen Hafen. Auch hier gilt wie für Sirmione, außerhalb der Hochsaison, kommt das Flair des Ortes viel besser zu Geltung. Hier beginnt, von Riva kommt die Riviera dei Limone. Die Westküste des Gardasees trägt diesen Namen vollkommen zurecht, denn obwohl die wirtschaftliche Hochzeit des Zitronenanbaus längst zu Ende ist und es nicht mehr viele Zitronengärten gibt, prägen diese wunderschönen Bäume mit ihrem dunkelgrünen Blättern, ihren intensiv duftenden Blüten und den leuchtendgelben Früchten immer noch das Landschaftsbild.

In Limone wurde dieser ehemaligen Zitronenkultur ein Denkmal gesetzt, indem man den Zitronengarten am Fuße des Mughéra wieder instandgesetzt hat. Er war einmal mit seinen 1633 Quadratme-

Wandern in das Val del Singol

Eine ideale Zeit für eine Wanderung in das Val del Singol ist der Frühling oder der Herbst. Im Sommer kann es ganz schön heiß werden auf der Strecke, die sich immerhin fast über acht Stunden hinzieht.

Ausgangspunkt der Wanderung ist Limone, am Parkplatz des Ristorante Milanese. Die Wanderwege zum Ziel sind rot-weiß markiert, und an den Abzweigungen gibt es Hinweisschilder. Zunächst wandern Sie auf einem gepflasterten Weg hinein in das Val del Singol. Man muss ein wenig aufpassen, denn mehrfach gehen links markierte Wege ab, aber Sie müssen sich immer rechts halten.

Der Rio Giovanni führt meist kein Wasser dafür rinnt bei den Wanderern der Schweiß, allerspätestens, wenn man ins Valle Salumi kommt. Hier ist es dann anfangs angenehm schattig, aber das ändert sich, auf den vielen Serpetinen nach oben zum Gipfel des Cima di mughera auf 1161 Metern.

Hier wird man mit einem gigantischen Blick auf Limone und den Gardasee belohnt. Anschließend geht es weiter auf einem Höhenweg in Richtung Passo Guil auf 1209 Metern, wo man eine beliebte Bikerstrecke kreuzt. Vorbei geht's an der Baita Segala – wer Lust hat kann hier einkehren und sich stärken für den weiteren Weg.

Die Bocca dei Fortini auf 1243 Metern lässt man rechts liegen. Unter dem Passo di Bestana biegt man nach links ab in einen breiten Waldweg. Der knickt nach etwa hundert Meter links ab, und von hier aus geht es hinauf zu einem Waldsattel.

Auf einer Schotterpiste wandert man zum Monte Traversole auf 1444 Meter Höhe und auf die Corna Vecchi auf 1415 Meter. Die wunderbare Aussicht auf die umliegenden Berge belohnt unseren Aufstieg. Vor dem Corno Nero verlässt man die Straße, es geht ein wenig aufwärts zur Bocca Vecchia, und von dort aus beginnt der markierte Abstieg ins Val del Singol und zurück zum Parkplatz in Limone.

Pittoreske Kulisse in der Altstadt

AUTORENTIPP!

PARADIES FÜR SPORTLER

Bis ins 20. Jahrhundert hinein war Limone ein verschlafenes aber reizvolles Dorf, dessen Bewohner vom Zitronenanbau und von der Fischerei lebten. Bis dahin war der Ort lediglich von Gargnano oder vom See aus erreichbar. Diese himmlische Ruhe änderte sich nach dem Bau der Gardesana Occidentale, der Verbindungsstraße zwischen Gargnano und Riva (1929–1931). Ab der zweiten Hälfte des 20. Jahrhunderts begann der Tourismus zu florieren. Es entstanden Hotels, Gasthäuser, Residenzen und Bars, und bald war auch ein riesiger Parkplatz nötig. In den Gassen dominierte zunehmend die deutsche, besser gesagt die bayerische Sprache! Limone lebt heute fast ausschließlich vom Tourismus. Viele, die hier Urlaub machen, sind nicht nur von der Schönheit des Ortes begeistert, sondern vor allem vom gebirgigen Hinterland, das bestens zum mountainbiken und wandern geeignet ist. In den siebziger Jahren entstanden auf den Berghängen über Limone Hotels mit schönen, gepflegten Tennisplätzen, die nun auch Tennisspieler an den Gardasee lockten. Jedes Jahr finden seither, zwischen August und September, in Limone internationale Tennistourniere statt.

Limonaien aus der Vogelperspektive

Hafenszene von Limone

tern eine der größten terrassenförmig angelegten Zitronenplantagen. Das auf einem Brunnen zu findende Datum vom 15. April 1786 bezieht sich vermutlich auf den Zeitpunkt des Baus oder Umbaus des Gartens, lässt sich aber nicht mit Sicherheit sagen. Der mittlere Teil der rekonstruierten Anlage ist ein interessantes Museum, durch das man sehr gut nachvollziehen kann, welch mühevolle Arbeit von den Menschen damals geleistet wurde. Die Limonaia del Castèl wurde 2004 für die Besucher geöffnet, die nun durch die Zitronengärten spazieren und über siebzig verschiedene Zitrusfrüchte bestaunen können. Zur richtigen Jahreszeit – wenn die Früchte reif sind – kann man auch den Duft von Süß- und Bitterorangen, Bergamotten, Pampelmusen, Mandarinen und Kumquat, um nur einige zu nennen, schnuppern. Ein Erlebnis für das Auge und die Nase!

Obwohl der magische Anziehungspunkt für viele der hübsche Hafen mit den Ristorante rundherum ist, sehenswert ist auch die Pfarrkirche aus dem Jahre 1691, die dem Heiligen Benedikt geweiht ist. Kunstinteressierte werden sich an den Bildern von Andrea Celesti (1637–1712) erfreuen. Beeindruckend ist auch der lebensgroße Christus aus Buchsbaumholz, der barocke Kreuzaltar aus gelbem Marmor und einiges mehr.

ESSEN UND TRINKEN

Ristorante – Bar – Gemma. Man genießt hier lecker zubereitete Fische aus See und Meer und sitzt dabei auf der Terrasse, direkt am See mit Blick auf den Monte Baldo. Piazza Garibaldi, 11, 25010 Limone sul Garda, Tel. 0365/95 40 14. Ruhetag: während der Sommermonate keiner, von April–Mai: Mittwoch. Betriebsferien: Anfang November–Mitte März

Gato borracho. Bei Michele ist immer was los! Es gibt immer gute Weine, einen herzlichen Service und eine gute Küche. Donnerstag und Samstag sogar Livemusik bis zum frühen Morgen ... Enoteca, Ristorante, Winebar, Via Caldogno 1/1, 25010 Limone sul Garda, Tel. 0365/91 40 10, www.gatoborracho.com. Ruhetag: Di. Betriebsferien: Februar bis kurz vor Ostern

Reges Touristentreiben

ÜBERNACHTEN

Hotel Ideal **.** Schön gelegenes Familienhotel in einem 23 000 Quadratmeter großen Park, mit Tennis-Sandplätzen! In einem Viertelstündchen erreicht man die Altstadt. Via IV Novembre, 32, 25010 Limone sul Garda, Tel. 0365/957 11, www.hotelideal.net

Genießen mit Seeblick

Hotel Le Palme. Das Hotel ist eine ehemalige venezianische Villa aus dem 17. Jahrhundert und liegt in der Altstadt. Es gibt ein hübsches Terrassencafé direkt am See. Via Porta, 36, 25010 Limone sul Garda, Tel. 0365/95 46 81, www.sunhotels.it

Campeggio Garda *.** Der Campingplatz liegt inmitten eines Olivenhains, nur 500 Meter von der Altstadt entfernt, direkt am See mit Privatstrand. Via IV Novembre, 10, 25010 Limone sul Garda, Tel. 0365/95 43 57, www.hg-hotels.com

INFORMATION

Informationsbüro Parking Caldogno. Via IV Novembre, 29/L, Tel. 0365/91 89 87/95 47 20

Oder auf dem Parkplatz:
Informationsbüro Parking Lungolago
Tel. 0365/95 42 65

Hotelterrasse mit Blick auf den Monte Baldo

DIE STÄDTE

46 Trento

Buongiorno anstatt Grüß Gott

Vorangehende Doppelseite: Mantua bei Nacht

Unten: Blick über die Stadt

»Trentatré trentini entrarono a Trento e tutti e trentatré trotterellando«, damit zerbrechen sich italienische Kinder ihre Zunge. Als Sprachübung für das Erlernen des rollenden italienischen »r« ist dieser Satz auch für Nicht-Italiener zu empfehlen! Ab Trento wird nämlich nur noch Italienisch gesprochen. Kurz vor der Stadt, an der Salurner Klause, verläuft aber nicht nur die sprachliche Grenze, sondern auch die zwischen germanischer und mediterraner Lebensart. In Trento ist man endgültig in Bella Italia angekommen.

Geschichte einer Grenzstadt

Beim Blick auf die Stadt fällt einem gleich der »Doss Trento« auf, der gewaltige Felsklotz, der sich 309 Meter ü. d. M. mitten im Tal erhebt. »Verruca«, Warze, nennen ihn die Trentiner. Dabei ist er der Grundstein der Stadtgründung. Denn nach dem Zimberneinfall, im Jahre 102 v. Chr., wurde den Römern klar, dass, wenn sie ihre oberitalienischen Städte wirksam vor den immer häufiger werdenden Barbareneinfällen schützen wollten, man sie bereits im Vorfeld abfangen müsste.

Trento wurde bereits in der Antike zur Frontstadt und ist es bis in die jüngste Zeit geblieben, was sich manchmal sogar als Vorteil erwies. Als zum Beispiel Landeshauptmann Silvius Magnago mit seinem »Los von Trient« Südtirol und Trentino zu zwei autonomen Provinzen in einer Region machte, antwortete man in Trento »Wir haben das Beste von Beiden«. Aus Allem das Beste zu machen, hat die Trentiner ihre wechselvolle Geschichte gelehrt.

Castello del Buonconsiglio

Die Stadt wurde fast 800 Jahre unter deutschen Kaisern von Bischöfen und Fürstbischöfen regiert, 1796 von napoleonischen Truppen besetzt und danach vom Kaiserreich Österreich beherrscht, bis sie schließlich nach dem 1. Weltkrieg an Italien fiel. Trento wurde zum Umschlagplatz zwischen Nord und Süd, zum Global Player, lange bevor das Wort überhaupt erfunden war.

Das Tridentinische Konzil

Weltberühmt, wenn auch nur für kurze Zeit, wurde Trento durch das Konzil von Trient, das Tridentinum, eines der bedeutendsten Ereignisse der damaligen Zeit. In den Jahren bis zu dessen Eröffnung verwandelte Fürstbischof Bernardo Clesio, wie ihn die Trentiner nennen, nicht nur seine Residenz von einer mittelalterlichen Burg in einen prächtigen Renaissancepalast, sondern auch das mittelalterliche Stadtbild, das vor seiner Zeit aussah wie ein Haufen hingeworfener Mikadostäbe.

Er ließ ganze Stadtviertel abreißen, legte neue Straßen und Plätze an, ließ sie pflastern und die Fassaden der alten Palazzi bemalen. Die 8000 Bür-

AUTORENTIPP!

STADT DER SPUMANTE

ÖKO

Trento liegt in einem Tal umgeben von Weinbergen. Böden und Klima, insbesondere die kühlen Nächte, sind optimal für anspruchsvolle Chardonnay-Weine. Es gibt einige sehr gute Kellereien, die hochwertigen Flaschengärsekte herstellen und dafür Jahr für Jahr großartige Auszeichnungen von Weinführern einheimsen. Alleine in Trento gibt es einige Kellereien, wie etwa Abate Nero oder Cavit. Ein wenig außerhalb produzieren Mario Pojer und sein Partner Fiorentino Sandri ebenfalls feingliederige Spumanti. Markführer ist die Cantina Ferrari in Trento, von der Autobahn aus gut sichtbar und über die neue Ausfahrt Trento Süd zu erreichen. Es gibt einen schönen Verkaufsraum und man kann nach Anmeldung eine Führung mitmachen!

Cantina Ferrari (F.lli. Lunelli)
Via Ponte di Ravina, 15
Tel. 0461/97 23 11
www.cantineferrari.it

AUTORENTIPP!

ES WIRD GEFEIERT

Die Trentiner wissen zu feiern, und irgendeinen Anlass findet man immer. Da ist zum Beispiel das »Vigiliane«, das Stadtfest zu Ehren von San Vigilio, dem Schutzpatron der Stadt. Es findet immer an den letzten beiden Wochenenden im Juni statt. Am letzten Tag gibt es ein Floßrennen auf der Etsch, und ein beeindruckendes Feuerwerk bildet den Abschluss der heiteren Festtage. Weitere Auskunft unter www.festevigiliane.it

Ein riesiger Spaß ist auch das Polentafest, das immer am letzten Septemberwochenende stattfindet. Die Trentiner lieben ihre Polenta, die grobkörniger ist, als die aus dem Veneto. In einem riesigen Kupferkessel wird der heiße Brei unter den Augen zahlreicher Zuschauer auf den verschiedenen Plätzen zubereitet.

Magische Anziehung auf die Flachländer aus Norditalien übt der Weihnachtsmarkt in Trento aus. Aber auch für Touristen jenseits des Brenners ist der Markt hübsch anzusehen. Die Stadt wird richtig aufwendig geschmückt, so wie man es bei uns nur noch selten findet. Inmitten dieser wunderschönen Kulisse der mittelalterlichen Altstadt von Trento ist das weihnachtliche Treiben mit Glühwein und vielen Leckerein ein wahres Vergnügen. Manchmal schneit es sogar ein wenig ...

Die Monatsfresken im Adlerturm des Castello del Buonconsiglio

ger der Stadt wurden nicht nur für die aberwitzigen Umbaukosten zur Kasse gebeten, sondern hatten auch noch das zweifelhafte Vergnügen, später die 2000 Konzilteilnehmer zu verköstigen, ihnen im Winter geheizte Räumlichkeiten in der Stadt und im Sommer kühle Ausweichquartiere auf den Bergen bereitzustellen. Bernardo hat das Konzil selbst nicht mehr erlebt, aber den geistlichen Herren scheint der Aufenthalt in Trento dennoch sehr gefallen zu haben, denn sie dehnten, mit kurzen Unterbrechungen, die Dauer des Konzils auf 8 Jahre, von 1545 bis 1563 aus. Die noch heute zur kulinarischen Spezialität der Stadt gehörenden Strangolapreti (Priesterwürger), mit Parmesan bestreute, in Salbeibutter geschwenkte Spinatgnocchi, müssen es ihnen besonders angetan haben. Damit sie ihnen nicht in der Kehle stecken blieben, bestand für die Zeit der Dauer des Konzils ein Exportverbot für Trentiner Wein.

Einen Eindruck von der Zeremonie der Konziltagungen geben uns zahlreiche Tafelbilder im Museo Diocesano am Domplatz, sowie ein Bild aus dem Jahre 1633 zwischen den Fenstern an der rechten Chorwand der Kirche Santa Maria Mag-

giore. Als das Konzil – welches durch eine starre Haltung und strikte Ablehnung der Reformation die Spaltung von der lateinischen Kirche eher besiegelte, anstatt sie zu überwinden – zu Ende gegangen war, fiel Trento in seine alte Lethargie zurück! Sie wurde erneut Garnisonsstadt, diesmal unter den österreichischen Besatzern. Wegen des Baus eines Bahnhofs für die neue Brenner-Eisenbahn wurde die Etsch 1858 von den Österreichern nach Westen verlegt und somit den Trentinern der Blick auf den Fluss genommen.

Aus Protest gegen die fortwährende »Entnaturalisierungstendenz« der Österreicher haben die Trentiner Ihnen das monumentale Denkmal des italienischen Nationaldichters Dante an ihrem Bahnhof vor die Nase gesetzt.

Stadt der schönen Fresken

Fresko kommt von fresco – das heißt »frisch« – und bezieht sich auf die Wandmalereien. Diese Bilder wurden nämlich frisch, also auf den noch feuchten Putz aufgetragen, mit dem sich dann die Farben untrennbar verbanden. In Trento kann man besonders viele, noch gut erhaltene Fresken bewundern.

Wohl die schönsten stammen von Girolamo Romanino aus den Jahren 1530 bis 1531. Weitere kann man bestaunen im Löwenhof des Castello del Buonconsiglio. Die Fresken der Rella-Häuser auf der Nordseite des Domplatzes werden dem Maler Marcello Fogolino zugeschrieben. Beide Künstler standen im Dienste des Fürstbischofs Bernardo Clesio und trugen mit ihrer Malerei wesentlich zum farbigen Stadtbild von Trento bei. Gut erhalten sind auch noch die Fresken am Palazzo Geremia, sowie am Palazzo Alberti Colico in der Via R. Belenzani.

Oben: Loggia des Castello del Buonconsiglio
Mitte: Wandmalerei im Castello del Buonconsiglio
Unten: Marktstände in Trento

Oben: Trento bei Nacht
Unten: Detail des Neptunbrunnes vor dem Dom

Die wertvollsten und fantastischsten Fresken jedoch sieht man im Adlerturm des Castello del Buonconsiglio. Fürstbischof Georg I. von Liechtenstein ließ den Zyklus »Monatsbilder« um 1397 vom böhmischen Meister Wenzel malen. Darin ist das Leben der Menschen während der Renaissance im Laufe der Monate dargestellt. Die Bilder zeigen ganz deutlich die unterschiedlichen Lebensweisen der Bauern und des Adels. Der Monat März ist leider bei Umbauarbeiten zerstört worden und konnte auch nicht mehr rekonstruiert werden. Die elf Gemälde sind eine echte Sehenswürdigkeit, die man sich nicht entgehen lassen sollte.

Zwischen Tradition und Moderne

Heute bedient sich die Stadt wirkungsvollerer Mittel, um ihre Eigenständigkeit zu beweisen. Im westlichen Stadtteil, entsteht das neue »Finestra sul Adige«, das Fenster zur Etsch. Der Entwurf der Stadterweiterung stammt von Stararchitekt Renzo Piano. Er hat in Städten wie Paris (Centre Pompidou) und Berlin (Debis Haus am Potsdamer Platz) bereits bauliche Akzente gesetzt. Bewusst plante er ein überaus modernes Stadtteilzentrum als Gegensatz zum konservativen Altstadtbild.

Dass es sich in einer Stadt, deren Gegenwart dem Niveau der Vergangenheit standhält, gut leben lässt, beweisen neben dem Bevölkerungszuwachs, auch internationale Umfragwerte. Trento ist die Stadt mit der höchsten Lebensqualität aller 103 italienischen Provinzhauptstädte. Auch im Europa-Ranking belegt Trento einen der vorderen Plätze. Wirklich schade, dass so viele Autofahrer den Fuß auf dem Gaspedal lassen und zum nahen Gardasee durchfahren. Trento, oder wie es in deutscher Sprache heißt Trient, ist eine ungemein sehenswerte Stadt, voller Gegensätze und Überraschungen.

Ein Spaziergang durch die Geschichte

Am besten erschließt sich die Stadt zu Fuß. Stellen Sie am besten ihr Auto auf dem Parkplatz des **Castello del Buonconsiglio** Ⓐ ab.

Die Monatsfresken im Adlerturm, im Stil der höfischen Gotik, die die Arbeiten der Bauern und die Vergnügungen der Adligen plastisch darstellen, geben einen Einblick in das soziale Gefüge des Mittelalters. (mit Führung). Danach, geht's weiter auf dem, für die Konzilteilnehmer gebauten Prozessionsweg, über die **Via S. Marco** zum **Cantone Platz** Ⓑ mit dem Palazzo Monte und seinen beiden übereinander liegenden Balkonen, zur Via Manci mit dem **Palazzo del Diavolo** Ⓒ, so benannt, weil die Fugger ihn in weniger als einem Jahr erbauten, was nach italienischer Ansicht nur mit dem Teufel zugegangen sein konnte.

Der Prozessionsweg biegt jetzt nach links in die Via R. Belenzani zum Dom ab, vorbei an prächtig bemalten Palästen. Im Hof des **Palazzo Thun** Ⓓ, (Nr.19 links), steht das Original der Neptunstatue des gleichnamigen 1768 entstandenen Brunnens. Sein Dreizack (lat. tridens) spielt auf den Namen der Stadt an. Gegenüber steht der **Palazzo Geremia** Ⓔ ein um 1500 erbautes Gebäude mit einer prächtigen Renaissance-Fassade.

Der **Domplatz** Ⓕ wirkt trotz seiner ihn umgebenden, repräsentativen Bauten, dem **Dom** Ⓖ mit dem angebauten Palazzo Pretorio und dem Castelletto, keineswegs monumental. Er strahlt, ganz im Gegenteil, sehr viel Urbanität aus, wozu ein Cappuccino in einem der Cafés unter den Bögen, mit Blick auf die schön bemalten Cazuffi-Häuser und die Putten des Neptun-Brunnens mit Sicherheit beiträgt.

Beim Betrachten der zur Schaufassade umgearbeiteten Nordflanke des Domes, der dem Hl. Vigilius geweiht ist, fällt die eindrucksvolle nach Norden gerichtete Fensterrose ins Auge. Die Fensterrose auf der gegenüberliegenden Westseite lässt das dunkle Innere des Domes nachmittags am schönsten aufleuchten. Es veranschaulicht in der dreischiffigen Basilika romanische und gotische Elemente: Das Fresko von der Enthauptung des Hl. Johannes im linken Querschiff (1370), die berühmten beiden Treppen, die zu den Glockentürmen führen und das Grab von Bernardo Clesio.

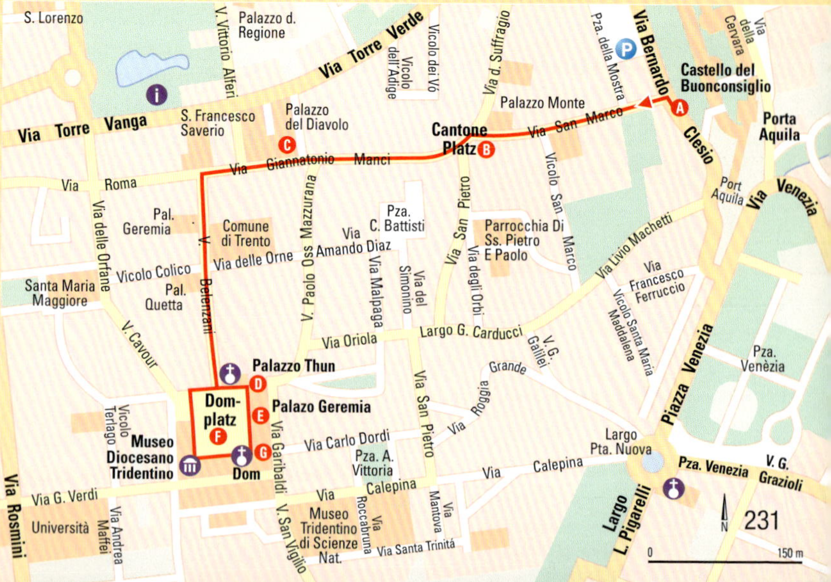

Oben: Hausgemachte Würste gibt es in Antichi Sapori Trentini.
Mitte: Die Patronin der Osteria Il Capello auf der Piazzetta B. Lunelli
Unten: Profunde Beratung über Weine, Spirituosen und vieles mehr gibt es im Grado 12.

Kulinarischer Bummel

Gerne beginne ich meine Schlemmertour durch die Altstadt am Domplatz mit dem Neptunbrunnen. Das hat den Vorteil, dass dieser Platz leicht zu finden ist, wenn man sich mit Freunden verabredet. In der Enoteca Scrigno del Duomo (Schatzkästchen des Doms) gibt es eine große Auswahl an Weinen und, falls der Magen schon ein wenig knurrt, kann man im ansprechend gestalteten Bistro oder im von einer Mauer umgebenen Vorhof eine Kleinigkeit schnabulieren. Das dazugehörende Sternerestaurant im sehenswerten Keller des alten Palazzo ist leider nur abends geöffnet. Eine gute Wahl für einen genussvollen Abend in außergewöhnlichem Ambiente. Derzeit ist es das einzige Restaurant in der Altstadt von Trento mit einem Michelinstern.

Nach dem ersten Stopp führt mich mein Weg vom wunderschönen Domplatz aus ins Grado 12, einen Laden, der Genießer verzaubert. Bei 1200 Weinen und etwa 200 Destillaten ist es nicht leicht, eine Entscheidung zu treffen. Aber Mario und Fabio, die beiden Betreiber des Schlaraffenlands in der Largo Carducci, sind profunde Experten und beraten gerne. Jeden Monat stehen die Erzeugnisse eines anderer Winzers aus Italien im Mittelpunkt der Präsentation. Zudem gibt es eine enorme Auswahl an Olivenölen aus allen Regionen, feinste Pasta von edlen Manufakturen und Familienbetrieben, Marmeladen, eingelegtes Gemüse und, und, und.

Gleich vis-à-vis ist das Casa del Café. Sechsunddreißig verschiedene Sorten roher Kaffeebohnen werden hier zu aromatischem Caffè geröstet, den man dort auch gleich in unterschiedlichen Versionen genießen kann, oder man kauft sich seine Lieblingssorte für Zuhause.

Neben den feinen Genussläden gibt es für »La Signora« natürlich viele schöne Geschäfte mit schicker Mode, neuesten Schuhmodellen und edlen Taschen sowie natürlich auch kleine schnuckelige Bars für die Erfrischung zwischendurch.

Trento Card – Geld gespart

Die Trento Card ermöglicht es Ihnen, ohne langes Warten vor Museen, mit Hilfe von öffentlichen Verkehrsmitteln und einer Kurzbeschreibung der wichtigsten Sehenswürdigkeiten die Stadt kennen und lieben zu lernen.

Die Trento Card gibt es im Fremdenverkehrsamt. Weitere Verkaufsstellen können Sie im Internet nachlesen. Diese Card erleichtert das Kennenlernen der Stadt ungemein und das für wenig Geld. Ecco! – auf nach Trento!

MAL EHRLICH

PULSIEREND UND HEISS

In den vergangenen Jahrzehnten ist die Stadt Trento von Jahr zu Jahr schöner und lebendiger geworden, nicht zuletzt natürlich dank der vielen Studenten. Ich bevorzuge es, von Trento zu sprechen und nicht von Trient, wie der Stadtname auf Deutsch heißt. Auf allen Straßenschildern steht Trento, es ist leicht auszusprechen, also warum soll ich dann Trient sagen? Aber das kann jeder halten wie der möchte. So schön die Altstadt auch ist, an richtig heißen Hochsommertagen ist ein Bummel absolut nicht empfehlenswert. Die Stadt heizt sich derart auf, dass es schier unerträglich wird. Die Einheimischen fliehen an diesen Hundstagen auf die naheliegenden Berge, und das würde ich auch allen Besuchern raten. Verschieben Sie ihre Entdeckungstour auf eine andere Jahreszeit, im Frühjahr oder im Herbst ist die Stadt besonders zauberhaft.

AUTORENTIPP!

BELLA VISTA UND GUT ESSEN

Wenn die Sonne gnadenlos auf die Domstadt brennt, dann fährt man am besten auf die Hügel rund um die Stadt. Für Genießer habe ich ein besonders reizvolles Ziel: Die Locanda Margon, die auf der Strecke zum paradiesisch gelegenen Kleinod Villa Margon liegt! Beide sind in Besitz der Familie Lunelli (Ferrari Spumante). Während aber die Villa nur bei besonderen Veranstaltungen die Pforten öffnet, kann man in der Locanda Tag für Tag gut essen und einen Traumblick auf Trento genießen. Vor einigen Jahren hat Familie Lunelli die ehemalige Trattoria erworben und in ein geschmackvolles Ristorante verwandelt. Alfio Ghezzi, der vorher bei Gualtiero Marchesi gearbeitet hat und dann die rechte Hand von Trussardi im Ristorante Scala in Mailand war, ist in seine Heimat Trento zurückgekehrt und leitet nun die Geschicke des schönen Hauses. Seit zwei Jahren darf er sich mit einem Michelinstern schmücken. In der Locanda gibt es auch die Möglichkeit auf der Veranda eine leichte, einfachere und schnelle Küche zu genießen! Im »Salotto Gourmet« wird dann die wunderbare Sterneküche aufgetischt. So oder so hat man einen herrlichen Blick über die Weinberge hinweg hinunter nach Trento.

Locanda Margon
Via Margone di Ravina, 15
38123 Trento
Tel. 0461/34 94 01
Ruhetag: So

Infos und Adressen

ESSEN UND TRINKEN

Osteria Il Cappello. Im Herzen der Altstadt eine Oase zum Wohlfühlen und Genießen. Piazzetta B. Lunelli, 5, 38100 Trento, Tel. 0461/23 58 50. Ruhetag: Sonntagabend und Mo

Antico Pozzo. Sie speisen in einem Palazzo aus dem 15. Jahrhundert heimische Gerichte der Autodidaktin Lorenza. Via Manci, 45, 38100 Trento, Tel.0461/26 36 57. Ruhetag: Dienstagabend. Betriebsferien: Erste Woche im Januar und eine Woche im August

Il Libertino. Eine gemütliche Osteria mit typischen Trentiner Köstlichkeiten und Weinen. Piazza di Piedicastello, 38122 Trento, Tel. 0461/26 00 85, www.ristoranteillibertino.com. Ruhetag: Dienstag

Leckere, raffinierte Antipasti

ÜBERNACHTEN

Hotel Villa Madruzzo *.** Die Villa ist eingebettet in einen Park mit alten Bäumen und bietet einen herrlichen Blick auf Trento. Zudem kann man auch sehr gut essen. Via Ponte Alto, 26, 38100 Trento, Tel. 0461/98 62 20, www.villamadruzzo.it

Hotel Aquilla d'Oro **.** Zimmer in die man sich gerne zurückzieht, inmitten der Altstadt. Via Rodolfo Belenzani, 76, 38122 Trento, Tel. 0461/98 62 82, www.aquiladoro.it

Ambiente im Hotel Aquila d'Oro

Buonconsiglio **.** Modernes, schickes Stadthotel, wenige Fußminuten von der Altstadt entfernt. Via Gian Domenico Romagnosi, 14, 38122 Trento, Tel. 0461/27 28 88, www.hotelbuonconsiglio.com

Hotel Vela. 2 km vom Centro und 4 km von der Ausfahrt Trento Nord entfernt in einem ruhigen Wohngebiet. Restaurant mit heimischer Küche. Via Santi Cosma e Damiano, 21, 38121 Trento, Tel. 0461/82 72 00, www.hotelvela.com

Die Minigaststube des Ristorante Due Spade

EINKAUFEN

Grado 12. Weine, Destillate und Spezialitäten. Largo Carducci, 12, 38122 Trento, Tel. 0461/98 24 96

Casa del Caffè. Kaffee-Laden mit einer Bar. Via San Piero, 38, 38122 Trento, Tel. 0461/98 51 04

Antichi Sapori Trentini. Insbesondere Käse, vorwiegend aus dem Trentino. Via Rodolfo Belenzani, 56, 38100 Trento, Tel. 0461/26 05 35

Winzer mit Direktverkauf:
Abate Nero. Fraz. Gardolo, Sponda Trentina, 45, 38014 Trento, Tel.: 0461/24 65 66, www.abatenero.it

Cantina Ferrari (F.lli. Lunelli). Via Ponte di Ravina, 15, Tel.: 0461/97 23 11, www.ferrarispumante.it

Pojer & Sandri. Loc. Molin, 4, 38010 Faedo, Tel. 0461/ 65 03 42, www.pojeresandri.it

AKTIVITÄTEN

Castello del Buonconsiglio. Via Bernado Clesio, 5, 38100 Trento, Tel. 0461/23 37 70. Öffnungszeiten: 10–18 Uhr, Mo geschlossen

Museo della SAT. Via Manci, 57, 38100 Trento, Tel. 0461/98 18 71, sat@biblio.infotn.it

Prächtig: der Park von Castello del Buonconsiglio

Das Naturwissenschaftliche Museum in der Altstadt

Museo delle Scienze – Wissenschaftsmuseum. Via Calepina, 14, 38100 Trento, Tel. 0461/27 03 11, info@mtsn.tn.it, www.mtsn.tn.it. Öffnungszeiten: 10–18 Uhr, Mo geschlossen

INFORMATION

Fremdenverkehrsamt Trento. Via Manci, 2, 38122 Trento, Tel.0464/21 60 00, www.apt.trento.it. Öffnungszeiten: täglich 9–19 Uhr

Trento Card. Die »24 Stunden Card« für 10 € (Stand 2011) beinhaltet: Museen in Trento und ihre Ausstellungen. Botanischer Alpengarten auf dem Monte Bondone. Führungen durch Kellereien mit Weinproben. Städtische Verkehrsmittel. Seilbahn: Trento-Sardagna. Fahrradverleih. 10 Prozent Skonto auf Parkplätze, in Ristoranti und Geschäften, für Taxi, Schwimmbäder, Skischulen, Fitness- und Wellnesscenter, im Eisstadium und im Langlaufzentrum, bei Touristikflügen und beim Paragliden, sowie beim Verleih von Sportausrüstungen.

Wer sich für die »48 Stunden Card« entscheidet, kann zu den bereits genannten Angeboten noch folgende Möglichkeiten nutzen: MART – Museum für zeitgenössische Kunst in Rovereto. Castel Beseno. Trentiner Volkskundemuseum in San Michele all'Adige. Historisches Kriegsmuseum in der Burg von Rovereto. Castel Thun.

Unten: Rovereto von der Friedensglocke aus fotografiert

47 Rovereto

Eine Stadt des Friedens

Während des Wiederaufbaus nach dem ersten Weltkrieg, in den 20er-Jahren, kam Pfarrer Don Antonio Rossaro die Idee, die Kanonen beider Heere zu einer einzigen Glocke zu verschmelzen. Mit 3,36 Meter Höhe und einem Gewicht von 22 Tonnen entstand die größte Glocke der Welt. »Nichts geht durch Frieden verloren, aber alles durch den Krieg« lautet ihre Inschrift. Vom Colle di Miravelle mahnt sie jeden Abend mit 100 dumpfen Schlägen zum Frieden und zum Nachdenken.

Goethe, Mozart und Marzemino

»Trento bella, Rovereto fallita, – Trento ist schön, Rovereto ruiniert«, hieß es nach dem Krieg. Das war aber längst nicht immer so. Rovereto hat auch schon bessere Zeiten gesehen, daran erinnern die venezianisch anmutenden Fassaden der noch erhaltenen Gebäude in der Innenstadt. 1405 kamen die Venezianer nach Rovereto, um ihre Handelswege nach Norden zu sichern.

Sie brachten den Bewohnern den Maulbeerbaum mit und führten die Seidenraupenzucht ein. Daraufhin entwickelte sich eine der bedeutendsten Seidenindustrien, von der Herstellung der edlen Stoffe bis zu deren Verarbeitung. So kam die Stadt zu Wohlstand und Ansehen. Als Geheimrat Johann Wolfgang von Goethe bei seiner Italienreise 1786 in Rovereto haltmachte, war er von den Kleidern der Bewohner so angetan, dass er sich sofort ein neues Outfit fertigen ließ. Ein paar Jahre früher, Weihnachten 1769, gab Wolfgang Amadeus Mozart im Palazzo Todeschi-Micheli sein

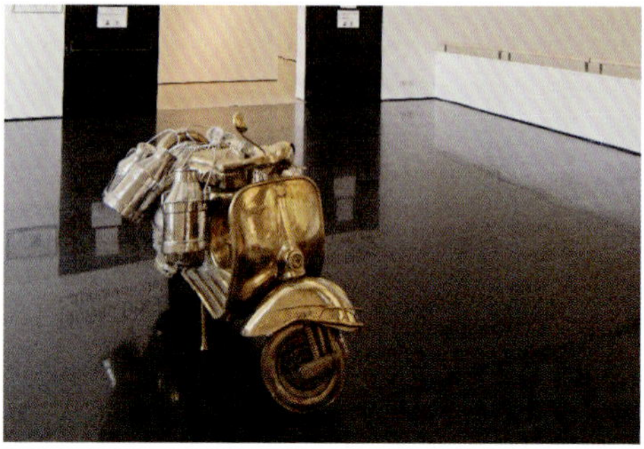

MART bietet abwechselnde Ausstellungen der Modern Art.

erstes Konzert in Italien. Nach der Aufführung wurde ihm Marzemino-Wein gereicht. Dieser mundete dem damals 13 jährigen (!) so, dass er ihm in seiner Oper Don Giovanni ein musikalisches Denkmal gesetzt hat, indem er den Protagonisten ausrufen lässt: »Versa il vino. Eccellente Marzimino«, »Gießt mir vom exzellenten Marzemino ein.« Dieser Rotwein aus der Marzemino-Traube wird auch heute noch von allen Winzereien rund um Rovereto und in der Vallagarina gekeltert und ist nach wie vor der Lieblingswein der Einheimischen. Typisch für den leichten, süffigen Roten, der jung getrunken wird, sind der Veilchenduft und das zarte Bittermandelaromen im Abgang.

MART – Arte Moderna

Für Liebhaber der Modern Art ist MART ein absolutes Muss. Rovereto und Trento teilen sich gemeinsam den Sitz des Museo d'Arte Moderna di Trentino. Seit Eröffnung des Hauptsitzes in Rovereto im Jahr 2002 wurde das MART in kürzester Zeit zu einem der wichtigsten europäischen Treffpunkte für moderne Kunst und Kultur. Unter der beeindruckenden Glaskuppel des Schweizer Architekten Mario Bota sind Werke wichtiger internationale Künstler der Moderne und der Gegenwart

AUTORENTIPP!

ROVERETO VON OBEN ...

... dazu ein schmackhaftes Gericht genießen, das ist Urlaubsvergnügen pur. Nur wenige Kilometer von »centro storico« entfernt, immer bergauf gibt es einige Adressen für gute Küche, »bella vista« garantiert. Eine davon ist die Locanda D&D in Nogaredo. Ivano Dossi kocht eine traditionelle Trentiner Küche mit Fingerspitzengefühl und wohltuender Leichtigkeit. Seine französische Frau Sandrine betreut mit viel Charme die Gäste.

Im Sommer sitzt man auf der schattigen Terrasse und freut sich über den Traumblick auf das breite Etschtal. Liebevoll, und mit Respekt vor den alten Gemäuern haben die Beiden die drei Speisezimmer gestaltet. Alles was hier aufgetischt wird ist hausgemacht und köstlich. Die Polenta gart hier noch in einem Kupferkessel über offenem Feuer. Bei den Weinen kennt sich mittlerweile Sandrine bestens aus. Wer nach einem Stadtbummel lieber Rovereto von oben genießt – hier macht es Spaß!

Locanda D&D
Di Ivano Dossi&C.s.a.s.
Via Maso, 2, 38060 Nogaredo
Tel. 0464/41 07 77, www.locandaded.it

Stadtrundgang in Rovereto

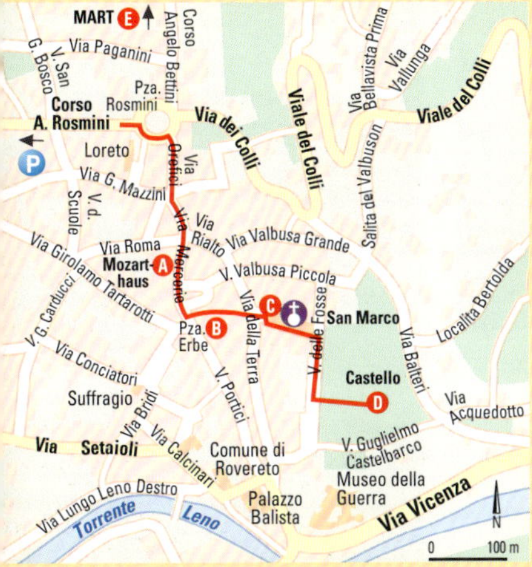

Man parkt am besten das Auto am großen Parkplatz am Corso Rosmini. Von hier aus geht es zu Fuß zur Piazza Rosmini. Dort biegen Sie rechts ab in die Via Orefici und gehen weiter in die Via Mercerie, vorbei am **Palazzo Todeschi-Micheli**, das heutige **Mozarthaus** Ⓐ. Über dem Eingangsportal kann man das Wappen der Adelsfamilie sehen. Eine Steinplatte an der Hauswand erinnert daran, dass Mozart bei der Familie zu Gast war und am 25. Dezember 1769 für sie und einige noble Freunde des Hauses ein Konzert gab.

Weiter geht es zur **Piazza Erbe** Ⓑ, einem hübscher Platz, eingerahmt von schönen Palazzi auf dem jeden Vormittag ein Gemüse- und Obstmarkt stattfindet.

Von der Piazza Erbe geht's durch eine schmale Gasse zur Piazza San Marco, mit der **Kirche San Marco** Ⓒ. Sie wurde 1440 zu Ehren des venezianischen Schutzpatrons erbaut. Damals stand Rovereto unter der Herrschaft der Dogen von Venedig. Im Laufe der Jahrhunderte wurde die Kirche immer wieder erweitert und umgebaut. Das Kircheninnere besteht aus einem breiten Mittelschiff, im linken Flügel befinden sich drei Kapellen. Beeindruckend sind vor allem die neun Marmoraltäre aus dem 18. Jahrhundert und eine Orgel im Rokokostil aus dem 16. Jahrhundert. Hier gab der junge Wolfgang Amadeus Mozart am 26. Dezember 1769 sein erstes öffentliches Konzert auf italienischem Boden. Die Kirche ist vormittags und nachmittags für Besucher geöffnet.

Folgen Sie der Via delle Fosse zum **Castello** Ⓓ, das sich über der Stadt erhebt. Seit 1921 ist die im 14. Jahrhundert erbaute Festung Sitz des Museo Storico Italiano della Guerra (Italienisches Kriegsmuseum).

Wer sich weniger für die Kriegsgeschichte interessiert, der bummelt durch die Gassen von Rovereto, gesäumt von Palazzi, meist im venezianischen Stil, über den Piazza Malfatti, die Via Mercerie in Richtung **MART** Ⓔ, das absolut sehenswerte Museum für Modern Art. Je nach aktueller Ausstellung ist es sinnvoll sich bereits vor Ihrem Rundgang die Eintrittkarten zu sichern. Falls Sie nach dem Rundgang bereits ein kleiner Hunger plagt, dann ist die Enoteca Trentina Stappomatto, vis-à-vis von MART eine gute Adresse. Hier kann man schmackhafte Kleinigkeiten essen und ein gutes Glas Trentiner Wein dazu trinken. So gestärkt können Sie sich voll und ganz dem besuchenswerten Museum widmen.

Die beeindruckende Glaskuppel im Eingangsbereich von MART

ausgestellt, unter ihnen Andy Warhol's 4 Marilyns, einige Picassos, Fontanas, de Chiricos und Christo Verpackungen. Neben wechselnden Sonderschauen wird in rotierenden Dauerausstellungen eine Auswahl aus über 15 000 Kunstobjekten, die Eigentum der Stiftung sind, gezeigt. Zum großen Teil sind es Werke des Futurismus, einer Stilrichtung, die in Italien ihren Anfang nahm und gegen alles Althergebrachte Sturm lief. Da der Futurismus noch bis in die 50er-Jahre des vorigen Jahrhunderts andauerte, also einer Zeit, die viele noch selber miterlebt haben, ist der Besuch dieses Museum besonders spannend. Alljährlich lockt das MART über 250 000 Besucher an. (Öffnungszeiten: Täglich außer montags, von 10–18 Uhr)

Burgen und Schlösser

Wie in so vielen Städten Norditaliens erhebt sich auch in Rovereto, an einer herausragenden Stelle, eine Festung, die Ende des 15. Jahrhunderts erbaut wurde. Sie war eine der ersten Burgen, die auf den Einsatz von Feuerwaffen abgestimmt war. Heute ist im Inneren ein Kriegsmuseum mit einer umfangreichen Sammlung von Waffen, Uniformen und Erinnerungsstücken aus den verschiedenen Kriegen untergebracht.

Wer durch das Castello del Buonconsiglio auf den Geschmack für altes Gemäuer gekommen ist, wird von einem beeindruckenden Beispiel alpenländischer Festungsbaukunst, der Burg Beseno, begeistert sein. Von der A 22 aus präsentiert sich die weitläufige Burganlage, vor allem nachts, wenn sie beleuchtet ist, wie ein riesiger Ozeandampfer auf einem Berg. Beseno, mit den gewaltigen Bastionen, Türmen und Zinnen thront über der Etsch zwischen Trento und Rovereto. Die jetzige Struktur der Burg geht auf Bauten der Trapp-Familie, die im 15. Jahrhundert ihr Besitzer wurde, zurück.

Oben: Die riesige Glocke mahnt täglich mit 100 Schlägen an den Frieden.
Mitte: Einladend: die Enoteca Pedirosso
Unten: Obwohl Oktopusse nicht im See schwimmen, stehen sie häufig auf der Speisekarte.

AUTORENTIPP!

ÖKO

WINZERBESUCHE

In und um Rovereto gibt es eine stattliche Anzahl sehr guter Winzer, bei denen man direkt ab Hof kaufen kann. Ich habe in Rovereto mein so genanntes Bermudadreieck, weil alle drei Kellereien nur einen Steinwurf voneinander entfernt liegen: Da ist zum einen Armando Simoncelli, ein Winzer mit dem Herz auf dem richtigen Fleck, und das spiegeln auch seine Weine wider. Sie sind geradlinig, süffig und charaktervoll. Sein Marzemino ist legendär, ebenso sein kraftvoller »Navesel«, ein Cuvée aus Cabernet Sauvignon, Franc und Merlot. Keine zwei Kilometer von ihm entfernt ist das Weingut Longariva, das Marco Manica und seine Frau Rosanna erfolgreich führen. Seine Weine sind dicht und gut strukturiert, und die Beiden legen Wert darauf, dass die Weine nicht zu jung getrunken werden. Man muss nur die Straße überqueren, und schon ist man bei Letrari, einem Traditionsweingut. Leonello Letrari, der Seniorchef, hat den Weinbau im Trentino maßgeblich beeinflusst. Seine Weine sind wie er: kraftvoll und ausdrucksstark. Seit einigen Jahren führt Lucia, seine Tochter und ausgebildete Önologin, das erfolgreiche Weingut. Exzellent sind neben den Power-Rotweinen ihre Spumanti metodo classico! Einfach fantastisch was da im Glas sanft perlt!

Longariva. Fraz. Borgo Sacco, Via R. Zandonai, 6, 38068 Rovereto, Tel. 0464/43 72 00, www.longariva.it

Az. Ag. Letrari. Via Monte Baldo,13/15, 38068 Rovereto, Tel. 0464/48 02 00, www.letrari.it

Fachkundige Beratung hilft bei der Weinauswahl.

Mit den ursprünglich drei mächtigen, ineinandergehenden Burganlagen ist es die größte Festung im Trentino, die über Jahrhunderte dem Gebiet Schutz gewährte. Leider ist der Besuch der Burg eher eine Enttäuschung. Man kann über das breite Turnierfeld wandern, die Bastionen, den großen Uhrenturm, das Pulvermagazin und die Kornkammer bewundern – so steht es im Prospekt geschrieben, aber das ist nicht wirklich prickelnd. Der Burghof gleicht eher einem verlassenen Bergdorf. Schade, denn würde diese Burg durch kleine Läden mit typischen Produkten der Region und Trentiner Kunsthandwerk, durch Jazzevents und Klassikkonzerte zum Leben erweckt werden, wäre es ein wirklich lohnender Ausflug. Von der Ferne aus ist die Burg Beseno jedoch ein gigantischer Anblick. Das Schloss ist täglich, außer montags, gegen Eintrittsgebühr zu besichtigen.

Weiter südlich, an der Autobahnausfahrt Avio, liegt ein weiteres Kleinod mittelalterlicher Burgenarchitektur, das Castello di Avio. Die noch erhaltenen Fresken im Wächterzimmer, im Torbau und in der Camera d'amore, dem Liebeszimmer im Bergfried, wurden in letzter Zeit renoviert und erstrahlen wieder in ihrer alten Pracht.

ESSEN UND TRINKEN

Enoteca Trentina Stappomatto. Vis-à-vis des MART Trentiner Spumanti, Weine und dazu Kleinigkeiten zu essen. Corso Bettini, 56, 38068 Rovereto, Tel. 0464/43 25 51

Osteria del Pettirosso. Sympathische Osteria mit großer Weinauswahl und leckeren Gerichten. Corso Bettini, 24, 38068 Rovereto, Tel. 0464/42 24 63, www.osteriadelpettirosso.com. Ruhetag: So

Ristorante Al Trivio. Elegantes Ristorante mit feiner Küche. Im Sommer speist man auf der Piazza. Campiello del Trivio, 11, 38068 Rovereto, Tel. 0464/43 64 14, www.altrivio.it. Ruhetag: Mo

Locanda delle tre Chiavi. Frische Zutaten aus nächster Nähe – das ist das Motto des Patrons Sergio Valentini. Via Vannetti, 8, 38060 Isera, Tel. 0464/42 37 21, www.locandadelletrechiavi.it

Der Eingang ins Al Trivio – ein gutes Restaurant in der Altstadt

Der Hof des Weinguts Simoncelli in Rovereto

ÜBERNACHTEN

Hotel Leon d'Oro **.** Traditionshotel mit behaglichen Zimmern und herzlichem Service, im Herzen von Rovereto. Via G. Tacchi, 2, 38068 Rovereto, Tel. 0464/43 73 33, www.hotelleondoro.it

Hotel Rovereto. Im historischen Zentrum gelegen. Das Ristorante Novecento, wo man gut essen kann, gehört dazu. Corso Rosmini, 82 D, 38068 Rovereto, Tel. 0464/43 52 22, www.hotelrovereto.it

EINKAUFEN

Specialità Alimentari Finarolli. Kleiner Genussladen mit aromatischem Käse, Salami, Schinken und vielem mehr. Via Mercerie, 7/9, 38068 Rovereto, Tel. 0464/43 43 19

Exquisa di Walter Tomio. Herstellung und Verkauf feinster Schokolade und weiteren Süßigkeiten. Via F.lli Fontana 10, 38068 Rovereto, Tel. 0464/42 07 57, www.exquisita.it

Einige Winzer in Rovereto:

Az. Ag. Simoncelli. Via Navicello, 7, 38068 Rovereto, Tel.0464/43 23 73, www.simoncelli.it

INFORMATION

Azienda per il turismo Rovereto e Vallagarina. Corso Rosmini, 6, 38066 Rovereto, Tel. 0464/43 03 63, www.visittrentino.it

48 Verona

Romeo, Julia und die Arena

Unten: Die vielbesuchte Statue der Julia

Wie Rom in die Tiberschleife, so hat Verona sich in die Etschschleife gekuschelt. Wenn im Westen die Sonne über dem Gardasee versinkt und die erdfarbenen Häuser der Stadt mit ihren letzten Strahlen vergoldet, versteht man, warum Verona »die Schöne an der Etsch« genannt wird. Die Stadt hat zu jeder Tages- und Jahreszeit einen ungemeinen Reiz, sogar im Sommer, wenn Menschenmassen die Opernfestspiele in der Arena besuchen.

Verona, das Tor zum Süden

Eine Stadt, die an einer der wichtigsten Routen quer über die Alpen liegt, ist prädestiniert für spannende Geschichte und Geschichten. Die Straßen, die einst für römische Legionen zum Einmarsch nach Germanien gebaut waren, wurden nach dem Untergang des Römischen Reichs umgekehrt zur idealen Aufmarschroute für die nach Italien drängenden Barbaren. Im 5. Jahrhundert, zur Zeit der Völkerwanderungen, fielen abwechselnd Alarichs Westgoten, Attilas Hunnen, Odoakers Germanen und die Ostgoten mit ihrem König Theoderich nacheinander in die Stadt ein, ohne ihr aber kulturell oder politisch den Stempel aufzudrücken. Auch als Kaiser Otto seinem Bruder Heinrich, dem Herzog von Bayern, die Provinz Verona schenkte, änderte sich nichts daran. Im Gegenteil!

Wenn man von München scherzhaft sagt, sie sei die nördlichste Stadt Italiens, beruht das nicht darauf, dass Verona und München Partnerstädte sind und die Kopie der schönen Julia das Alte Rathaus

in München schmückt! Nein es liegt in erster Linie an den, von den Münchnern importierten italienischen Momenten.

Wer dagegen beim abendlichen Einkaufsbummel durch Verona streift, wird beim Anblick der modisch gestylten Damen, den verlockenden Mode- und Schuhgeschäften, den witzigen und immer vollen Bars und Enotechen ungeachtet der vielen Touristen beruhigt feststellen: Verona ist eine der italienischsten Städte Italiens.

Stadt der Liebenden

»Wenn Du jemanden liebst – bring ihn nach Verona«, so heißt der Werbeslogan von Verona. Es stimmt – keine Stadt Italiens hat den Beinamen »Stadt der Liebenden« mehr verdient, als die Schöne an der Etsch. In ganz Italien findet sich kein Ort, der sich besser als Schauplatz für die romantischste und schönste Liebesgeschichte der Welt eignet als Verona. Die Verehrung des schönen Geschlechts hat hier Tradition. Mit Julia hat es hier begonnen, der berühmte Balkon auf dem sie stand, wurde zum angesagtesten Wallfahrtsort von Teenagern aus aller Welt.

Als die heidnischen Götter ausgedient hatten, setzte man der Statue der antiken Liebesgöttin Venus eine Krone auf und machte sie zur »Ma-

Oben: Die Festspiele in der Arena sind immer wieder ein Erlebnis.
Mitte: Piazza Brà – Kaffeetrinken und die Arena vor Augen
Unten: In der Kirche Sant'Anastasia

Oben: Reges Treiben auf der Piazza delle Erbe
Mitte: Den Abend genießen in einer der zahlreichen Bars
Unten: Bronzeportal der Basilika San Zeno Maggiore

donna di Verona« und zugleich zur Schutzpatronin der Stadt.

Am »Giorno delle Donne« (Tag der Frauen) bekommen auch heute noch alle Frauen von Verona ein Mimosenbouquet geschenkt, und am Valentinstag verwandelt sich die Piazza dei Signori in ein riesiges rotes Herz. »Verona in love« ist mittlerweile zu einem Markenzeichen geworden und lockt rund um den Valentinstag Verliebte aus ganz Italien und dem Ausland nach Verona. Alle Schaufenster sind liebevoll mit roten Herzen geschmückt, hinzukommen diverse künstlerische Aufführungen in den verschiedenen Theatern der Stadt, und die schönen Plätze gehören an diesen Tagen den Verliebten.

Spiegel der Jahrtausende

Die meisten Veronabesucher betreten die Stadt durch die Portoni della Brà, das doppelbögige Stadttor mit den Schwalbenschwanzzinnen, Zeichen für Veronas Kaisertreue. An der Innenseite der Mauer macht uns Romeo mit dem nachfolgenden Satz auf einer Bronzetafel klar, dass es außerhalb Veronas kein Leben mehr für ihn gibt: »Die Welt hört auf, jenseits der Mauern – dort ist Hölle, Fegefeuer, Qual.«

Die Gebäude rund um die weitläufige Piazza Brà spiegeln die zweitausendjährige Geschichte der Stadt bestens wider. Da ist die Arena, nach dem Kolosseum in Rom, das drittgrößte und am besten erhaltene römische Amphitheater mit seiner sehr facettenreiche Karriere: Vom Schauplatz blutiger Gladiatorenkämpfe bis zum größten Open-Air-Theater der Welt! Zum ersten Mal fanden die Opernfestspiele in der Arena am 10. August 1913 statt. Seither sind sie, Jahr für Jahr, im Juli und August eines der großen Highlights der Stadt.

Eine der zahlreichen steinernen Etschbrücken

Weiter befindet sich rund um die Piazza Brà die Stadtmauer aus der mittelalterlichen Zeit der Scaliger, die spätbarocke Gran Guardia der Venezianer, die Gran Guardia Nuova im Habsburger Kolossalstil und der Balkon des Hauses am Liston, von dem aus Garibaldi 1867 mit seinem Ruf »Roma o Morte« die Einheit Italiens einleitete. Es ist der Mittelpunkt der Stadt. Von hier aus führen mehrere Gassen zur schönen Piazza delle Erbe. Der kürzeste und am stärksten frequentierte Weg führt durch die Einkaufsmeile Via Mazzini.

Stilles Gedenken – Julias Grab

Im Gegensatz zum stets überfüllten Hof vor Julias Haus, deren Wände in geschmackloser Weise mit heißen Liebesschwüren voll geschmiert sind, herrscht im Kloster San Francesco, in dessen Gruft sich Julias Grab befinden soll, eine stimmungsvollere Atmosphäre.

Für Shakespeare, der Italien nie gesehen hat, aber seine Gestalten und die Schauplätze der Handlung genial beschrieb (ob es wirklich so war, bleibt dahingestellt) wäre dies auch der richtige Ort, den er so beschrieb:

AUTORENTIPP!

GIACOMO PUCCINI ODER GIUSEPPE VERDI?

Das ist bei dem alljährlichen Opernfestspielen fast schon Nebensache! Dabei sein ist alles. Ein Abend in der Arena ist ein beeindruckendes Erlebnis, egal ob man die besten Plätze ganz vorne belegt oder die unnummerierten Rangplätze, wo es meist heiter zugeht.
Bereits am frühen Abend bummeln elegant gekleidete Menschen durch die Straßen der Stadt, stärken sich noch in einem der zahlreichen Ristoranti, bevor es dann endlich ab in die Arena geht.
Ein ganz wichtiges Thema ist natürlich: regnet es heute Abend noch? Denn, auch wenn nur einige Tropfen fallen, die Musiker bringen sofort ihre Instrumente ins Trockene. Und das kann sich schon mal einige Male wiederholen. Das bedeutet, dass sich die Oper, wenn es dumm läuft, schon mal bis ein oder zwei Uhr nachts hinziehen kann. Es muss schon Dauerregen einsetzen, bevor das ganze Spektakel abgesagt wird, und das kommt eher selten vor.

AUTORENTIPP!

VERONA AUF DIE SCHNELLE?
Veronas Altstadt liegt auf einer von der Etsch umflossenen Halbinsel, die durch zehn Brücken mit den anderen Stadtteilen verbunden ist. Das centro storico ist klein und überschaubar. Da Verona nach Venedig die meist besuchte Stadt im Veneto ist, herrscht logischerweise auf der Standard-Besichtigungsroute, die von der Piazza Brà über die Shoppingmeile Via Mazzini, weiter zu Julias Balkon und über die Piazza delle Erbe zu den Scaligergräbern führt, vor allem im Sommer dichtes Gedränge.
Das Abhaken all dieser, auf der Strecke liegenden Highlights und das Begutachten der ansprechenden Schaufenster lässt sich mühelos in drei bis vier Stunden erledigen! Dabei bleibt sogar noch Zeit für ein Eis oder einen Cappuccino, aber kaum ein nachhaltiger Eindruck vom wahren Flair dieser liebenswerten Stadt.

Skulptur im Giardino Giusti

»Kein Grab, sondern ein Lichtturm,
denn hier liegt Julia:
ihre Schönheit macht
zur lichten Feierhalle dies Gewölb!«

Werfen Sie unbedingt noch einen kurzen Blick in das Fresko-Museum im ersten Stock des Klosters. Dort erhält man einen kleinen Eindruck von den einstigen bunt bemalten Hausfassaden des alten Veronas.

Am anderen Ufer der Etsch

Sehenswert ist aber auch die andere Etschseite, dort wo sich Verona ausdehnt in Richtung Valpolicella. Für die meisten ein völlig unbekanntes Verona. Entweder zu Fuß oder auch mit dem Sightseeing-Bus überquert man die Etsch und gelangt rasch in eine grüne Oase inmitten der Stadt:

Der Giardino Giusti, einer der schönsten italienischen Gärten der späten Renaissance, bildet zusammen mit dem Palazzo Giusti eine harmonische Einheit. Dieses traumhaft schöne Gartenparadies wurde zwar im zweiten Weltkrieg erheblich beschädigt, hat aber, dank behutsamer Pflege, heute seine ursprüngliche Schönheit wiedererlangt. Während in den meisten Parkanlagen die Villa auf einem Hügel steht, liegt sie im Fall des Palazzo Giusti unten!

Von hier führt eine grandiose Allee zum »belvedere«, mit einer wunderbaren Aussicht auf die Stadt. Zwischen hohen, uralten Zypressen, die schon Johann Wolfgang von Goethe faszinierten, stehen Marmorstatuen, Springbrunnen mit zauberhaftem Wasserspiel sowie von Moschus umrahmte Becken mit Seerosen und verwinkelte Buchsgänge. Ein Spaziergang in dieser einzigartigen Parkanlage bleibt unvergesslich.

Eine Kathedrale geht mit der Zeit

Am Portal des Duomo Santa Maria Matricolare erkennt man noch die Umrisse einer ehemaligen romanischen Kirche, die jedoch im 15. Jahrhundert dem damaligen Empfinden der Gotik angepasst wurde. Der für die Lombardo Romanik typische Baldachin mit den gedrehten Säulen, auf denen Löwen ruhen, blieb erhalten. Die Figuren am Eingang stellen Propheten dar. Die etwas größeren Gestalten im Vordergrund sollen, dem Volksmund nach, die beiden Paladine Karls des Großen, Roland und Oliver, sein.

Im Inneren der Kirche erkennt man deutlich den Unterschied zwischen gotischem und romanischem Stil. Es handelt sich um einen dreischiffigen Bau, in dessen Seitenschiffen sich reich verzierte Kapellen befinden. Weite Arkaden verleihen dem Inneren einen hallenartigen Charakter. Die Santa Maria Matricolare – die Mutterkirche, ist eine gelungene Mischung aus Romanik und Gotik. Derart typisch gotische Kathedralen mit bunten Fenstern und einem riesigem Strebewerk des äußeren Langhauses wird man, abgesehen von wenigen Ausnahmen, in Italien ohnehin vergeblich suchen. Dafür sind die Italiener zu bodenständig und zu wenig mystisch. Sehenswert ist außerdem in der ersten Kapelle Tizians berühmtes Altarbild »Assunta« Maria Himmelfahrt (1534).

Vergleicht man dieses Bild im Veroneser Dom mit seinem bekanntesten Werk zum gleichen Thema, in der Frari Kirche von Venedig (1518), dann fällt sofort die Reduzierung der Farbkontraste auf. Das berühmte flammende »Tizianrot« ist der Ton-in-Ton-Malerei gewichen. Auch die Darstellung ist vereinfacht, so verzichtete er auf den alten Mann als Gottvater. Belebend wirkt die Gegenläufigkeit der Blicke. Während ein Teil der Apostel verzückt

Oben: Das Etschufer mit Blick auf San Giorgio
Mitte: Kreuzgang in der Basilika San Zeno Maggiore
Unten: Julias Balkon lockt täglich unzählige Besucher an.

Verona, mal ein wenig anders

Man beginnt den etwas anderen Rundgang ebenfalls auf der **Piazza Brà** Ⓐ, das bedeutet Wiesenplatz, weil nämlich damals die Arena auf dem freien Feld lag. Der weitläufige, beeindruckende Platz ist ein Spiegelbild der abwechslungsreichen Geschichte Veronas. Man kann, wenn keine Opernfestspiele sind, die **Arena** Ⓑ auch besichtigen. Noch schöner ist es, die Arena nachts bei einer der spektakulären Aufführungen zu genießen.

Weiter geht es durch die alten Gassen zur Abtei **San Francesco** Ⓒ, wo sich das Grab von Julia befindet. Übrigens ist es für echte Romeo und Julia Fans sogar möglich sich im Gewölbe beim Grab trauen zu lassen. Sehenswert ist auf jeden Fall noch das Freskenmuseum im oberen Bereich des Klosters.

Zu Fuß geht's dann parallel zur Etsch zu der interessanten Doppelkirche **San Fermo** Ⓓ und von hier aus weiter durch die römische **Porta Leoni** Ⓔ, vorbei an **Julias Haus** Ⓕ zur **Piazza delle Erbe** Ⓖ, dem lebendigen Herz der Stadt. Hier sollten Sie sich unbedingt in einem der netten Cafés einen Drink gönnen, um dann so gestärkt weiter zum **Piazza dei Signori** Ⓗ und den **Scaligergräber** Ⓘ zu laufen. Wer sich vorher noch keinen Aperitivo gegönnt hat, kann hier im ältesten Café Veronas, im Café Dante dies nachholen und dem geschäftigen Treiben der Veroneser zuschauen. In diesem Viertel sind auch viele Behörden der Comune Verona in den Palazzi untergebracht. Bummeln Sie weiter immer in Richtung Etsch und dann in die **Via Sottoriva** Ⓙ.

Die urigen Osterien und Antiquitätengeschäfte in den Laubengängen sind wirklich hübsch anzusehen und laden zum »andar per goti« auf ein Gläschen ein. Nehmen Sie die Via Anastasia, und werfen Sie einen Blick in die Pfarrkirche der Veroneser, die **Chiesa Sant'Antastasia** Ⓚ um dann weiter über die Via Duomo zum **Dom Santa Maria Matricolare** Ⓛ, zu gehen. Er ist eine gelungene Mischung aus gotischem und romanischem Baustil.

Dann lassen Sie sich treiben durch die heimeligen Gassen zum Corso Porta Borsari und weiter zur Piazza Br'a. Welche Gasse sie auch nehmen, es gibt immer was zu schauen, mal die schönen Häuser, mal die schicken Läden.

Die Schöne an der Etsch vom Teatro Romano aus.

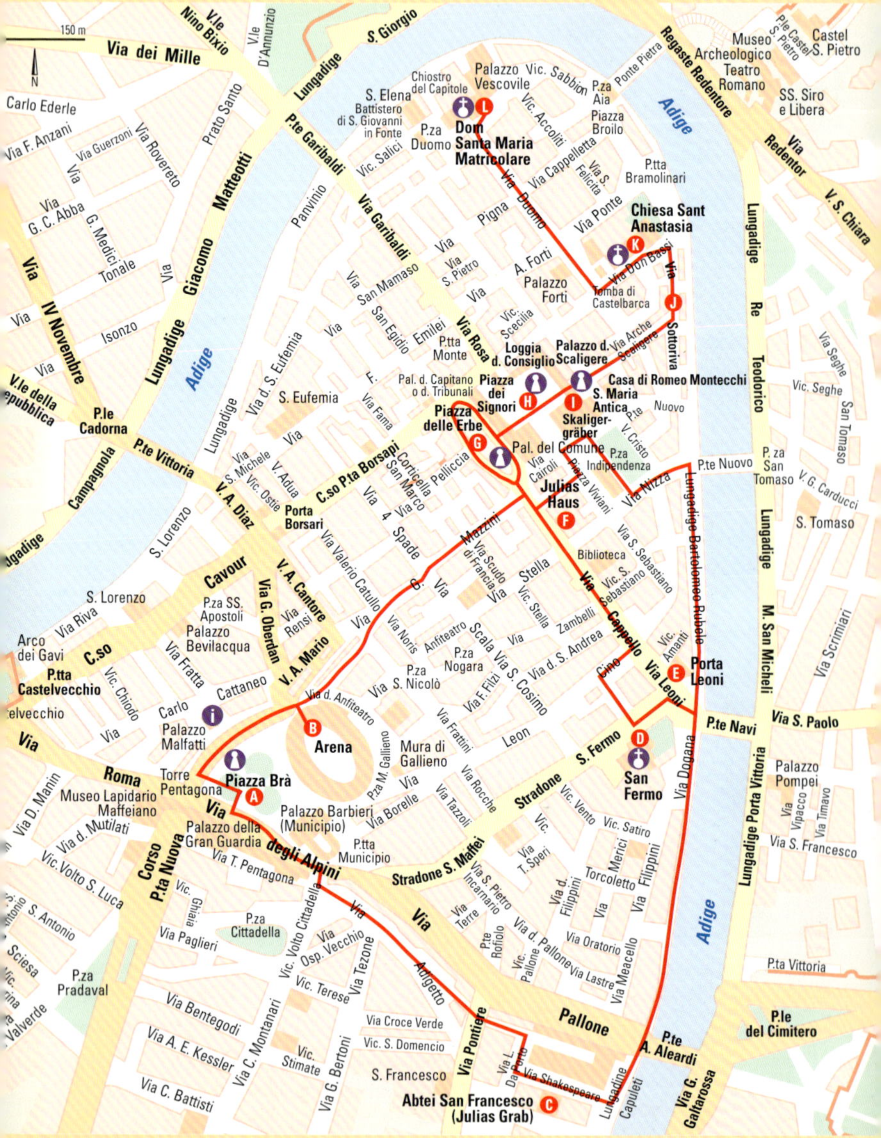

150 m
N
Via dei Mille
V.le Nino Bixio
S. Giorgio
Lungadige
Adige
Chiostro del Capitole
Palazzo Vescovile
S. Elena
Battistero di S. Giovanni in Fonte
P.za Duomo
Dom Santa Maria Matricolare
Chiesa Sant Anastasia
Tomba di Castelbarca
Palazzo Forti
Loggia d. Consiglio
Palazzo d. Scaligere
Pal. d. Capitano o d. Tribunali
Piazza dei Signori
Casa di Romeo Montecchi
S. Maria Antica
Skaliger-gräber
Piazza delle Erbe
Pal. del Comune
Julias Haus
Porta Borsari
Porta Leoni
San Fermo
Arena
Piazza Brà
Torre Pentagona
Museo Lapidario Maffeiano
Palazzo della Gran Guardia
Palazzo Barbieri (Municipio)
Mura di Gallieno
Abtei San Francesco (Julias Grab)
Museo Archeologico
Teatro Romano
Castel S. Pietro
SS. Siro e Libera
Arco dei Gavi
Palazzo Bevilacqua
Palazzo Malfatti
Palazzo Pompei
S. Eufemia
S. Lorenzo
S. Tomaso
S. Francesco
Biblioteca
P.le Cadorna
P.te Vittoria
P.te Garibaldi
P.te Nuovo
P.te Navi
P.te Aleardi
P.le del Cimitero
Stradone S. Fermo
Stradone S. Maffei
Via Pallone
Corso P.ta Nuova
Via Roma
Via degli Alpini
Lungadige Bartolomeo Rubele
Lungadige Re Teodorico
Lungadige M. San Micheli
Lungadige Porta Vittoria
Via Cappello
Via Leoni
Via Mazzini
Via Sottoriva
Via Garibaldi
Via Rosa
Via Duomo
C.so P.ta Borsari
C.so Cavour

Oben: Fassade an der Piazza Dante
Mitte: Antica Bottega del Vino ist ein »must« für alle Weinliebhaber.
Unten: Die Bottega von außen

der nach oben auffahrenden Maria nachschauen, blicken zwei von ihnen nach unten ins leere Grab. Maria schaut derweil tröstend auf die Zurückbleibenden herab.

Werfen Sie unbedingt noch einen Blick in die Taufkirche San Giovanni in Fonte. Man erreicht sie durch eine unscheinbare Tür auf der linken Seite des Domchores. In dieser frühchristlichen Kirche befindet sich ein achteckiges Taufbecken, das mit seiner ausdrucksstarken Formensprache zu den bedeutendsten romanischen Bildhauerarbeiten Oberitaliens gehört. Es wurde aus einem einzigen Marmorblock gefertigt, die Reliefs, mit Szenen aus dem Neuen Testament, sollten allen die nicht lesen konnten, die Bibel ersetzen.

Hier beten die Veroneser

1290 als Predigerkirche für die Dominikaner erbaut, ist die Kirche Sant'Anastasia ein eindrucksvolles Beispiel italienischer Backsteingotik. Die Kreuzrippen leiten ihre Lasten, anders als beim Dom, nicht nach unten ab, sondern enden an den Kapitellen der Rundsäulen. Deshalb müssen hölzerne Zugbalken die Statik unterstützen. Das reiche Farbenspiel – vom Fußboden bis zu den Malereien an der Decke (19. Jahrhundert) – kommt an sonnigen Vormittagen am besten zur Geltung.

Kunstfreunde sind angetan davon, dass man in der Kirche die Werke des Begründers des höfischen Stils, Altichiero (1320–1385) und das Hauptwerk des letzten Vertreters dieser Epoche, Pisanallo (1395–1455) nebeneinander betrachten kann. Hoch oben über dem Bogen ist das legendäre Bild »Der Abschied des Heiligen Georg« von Pisanello (Details zeigt ein Video) und nebenan in der Capella Cavalli eines der schönsten Bilder von Altichiero.

Pulsierendes Herz der Stadt

Auch auf der Piazza delle Erbe spiegelt sich die spannenden Geschichte Veronas in den bewundernswerten Palazzi wieder. Der Platz war durch alle Jahrhunderte hindurch das Zentrum des politischen und wirtschaftlichen Lebens der Stadt. Die Bauten aus römischer Zeit liegen zwar unter der blank polierten Marmorpflasterung, sind aber in den »Scavi Scaligere« (Eingang im Hof des Palazzo Tribunale) zu besichtigen. Am späten Abend, wenn die Marktstände zusammengeklappt sind und die abendliche Ruhe einkehrt, hüllt die Beleuchtung den Platz in ein gedämpftes Licht.

Die umgebenden Gebäude, wie zum Beispiel der barocke Palazzo Maffei mit dem Torre del Gardello an seiner Nordseite, der schlichte Palazzo della Ragione mit dem Torre Lamberti (mit Lift) bilden zusammen mit den freskierten Mazzanti-Häusern die Kulisse eines festlichen Salons. Zudem sind auf der schönen Piazza alle wichtigen Insignien der Stadt zu sehen: Der Capitello (Baldachin), wo dem neu gewählten Podestà die Schlüssel der Stadt übergeben wurden, der Brunnen mit der Statue der Madonna di Verona, das älteste Monument des Platzes und, schließlich der venezianische Markuslöwe, der seit 400 Jahren über die Stadt wacht.

Veronas Unterwelt

Im Hof des Palazzo dei Tribunali, erkennbar an der grotesken Porta dei Bombardieri, befindet sich der Eingang zu den Scavi Scaligeri. Steigen Sie die Treppe hinab in Veronas Unterwelt. Was Sie dort an Ausgrabungen zu sehen bekommen, erspart Ihnen glatt eine Reise nach Pompeji. Und das Beste: Sie sind fast alleine hier unten, wo es selbst bei größter Sommerhitze angenehm kühl ist.

Oben: Piazza Brà – Ausgangspunkt der Stadterkundung
Unten: Arkaden an der Piazza Brà

Oben: Dantedenkmal
Unten: Pferdestatue in der Scaligerburg

Dante und die Scaligergräber

Durch den Arco della Costa, so benannt nach der riesigen Walrippe, die unter dem Bogen hängt, betritt man die Piazza dei Signori. Hier herrschte die Staatsgewalt. In der prächtigen Loggia del Consiglio tagte der Stadtrat, daneben wohnten die Scaliger, und im Nebenhaus hatte der venezianische Stadthalter seinen Sitz. In der Mitte steht, mit nachdenklichem Gesicht, eine Statue Dantes. Er wurde mit seiner erstmals nicht in Latein verfassten Göttlichen Komödie, die er in Verona beendete, zum Vater der italienischen Sprache. Nahe dem Café Dante, dem ältesten Café Veronas, steht eine Statue mit einer Kugel in der Hand. Man sagt, sie würde demjenigen auf den Kopf geworfen, der an diesem Tag noch nicht gelogen hat. Bislang blieb die Kugel immer oben!

In unmittelbarer Nähe hat sich die Familie della Scala, der Name bedeutet Leiter, ihren Privatfriedhof errichtet. Über dem Portal der Kirche Santa Maria Antica befindet sich das Grab von Cangrande I. della Scala, der Stadtherr von Verona war und aus der Familie der Scaliger stammte. Mit einer Mischung aus Mäzenatentum und Grausamkeit gilt er als Prototyp eines Renaissance-Herrschers. Sein Grabmal, das den Toten zweimal zeigt, einmal auf dem Sarkophag und einmal lebend, hoch zu Ross, wurde maßgebend für die anderen Scaligergräber.

Mit dem Auto in die Stadt

Die Altstadt von Verona ist eine verkehrsberuhigte Zone (ZTL), also für Autos gesperrt und – gut zu wissen – durch Videokameras überwacht! Es empfiehlt sich, den PKW am Rande des Zentrums zu parken. Von allen Parkplätzen sind es nur wenige Schritte zur Altstadt. Einige Möglichkeiten sind:

Die Arena Parkgarage: Gut ausgeschildert vom Corso Porta Nuova aus.
Der Parcheggio Cittadella: Seit 2010 bietet die Tiefgarage Platz für 750 Autos und oben für weitere 50 Autos. 24 Stunden geöffnet.
Der Arsenal Parkplatz: Am Ufer der Etsch gelegen. Ideal für den Besuch des Castelvecchio Museums und San Zeno, eine der schönsten Lombardo-Romanischen Basiliken Oberitaliens.
Die Isola Parkgarage: In der Nähe des Römischen Theaters! Von hier ist es ein Katzensprung in die »Veronetta», Veronas andere Etschseite. Um in Altstadt zu gelangen, überquert man die Ponte Pietra, dann sind es nur ein paar Schritte.

Verona entdecken

Wo immer Sie auch einen Platz für Ihr Gefährt gefunden haben, es empfiehlt sich auf der Piazza Bra in das Fremdenverkehrsbüro zu gehen, denn da erhält man alles zur individuellen »Eroberung« der Stadt. Zum Beispiel einen Stadtplan mit nützlichen Hinweisen, auf der Rückseite auch in deutscher Sprache und die Verona Card, mit der man freie Eintritte für alle Museen, Denkmäler und einige Kirchen hat, sowie die kostenlose Benutzung der öffentlichen Verkehrsmittel. Die Card gibt es in zwei Versionen: Die Tageskarte kostet 8 €, und zum Preis von 12 € (Stand 2011) gilt sie für drei aufeinanderfolgende Tage.

Tipp: Mit dem City Sightseeing-Bus durch die Stadt

Bequem und interessant ist eine Fahrt auf dem luftigen Dach eines der Sightseeing-Busse. Gleich rechts vom Gebäude der Gran Guardia fährt zu jeder vollen Stunde der bunte »Hop On-Hop Off Bus» ab, um die »Schöne an der Etsch« zu entdecken. Im Sommer von 9–19 Uhr zum Preis von 15 € und 7,50 € für Kinder (Stand 2011)

AUTORENTIPP!

DER UNGEWÖHNLICHE BRIEFKASTEN

Eine Maske mit geöffnetem Mund als Briefkasten für anonyme Anzeigen. Dazu muss man wissen, wie es funktioniert. Der Denunziant schrieb den Namen des Verdächtigen und die Art seiner Verfehlung auf ein Stück Papier und riss es in zwei Teile. Einen Teil steckte er in den geheimen Briefkasten, den anderen behielt er. Ermittler nahmen die Untersuchung auf, und falls sich der Verdacht erhärtete, wurde dem Beschuldigten der Prozess gemacht. Bewahrheiteten sich die Anschuldigungen, wurde er verurteilt. Der Denunziant konnte mit der anderen Hälfte des Papiers zu Gericht gehen und sich seine Belohnung abholen. Passend dazu hingen unter dem Arco della Tortura, demonstrativ angebrachte Folterwerkzeuge, die bei Falschaussagen angewandt werden konnten.

Bocca di Leone
(Beschwerdebriefkasten)
Palazzo di Comune
Piazza delle Erbe
37121 Verona

Weihwasserbecken in der Kirche Sant'Anastasia

Infos und Adressen

SEHENSWÜRDIGKEITEN

Archäologisches Museum und Römisches Theater. Rigaste Redentore, 2, Tel. 045/800 03 60. Öffnungszeiten: 8.30–19.30 Uhr, Mo 13.30–19.30 Uhr

Museum Castelvecchio. Corso Castelvecchio, 2, Tel. 045/59 47 34. Öffnungszeiten: 8.30–19.30 Uhr, Mo 13.45–19.30 Uhr

Arena. Piazza Bra. Tel. 045/800 32 04. Öffnungszeiten: 8.30–19.30 Uhr, Mo 13.45–19.30 Uhr

Lambertiturm. Piazza dei Signori, Tel. 045/803 27 26. Öffnungszeiten: 9.30–19.30 Uhr, Mo 13.45–19.30 Uhr

Galerie für Moderne Kunst »Palazzo Forti«. Corso Santa Anastasia, Tel. 045/800 19 03. Die Öffnungszeiten hängen von der jeweiligen Ausstellung ab. Mo geschlossen.

Haus von Julia. Via Cappello, 23, Tel. 045/803 43 03. Öffnungszeiten: 8.30–19.30 Uhr, Mo 13.30–19.30 Uhr

Das Bild von Maria Callas prägt das Ambiente des Ristorante Maria Callas.

Grab Julias, Freskenmuseum »G.B. Cavalcaselle«. Via del Pontiere, 5, Tel. 045/800 03 61. Öffnungszeiten: 8.30–19.30 Uhr, Mo 13.45–19.30 Uhr

Domkomplex (Taufkapelle, Archäologische Ausgrabungen, S. Elena). Piazza Duomo, Tel. 045/59 28 13. Öffnungszeiten: Wochentage 9.30–18 Uhr, Feiertage 13–18 Uhr, Dom 12–16 Uhr

Kirche San Fermo Maggiore. Stradone S. Fermo, Tel. 045/59 28 13. Öffnungszeiten: Wochentage 9.30–18 Uhr, Feiertage 13–18 Uhr

Ausgrabungen aus der Scaligerdynastie. Cortile del Tribunale, Piazza Viviani, 5, Tel. 045/800 74 90. Öffnungszeiten der Ausstellungen: 10–19 Uhr

ESSEN UND TRINKEN

Ristorante Maria Callas. Keine Karten für die Arena bekommen? Im schönsten Garten der Altstadt können Sie nicht nur die Arien hören, sondern auch gut essen. Und falls es keine Festspiele gibt, singt Maria Callas ... Vicolo Cieco S. Pietro Incarnario, 5, 37122 Verona, Tel. 045/59 40 34, www.mariacallas.it. Ruhetag: So

L'Oste Scuro. Berühmt für eine köstliche Meeresfischküche ist dieses Restaurant und das seit vielen, vielen Jahren. Vicolo S. Silvestro, 10, 37122 Verona, Tel. 045/59 26 50, www.ristoranteostescuro.tv. Ruhetag: So und Montagmittag. Betriebsferien: 2 Wochen Mitte August und Weihnachten bis 7. Januar.

Pizzeria Du de Cope. Beste Pizza aus Spitzenprodukten – dafür bürgt Zwei-Sterne-Koch Giancarlo Perbellini und dann gibt es noch das Dessert: Millefoglie – nie darauf verzichten. Galleria Pellicciai 10 (in der Nähe der Piazza delle Erbe), 37121 Verona, Tel. 045/59 55 62, www.pizzeriadudecope.it. Kein Ruhetag

Antica Bottega del Vino. Pflicht für alle Wein- und Veronaliebhaber! Legendär der Amarone-Risotto! Via Scudo di Francia, 3, 37121 Verona, Tel. 045/800 45 35, www.bottegavini.it. Ruhetag: Mo

Enoteca – Cucina Alcova del Frate. Witzige Enoteca und Treffpunkt für Menschen unterschiedlichster Anschauung. Wer Touristenlokale meidet, der fühlt sich hier wohl. Via Ponte Pietra, 19 A, 37121 Verona, Tel. 045/800 06 53. Kein Ruhetag – durchgehend geöffnet von 11–1 Uhr

Locanda 4 Cuochi. Erst Anfang Januar 2012 hat Zwei-Sterne-Koch Giancarlo Perbellini die Locanda eröffnet. Gute Gerichte zu normalen Preisen! Via Alberto Mario, 12, 37121 Verona, Tel. 045/803 03 11. Ruhetag: Mo

Osteria Giuletta e Romeo. Unweit der Piazza delle Erbe auf dem Weg zur Kirche San Anastasia ist diese einfache Osteria mit typischer, veroneser Küche. Coso S. Anastasia, 27, 37121 Verona, Tel. 045/800 91 77. Ruhetag: So und Montagmittag

ÜBERNACHTEN

Hotel Antica Porta Leona. Sie suchen das Besondere? Dann ist dieses vor kurzem eröffnete, feinfühlig renovierte Hotel in Verona perfekt für Sie. In der Arena ist man in wenigen Minuten. Corticella Leoni, 3, 37121 Verona, Tel. 045/59 54 99, www.anticaportaleona.com

Hotel Giuletta e Romeo *.** Näher geht's kaum noch, nur 50 m von der Arena entfernt liegt dieses gediegene und gepflegte Stadthotel. Vicolo Tre Marchetti,3, 37121 Verona, Tel. 045/800 35 54, www.giuliettaeromeo.it

Hotel Verona *.** Schickes Hotel mit unterschiedlich eingerichteten Zimmern und zentral gelegen. Corso Porta Nuova, 47/49, 37122 Verona, Tel. 045/59 59 44, www.hotelverona.it

Relais Villa Sagramoso Sacchetti. Eine Villa aus dem 16. Jahrhundert ist dank der Familie Sacchetti wieder im alten Glanz erstrahlt. Stilvolle Suiten, herrlicher Park und schönes Schwimmbad, 8 km von Verona entfernt. Via Giovanni Battista Dalla Riva, 5/1, 37139 Verona, Tel. 0 345/301 03 30, www.villasagramososacchetti.it

Pastificio de Rossi verlockt mit feinsten Dolci.

EINKAUFEN

Viele gute Feinkostläden gibt es in Verona und noch mehr Mode- und Schuhgeschäfte. Lassen Sie sich einfach von den Schaufenstern inspirieren.

Gianni Magosso. Kleiner Laden mit großem Angebot an Feinkost und Weinen, nahe dem Flughafen Verona. Specialità, Alimentari, Enoteca, Via Vertura, 27, 37062 Dossobuono, Tel. 045/51 34 92, www.magosso.com

Pasticceria De Rossi. Seit 1947 verwöhnt das Familienunternehmen alle Süßschnäbel mit feinsten Kuchen, traditionellen Veroneser Dolci und mehr ... Corso Porta Borsari, 3, 37121 Verona, Tel. 045/800 24 89, www.derossipasticceriapanificioverona.it

INFORMATION

Verkehrsbüros (IAT) der Provinz Verona
* Piazza Bra. Tel. 045/806 86 80.
* Bahnhof Porta Nuova. Tel. 045/800 08 61.
* Flughafen Valerio Catullo. Tel. 045/861 91 63.

info@tourism.verona.it, www.tourism.verona.it

Mitte: Castello di San Giorgio
Unten: Impressionen aus Mantua

49 Mantua
Lebendiges Stadtleben inmitten von Seen

Wer sich der Stadt über die San Giorgio Brücke nähert, könnte beim Anblick der von einer Seenlandschaft umgebenden Silhouette meinen, er käme nach Venedig. Aber anders als die Lagune entstand Mantuas Seenlandschaft nicht auf natürliche Weise, sie wurde von Menschenhand geschaffen. Mantova, wie die Stadt im Italienischen heißt, hat Flair, sowohl innerhalb als auch außerhalb der mittelalterlichen Stadtmauern.

Kleinod im Sumpfgebiet

»Sobald das stille Wasser plötzlich läuft, heißt es nicht mehr Benacus, sondern Mincio. Nach kurzem Lauf gerät der Fluss in eine Senke, breitet sich darin aus, wird zum Sumpf und damit oft zur Plage für das Land.« An Dantes fast 700 Jahre alten Beschreibung der Stadt Mantua, zu einer Zeit, als der Gardasee noch Benacus hieß, hat sich bis heute nicht viel geändert.

In diesen Sümpfen hauste einst die Seherin Mantu, die der Stadt ihren Namen gab. Die vormals in Pfahlbauten lebenden Menschen errichteten nach Mantus Tod ein kleines Dorf auf dem einzig trockenen Hügel, der heutigen Piazza Sordello. Diese Geschichte ist auf Wandbildern in der Sala di Manto im Palazzo Ducale dargestellt. Grabungen ergaben, dass Mantua in der Bronzezeit von Etruskern besiedelt war. Im Jahr 70 v. Chr. wurde hier P. Vergilius Maro geboren, der Verfasser der lateinischen Aeneis. Den Aufstieg von einer kleinen Dorfgemeinde zu einem der führenden Re-

naissancestädte Italiens verdankt Mantua der Familie Gonzaga, die vom 14. bis zum 17. Jahrhundert die Stadt regierte. Während dieser fast 400-jährigen Herrschaft, der langlebigsten unter allen italienischen Fürstenfamilien, stiegen die Gonzagas vom einfachen Capitano del Popolo zu Herzögen auf. Um die mangelnde politische Macht ihres kleinen Stadtstaates zu kompensieren, haben sich die Gonzagas verstärkt der Förderung von Kunst und Architektur zugewandt. Höchsten künstlerischen Glanz erreichte Mantua unter Isabella d'Este. Sie öffnete den Hof für namhafte Künstler, ließ sich von Tizian porträtieren und hinterließ 1500 Kunstwerke ersten Ranges.

1707 verliert Mantua seine Unabhängigkeit und fällt an das Haus Habsburg, das, abgesehen von einer kurzen napoleonischen Unterbrechung während der auch Andreas Hofer »zu Mantua in Banden« lag, bis zur Entstehung des geeinten Italiens die Stadt regierten.

Die Piazza delle Erbe lädt zum Verweilen ein.

AUTORENTIPP!

NATUR UND MODE

Auch wenn man kein Kunst- und Kulturfan ist – Mantua ist einen Ausflug wert. Sehenswert sind vor allem auch die grünen Parks, außerhalb der mittelalterlichen Stadtmauern, mit den drei Seen die Mantua umschmeicheln. Hier leben inmitten wunderschöner Natur Schwäne, Störche, viele Frösche (deren Schenkel sind eine Mantovaner Spezialität, die man auch heute noch auf den Speisekarten findet) und faszinierende, üppige Teppiche aus Lotosblüten.
Für die Sportlichen ist die Anfahrt nach Mantua mit dem Fahrrad, immer entlang des Mincio von Peschiera aus ein guter Tipp. Zurückfahren kann man dann mit dem Zug, denn auf dieser Strecke darf man Fahrräder mitnehmen.
Insider, vor allem weibliche, haben aber noch einen anderen Grund nach Mantua zu fahren. In der Altstadt gibt es viele schöne Läden mit schicker Mode, Schuhen und Taschen, die hier um einiges preisgünstiger sind, als zum Beispiel in Verona.
Außerdem gibt es direkt an der Autobahnausfahrt Mantua Süd an der A 22 (Brennero-Modena) ein Fashion District – Mantua Outlet mit über hundert Markengeschäften. Also, auch aus weiblicher Sicht, ein rundherum gelungener Ausflug.

Fashion District
Mantova Outlet
Via M. Biagi
46031 Mantua
www.fashiondistrict.it

Stadtspaziergang in mittelalterlichen Mauern

Um in die von drei Seiten mit Wasser umgebenen Stadt zu kommen, muss man eine der beiden Brücken passieren. Einen kurzen Rundgang beginnt man am besten gleich mit einem Highlight: dem **Palazzo Ducale** Ⓐ. Direkt vis-à-vis ist der **Dom San Pietro** Ⓑ, mit seinem romanischen Turm, der gotischen Längsseite und der barocken Fassade.

Am Bischofspalast und dem Palazzo Bonacolsi entlang gelangt man ins Herz und Handelszentrum der Stadt, die **Piazza delle Erbe** Ⓒ. Auf der weitläufigen Fläche findet jeden Donnerstag der Wochenmarkt statt. Der mittelalterliche Platz ist eingerahmt von herrlicher Palazzi. Da ist zum einen der **Palazzo della Ragione** Ⓓ, das Rathaus aus dem Jahre 1250 und der **Torre dell'Orologgio** Ⓔ, der Uhrturm (1472) mit seiner großen astrologischen Uhr.

Unbedingt ansehen muss man sich die **Rotonda San Lorenzo** Ⓕ eine im Jahre 1082 erbaute romanische Rundkirche. Ein wirklich prachtvoller Renaissance-Bau ist die **Casa del Mercante di Boniforte** Ⓖ aus dem Jahre 1455. Von der angrenzenden **Piazza Mantegna** Ⓗ aus hat man den schönsten Blick auf die imponierende Vorhalle der **Basilika Sant'Andrea** Ⓘ, dem letzten Werk des berühmten Florentiner Baumeisters Leon Battista Alberti. In der ersten Seitenkapelle links liegt Andrea Mantegna begraben.

Geht man geradeaus weiter durch die Via Roma kommt man, nach Überquerung des Kanals, zur stimmungsvollen Piazza Martiri. Von hier aus geht es weiter über die Via P. Amedeo bis zur gepflegten Gartenanlage des **Palazzo Te** Ⓙ, der damals den herrschaftlichen Kreisen als Vergnügungsschloss und Theater diente.

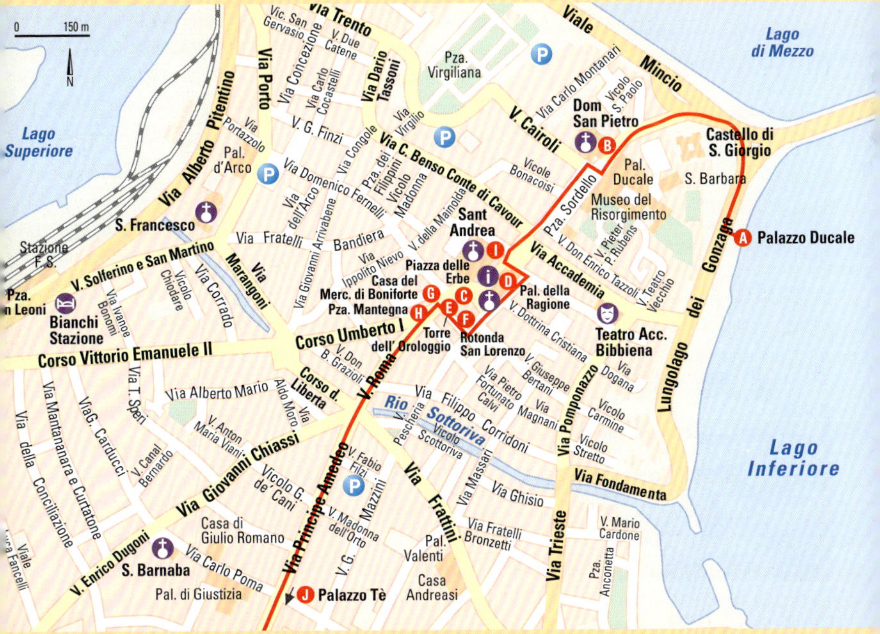

Palazzo Ducale

Der Palazzo Ducale, die ehemalige Residenz der Herzogsfamilie Gonzaga, ist mit einer Fläche von über 30 000 m^2 und mit ungefähr 500 Zimmern, nach dem Vatikan, der größte Palast Italiens. Da es nicht einfach ist, sich in diesem Labyrinth der vielen Räume zurechtzufinden, macht eine Führung Sinn.

In der Sala dei Principi, dem Fürstensaal, gleich hinter der nach oben führenden Reitertreppe, kann man die Vorzeichnungen zu einem Freskenzyklus der König Artus Legende entdecken. Die erst vor wenigen Jahren freigelegten Entwürfe geben einen guten Einblick in die Technik der Freskenmalerei und den Stil von Antonio Pisanello (1395–1455). In den Szenen von Tristan und Isolde ließ er die ganze Pracht des untergehenden Rittertums im ausgehenden Mittelalter aufleben.

Von hier bis zu der vom Kunstmaler und Kupferstecher Andrea Mantegna (1431–1506) bemalten Camera degli Sposi, dem Hochzeitsgemach im Turm des Castello San Giorgio, ist es ein langer Weg. Obwohl nur wenige Jahre zwischen der Malerei der beiden Räume liegen, können sie kaum unterschiedlicher sein. Andrea Mantegna brachte mit seinem Malstil die Renaissance nach Mantua.

Er wusste mit den Gesetzen der neu erfundenen Perspektiven umzugehen und hinterlässt uns Bilder in 3D-Optik. Dank seiner illusionistischen Malweise stehen wir nicht in der düsteren Kemenate einer mittelalterlichen Burg, sondern er entführt den Betrachter in eine freundliche, leuchtende Welt. Begeisternd ist das Gemälde von Markgraf Ludovico, seiner Frau Barbara von Brandenburg und ihren Kindern sowie dem Hofstaat, wie sie auf einer sonnigen Terrasse stehen.

Oben: Kreuzgänge im Kloster San Benedetto
Mitte: Arkaden mit herrlichen Deckenmalereien im Castello San Giorgio
Unten: Der Dom – Kathedrale San Pietro

AUTORENTIPP!

ZWEI »MUST«-BESUCHE FÜR ITALIENER

Für alle Italiener die Mantua besuchen ist das Haus des Rigoletto, dem Helden der berühmten gleichnamigen Verdioper, ein Pflichtprogramm. Auf dem Libretto von Verdi wurde das Haus des buckeligen Hofnarren Rigoletto (Spassmacher), nahe dem Herzogspalast so beschrieben, wie es sich heute noch zeigt. Die Geschichte Rigolettos, die erst mal nur Fiktion war, wurde im Laufe der Zeit ein lokaler Kultbau.
Eine zweite Kultfigur der Mantovaner ist der schon zu Lebzeiten legendär gewordene Rennfahrer Tazio Nuvolari, bekannt als »Fliegender Mantuaner«. Der beliebte, sympathische Rennfahrer nahm große Risiken auf sich, verletzte sich oft und erreichte immer wieder, selbst mit nicht optimalen Fahrzeugen, das scheinbar Unmögliche. Ferdinand Porsche nannte ihn den »größten Fahrer der Vergangenheit, Gegenwart und Zukunft«. Geboren wurde er am 16. November 1892 in Castel d Ario in der Provinz Mantua, und er starb 61-jährig am 11. August 1953 in Mantua. Alles über den besten Rennfahrer aller Zeiten kann man im Museo Tazio Nuvalari erfahren.

Museo Tazio Nuvolari
Piazza Broletto, 9
Tel. 0376/32 79 29
Öffnungszeiten: Täglich 10–13 Uhr und 15.30–18.30 Uhr, November–März nur an den Wochenenden.

Pallazzo Te mit dem Museo Civico di Palazzo Te

Genusstour durch die Provinz

Feinschmecker wissen es längst: In und um Mantua gibt es viele gute Trattorien und Ristoranti. Die Küche Mantuas ist bekannt für schmackhafte, aber deftige Gerichte, die man am besten mit einem leicht prickelnden Lambrusco genießt. Um alle die guten Lokale und auch die Betriebe, die Weine oder regionale Produkte verkaufen, leichter zu finden, gibt es seit dem Jahr 2000 eine »Strada dei vini e dei sapori«. Entlang dieser, mit drei Beeren (mal in gelb, rosa und violett) gekennzeichneten, kurvenreichen Straßen kann man einerseits die Gegend erkunden, aber natürlich auch kulinarische Köstlichkeiten entdecken.

Typisch für die mantuanische Küche sind an allererster Stelle die Tortelli di Zucca (Teigtäschchen mit Kürbis-Amaretti-Füllung), Risotto alla Pilota (Reis mit Fleisch, aber völlig anders wie man sonst Risotto kennt – eher trocken als cremig), fantastische Würste, insbesondere die Cotechini (Kochwürste) und dann natürlich die köstlich scharfen Mostarde, die ausgezeichnet mit Käse oder mit einer Bollito misto (gekochtes Fleisch, ebenfalls eine Spezialität) munden. Buon appetito!

SEHENSWÜRDIGKEITEN/MUSEEN

Palazzo Te e Museo Civico di Palazzo Te. Viale Te, 46100 Mantua, Tel. 0376/32 32 66. Öffnungszeiten: Täglich 9–18 Uhr, Mo 13–18 Uhr

Museo Francesco Gonzaga. Piazza Virgiliana, 55, 46100 Mantua, Tel. 0376/32 06 02. Öffnungszeiten: täglich 9.30–12 Uhr und 14.30–17 Uhr , Mo geschlossen

ESSEN UND TRINKEN

Antica Osteria ai Raneri. Die von einem weiblichen Team geführte Osteria hat eine hundertjährige Tradition. Hier genießt man Gerichte der Region, bei Lambrusco und mit herzlichem Service. Via Trieste, 11, 46100 Mantua, Tel. 0376/32 84 31. Ruhetag: Mo

Trattoria dei Martini – Il Cigno. In einem Palazzo aus dem 15. Jahrhundert in der Altstadt kocht Allesandra leidenschaftlich, und ihr Ehemann Gaetano versorgt charmant die Gäste. Piazza C. d'Arco, 46100 Mantua, Tel. 0376/32 71 01. Ruhetag: Mo–Di

ÜBERNACHTEN

Hotel La Favorita **.** Das moderne Hotel liegt günstig im Stadtzentrum. Alle Sehenswürdigkeiten und Geschäfte sind schnell zu ereichen. Schöne Zimmer und ein herzlicher Service. Via Salvatore Cognetti de Martiis, 1, 46100 Mantua, Tel. 0376/ 25 47 11, www.hotellafavorita.it

Hotel Broletto *.** Ein familiengeführtes Hotel in unmittelbarer Nähe der Sehenswürdigkeiten der Stadt und nur 100 m vom See entfernt. Via Accademia, 1, 46100 Mantua, Tel. 0376/32 67 84, www.hotelbroletto.com

Albergo Bianchi Stazione *.** Das Albergo liegt im Zentrum der Stadt in einem Palazzo aus dem 14. Jahrhundert mit einem ruhigen Innenhof und ansprechendem Ambiente im Inneren. Piazza Don Eugenio Leoni, 24, 46100 Mantua, Tel. 0376/32 64 65, www.albergobianchi.com

EINKAUFEN

Folli Follie. 1970 eröffnete Familie Galli, die sich sehr für raffinierte Mode, extravagante Schuhe und Schmuck interessierte einen Laden in Mantua. Mittlerweile gibt es einige Filialen in Italien und Folli Follie ist zu einer namhaften Marke geworden. Corso Vittorio Emanuele II, 21, 46100 Mantua, Tel. 0376/22 21 99. Öffnungszeiten: Mo–Fr 9.30–13 Uhr und 14.30–19.30 Uhr

INFORMATION

Mantova. Fremdenverkehrsamt. Piazza Mantegna,6, 46100 Mantua, Tel. 0376/32 16 01, www.aptmantova.it

Gonzaga-Büste

Oben: Blick vom Castello auf die Stadt Brescia
Unten: Die Ruinen des Kapitolinischen Tempels sind noch gut erhalten.

50 Brescia
Die unbekannte Schöne

Wer die Stadt kennt, stellt sich die Frage, weshalb so viele auf der Autobahn Mailand–Venedig an Brescia vorbeifahren und die Stadt ungesehen einfach links liegen lassen. Man könnte es vergleichen mit dem etwas mühsamen Einstieg in einen der unzähligen Oldtimer, die sich alljährlich in Brescia zur berühmten Mille Miglia treffen: Man kommt schlecht rein – aber wenn man erst mal drin ist, wird es richtig spannend.

Stadt mit vielen Piazzi

Bei der fast hoffnungslosen Parkplatzsuche fällt einem eine Besonderheit auf: Brescia hat kein echtes Zentrum, es besteht aus mehreren Plätzen, die für sich kleine Stadtzentren darstellen.

Da gibt es zum Beispiel die Piazzale della Repubblica, Cremona oder Garibaldi und natürlich die Piazza Duomo, um nur einige zu nennen. Mit der Piazza Vittoria, dem Siegesplatz, wollte das faschistische Regime in den 30er-Jahren ein Stadtzentrum in der Art eines modernen Forums schaffen, um damit an die römische Vergangenheit anzuknüpfen. Obwohl dazu ein ganzes Altstadtviertel abgerissen wurde, ist der gewünschte imposante Eindruck völlig untergegangen. Nicht zuletzt natürlich auch durch die vielen Autos, die hier parken.

Der Blick auf die Reliefs auf dem mächtigen Marmorsockel vor dem Uhrturm, ebenfalls faschistischen Ursprungs, vermittelt den unbändigen Freiheitsdrang der Stadt.

Brescia vom Castello aus

Brescia – die italienische Löwin

Dieser ehrenvolle Beiname steht in erhabenen Lettern neben einer kampfbereit aufgerichteten Löwin im Zentrum der Stadt. Kampfbereit waren die Brescianer stets, wenn es um die Verteidigung ihrer Freiheit ging. Das haben schon Kaiser und Papst im Laufe der Jahrtausende erfahren müssen. Friedrich Barbarossa war gezwungen den Brescianern nach der verlorenen Schlacht bei Legnano (1176) notgedrungen ihre Selbstverwaltung zuzugestehen. Papst Hadrian konnte seine Autorität nur dadurch behaupten, dass er den kritischen Ordensgeistlichen Arnoldo di Brescia in Rom verbrennen und seine Asche in den Tiber werfen ließ! Es war für ihn die einzige Möglichkeit, damit die Brescianer keinen Märtyrer aus ihm machten.

Ihren Freiheitshelden bekamen die Brescianer dann allerdings mit Tito Speri, der nach der niedergeschlagenen Revolution von 1848 mit ein paar Getreuen versuchte, die Übermacht der Österreicher in einem zehntägigen, heldenhaften Straßenkampf aus Brescia zu vertreiben. Seitdem trägt Brescia stolz den Löwentitel.

AUTORENTIPP!

GESCHÄFTS- UND KUNSTSTADT

Brescia liegt im Schatten von Verona! Während die Schöne an der Etsch Jahr für Jahr zigtausende von Besuchern aus aller Welt anlockt, ist Brescia vorwiegend von den Bewohnern des Umlandes bevölkert. Dabei ist Brescia eine interessante, mit vielen Kunststätten ausgestattete Stadt, die absolut besuchenswert ist. Vom Südufer des Gardasees sind es gerade mal dreißig Kilometer auf der Autobahn nach Brescia! Hat man dann den weniger attraktiven Stadtrand hinter sich und endlich einen Parkplatz gefunden, kann man die Stadt, die nicht nur eine bedeutende Geschäftsstadt, sondern auch eine Kunststadt ist, gut zu Fuß erobern. Besonderen Charme verleihen der Stadt auch die »Ronchi« ein Kranz von Hügeln, die Brescia umgeben, auf denen Villen und kleine Dörfer angesiedelt sind. Ratsam ist es, zu allererst die Burg auf dem Hügel Cigno zu besuchen, denn von hier aus hat man einen traumhaften Rundblick über die Dächer, Türme und Kuppeln der Stadt.

Der Dom bei Nacht

AUTORENTIPP!

STADT DER KULTUR UND DES LICHTS

Zur Weihnachtszeit finde ich Brescia besonders reizvoll. Das gesamte centro storico strahlt (noch), sobald die Dämmerung eintritt, im vollen Lichterglanz. Wer weiß, ob sich das im Rahmen der Sparmaßnahmen nicht auch ändert, also bald noch hinfahren ... Obwohl hier kaum Schnee fällt, schaffen es die Brescianer ihre Stadt so festlich zu schmücken, dass man Kälte und Schnee nicht vermisst. Statt Glühwein trinkt man lieber ein Glas Spumante aus der Franciacorta, der sorgt für eine feierliche Weihnachtsstimmung. Wer in der Adventszeit nicht nach Brescia kommt, aber vielleicht Ende September, der sollte sich »die lange Nacht der Museen und Galerien« nicht entgehen lassen. Die Stadt ist dann voller kunstinteressierter Menschen, und die Temperaturen sind optimal um Museen und Galerien zu entdecken. Die Münchnerin Ellen Maurer Zilioli hat eine kleine Galerie mit zeitgenössischer Kunst in der Via Trieste 42 b. Auf ihrer Internetseite (www.maurerzilioli.com) erfahren Sie den genauen Termin der Kulturnacht.

Museo San Giulia

Piazza della Loggia mit der Orologio

Möglicherweise ist es das keltische Blut in ihren Adern, das die Brescianer so kriegerisch und freiheitsliebend gemacht hat.

Der Name Brixia, den die Römer der Stadt gaben, ist nämlich viel älter und leitet sich von Brig, dem keltischen Wort für Berg ab. Auf dem Berg oberhalb der Stadt, wo heute das Castello steht, befand sich bereits in vorrömischer Zeit eine gut etablierte Keltensiedlung.

Ein Papst und seine Krone

Die 80 Meter hohe Domkuppel, übrigens nach dem Petersdom in Rom und dem Dom in Florenz, die drittgrößte Kuppel Italiens, ist bereits von weitem sichtbar und weist den Weg zum Domplatz, der Piazza Paolo VI. Der Domplatz wurde nach dem aus der Gegend von Brescia stammenden Papst Paul VI. benannt. Am 13. November 1964 hatte er die Tiara den Armen gestiftet. Diese Tiara mit den drei Kronen schmückte seit dem 14. Jahrhundert alle päpstlichen Häupter und war das Zeichen, dass der Papst »der Vater der Fürsten und Könige« sei.

Drei beeindruckende Bauten stehen dort dicht nebeneinander: Links das eindrucksvolle ehemalige Rathaus mit seinem trotzigen Turm und dem Broletto, dem mittelalterlichen Gerichtshof mit der Loggia delle gride – Loggia der Schreie. In der Mitte beeindruckt der spätbarocke neue Dom und rechts daneben der alte Dom, wegen seiner Rundform »Rotonda« genannt. Während der alte Dom und das alte Rathaus baulich die im Mittelalter herrschende Einheit von weltlicher und kirchlicher Herrschaft symbolisieren, nimmt der zur Zeit der Gegenreformation entstandene neue Dom mit seiner Schaufassade deutlich das Primat der Kirche für sich in Anspruch.

Beide Kirchen stehen auf Fundamenten frühromanischer Vorgänger, die, wie alle Bauwerke zwischen Verona und Mailand, bei dem großen Erdbeben 1117 eingestürzt sind. Im antiken Säulenwald der Krypta, unterhalb der Rotonda, lässt sich der Geist einer frühchristlichen Basilika erahnen.

Stadt ohne Geschlechtertürme

Von den erbitterten Kämpfen zwischen Guelfen und Ghibellinen, die während des Mittelalters in fast allen italienischen Städten tobten, blieb Brescia meist verschont. Bischof Bernardo Maggi hat die beiden Parteien miteinander versöhnt, weshalb die für andere mittelalterliche Städte so charakteristischen Geschlechtertürme in Brescia fehlen. Die frisch renovierten Schwalbenschwanzzinnen am Rathausturm haben daher lediglich dekorative Bedeutung. Der prächtige Sarkophag des Friedenstifters, aus rotem Veroneser Marmor, steht in der Rotonda.

Vorbei am Brunnen der Brixia armata, der waffentragenden Brescia, führt eine kleine Gasse zur Piazza della Loggia. Vor Entstehung der Piazza della

Oben: Schöne Wandmalerei in der romanische Kirche Santa Maria Solario
Unten: Biblioteca Queriniana

Vittoria spielte sich das geschäftliche und private Leben der Brescianer auf diesem Platz ab. Außer am samstäglichen Wochenmarkt macht der schöne Stadtplatz heute eher einen verlassenen Eindruck. Die Loggia selbst erinnert mit ihrer arkadengeschmückten Fassade und dem riesigen Tonnendach stark an die Rathäuser von Padua und Vicenza.

Der Torre dell'Orologio, der Uhrturm mit den beiden Mohren, die in venezianischer Tradition die Stunden schlagen, ist ein Zeichen dafür, dass der Festlandbesitz Venedigs, die Terraferma, sich im Westen einst bis Brescia erstreckte.

Der Lombardkredit

Die »Monti di Pietà«, die Berge des Mitleids, wie die Pfandhäuser an der Piazza scheinheilig genannt wurden, zeigen, wie listig die lombardischen Kaufleute das kirchliche Zinsverbot umgingen. Als einzige Kaufleute Italiens haben sie es verstanden, Geld gegen Zinsen zu verleihen, ohne dass ihre Seelen dafür in der Hölle schmoren mussten. Die bei Einlösung des Pfandgutes erhobenen Gebühren wurden nämlich nicht als Zins angesehen. Sind unsere heutigen Banker vielleicht bei ihnen in die Lehre gegangen?

Stadtplanung als Vorbild

Wo die Banker in die Lehre gingen wissen wir nicht, die Stadtplaner von New York haben jedoch mit Sicherheit römische Städte zum Vorbild genommen.

Auf dem Weg zum Stadtmuseum Santa Giulia an der Via dei Musei erreicht man nach wenigen Schritten den Platz, wo sich zur Römerzeit das Forum befand. Nach römischem Bauverständnis war das Forum die Kreuzung von Decumanus, der von

Oben: Piazza della Loggia
Mitte: Astronomische Uhr (Sonnenuhr)
Unten: Kreuzgänge im Hof der Kirche von San Francesco

Jahrhundertealte Stadtgeschichte

Um sich einen kleinen Überblick zu verschaffen, fährt man am besten rauf zum **Castello** Ⓐ. Auf halben Weg gibt es eine Parkmöglichkeit. Wer das Auto hier gleich stehen lassen möchte, der geht über einen Treppenweg zur Via dei Musei und dann weiter über die Via G. Mazzini zum **Piazza del Duomo** Ⓑ.

Einen Steinwurf davon entfernt finden Sie das ehemalige Rathaus mit seinem wuchtigen Turm und dem **Broletto** Ⓒ, dem mittelalterlichen Gerichtshof mit der Loggia delle gride (Loggia der Schreie). In der Mitte steht der spätbarocke **Neue Dom** und gleich rechts daneben der **Alte Dom** Ⓓ.

Nur wenige Schritte weiter ist die **Piazza della Loggia** Ⓔ. Vor Entstehung der **Piazza della Vittoria** Ⓕ spielte sich das geschäftliche und private Leben der Brescianer auf diesem Platz ab. Der prächtige Renaissance-Bau der Loggia ist beeindruckend, vor allem die, aus dem 16. Jahrhundert stammende astronomische Uhr, deren Uhrwerk seit der Herstellung noch immer in Betrieb ist.

Zwischen der Piazza della Loggia und der Piazza della Vittoria sind die beiden Häuser der **Monti di Pietà** Ⓖ, die Berge des Mitleids, wie die Pfandhäuser scheinheilig genannt wurden. Eine kleine Loggia im venezianischen Stil verbindet die Monti di Pietá mit dem antiken Gefängnisgebäude.

Sie gehen weiter zur Via dei Musei, wo sich zur Römerzeit das **Forum** Ⓗ befand. Hier können Sie die **Kapitolinischen Tempel** und das **Museo Romano** Ⓘ besuchen. Nach ein paar Schritten steht man vor dem Klosterkomplex des Stadtmuseums, des **Museo di Santa Giulia.** Ⓙ. Von hier aus wandern Sie wieder in Richtung Castello zu Ihrem Auto.

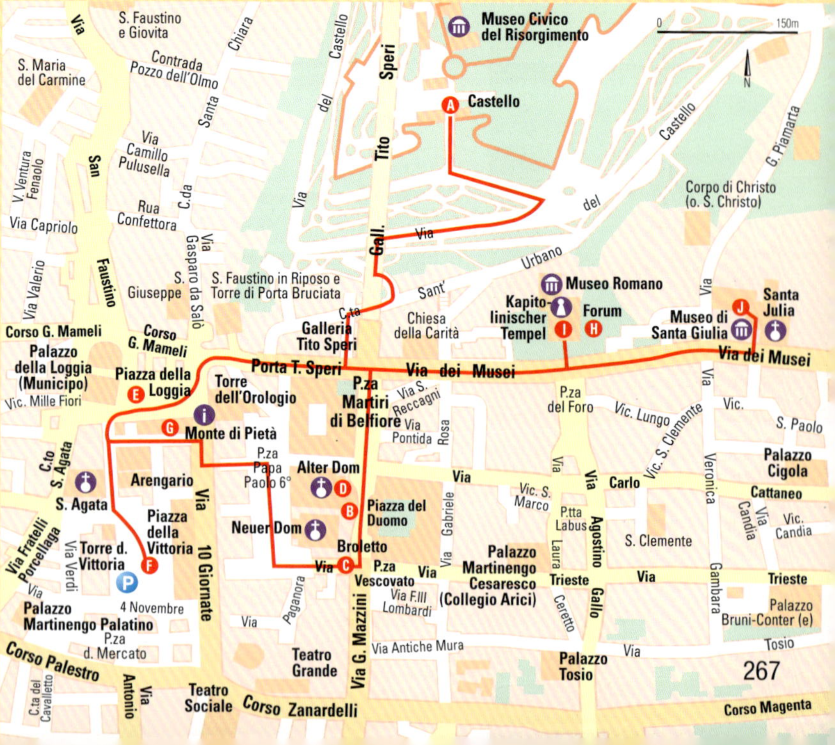

Oben: Das Innere des Doms
Mitte: Verlockende Kuchen und Dolci
Unten: Das Waffenmuseum

Ost nach West führenden, und Cardo, der von Nord nach Süd verlaufenden Straße.

Die Straßen hatten bei den Römern keine Namen, sondern Nummern. Die Stadtplaner von New York haben dieses System übernommen und uns damit die Orientierung, dank der nummerierten Avenues und Streets sehr erleichtert. Zurück nach Brescia, wo sich am unteren Ende des Forums die Basilika befand, die antike Gerichtshalle. Am oberen Ende steht, in erhobener Position, der stark restaurierte kapitolinische Tempel. Dass sich die ersten Christen für die Basilika, die Gerichtshalle und nicht für den antiken Tempel für ihre Gotteshäuser entschieden, hatte praktische Gründe.

Die riesigen Außenmaße des Tempels können nicht darüber hinwegtäuschen, dass sich innerhalb des umgebenden Säulenkranzes nur kleine, lichtlose Räume befinden. Dort wurden die Standbilder von Jupiter, Juno und Minerva verwahrt, zu denen nur die Priester Zutritt hatten. Die Opferungszeremonie fand vor dem Tempel statt.

Für die völlig anders geartete, christliche Liturgie war diese Bauform vollkommen ungeeignet. So wurde die Form des dreischiffigen antiken Gerichtsgebäudes zum vorherrschenden Bautyp der christlichen Kirchen.

Nach ein paar Schritten steht man vor dem Klosterkomplex des Stadtmuseums, des Museo di Santa Giulia. Durch das Zusammenlegen des vom letzten Langobardenkönig Desiderius im Jahre 753 gegründeten Klosters San Salvatore, der romanische Kirche Santa Maria Solario sowie der aus dem 14. Jahrhundert stammende Kirche Santa Giulia entstand ein einheitlicher Museumskomplex mit einer Ausstellungsfläche von etwa 14 000 m². Hier befinden sich die Kunstwerke größtenteils

noch »in situ« das heißt, am Ort ihrer Entstehung. Auf diese Weise verschaffen sie dem Besucher einen chronologisch geordneten, authentischen Überblick über die zweitausendjährige Geschichte Brescias – von der Bronzezeit bis zum vorigen Jahrhundert.

Zusammen mit unterschiedlichen Sonderaustellungen und sehr kostbaren Schätzen, wie zum Beispiel das Desiderius-Kreuz und die Lipsanothek stellt das Museum Santa Giulia ein absolutes Kunst-Highlight der Stadt dar. Betrachtenswert ist auch die geflügelte Victoria, eine nach griechischem Vorbild geschaffene, römische Bronzestatue.

Mille Miglia – schön statt schnell

Seit der Wiederbelebung dieses geschichtsträchtigen Rennens 1977 (ursprünglich von 1927–1957) lockt die Mille Miglia jedes Jahr im Mai viele Besucher und Rennfahrer aus aller Welt an. Die knapp 400 Startplätze sind heiß umkämpft und immer schnell ausgebucht. Um überhaupt für den

Die Mille Miglia ist Treffpunkt der schönsten Oldtimer.

AUTORENTIPP!

KULINARISCHE KÖSTLICHKEITEN

In Brescia liebt man eine fleischorientierte Küche, deftig und schmackhaft. Wer die traditionelle Brescianer Küche kennenlernen möchte, der muss nur durch die kleinen Seitengassen zwischen Dom und der Piazza della Loggio bummeln, hier gibt es kleine typische Trattorien und Osterien zuhauf. Neben der ältesten Osteria Al Bianchi, die ich Ihnen wirklich empfehlen kann, weil sie so urig ist und man so herzlich von Vater und Sohn bedient wird. Speisen und Getränke werden hier mündlich, mit viel Herzlichkeit, den Gästen schmackhaft gemacht. Auch die Trattoria Al Frate ist richtig einladend. Vorzüglich ist hier der Ossobucco oder auch das geschmorte Kaninchen. Allesamt sind in alten Palazzi untergebracht, und daher ist das Ambiente auch meist sehr heimelig. Richtige Süßschnäbel sollten es nicht versäumen, in der Pasticceria Veneto vorbeizuschauen. Iginio Massari ist ein Künstler unter den Konditoren Italiens. Seine Panettone decorato ist ein Kunstwerk, fast zu schade zum Aufessen. Seine Torten sind einzigartig und nicht nur in Brescia, sondern in ganz Italien berühmt. Er ist DER Top-Pasticcere Italiens.

Osteria al Bianchi.
Via Gasparo da Salò, 32 ,
25121 Brescia, Tel. 030/29 23 28
www.osteriaalbianchi.it
Ruhetage: Di, Mi und Samstagmittag, aber ein Aperitivo ist möglich.

Pasticceria Veneto.
Via d Aquisto Salvo, 8,
25128 Brescia, Tel. 030/39 25 86

Oben: Superschicke Geschäfte laden zum Shoppen ein.
Mitte: Mille Miglia – das Ereignis jedes Jahr im Mai
Unten: Die Osteria La Grotta ist urgemütlich.

Start zugelassen zu werden, müssen die Autos vor 1957 gebaut worden sein. Wer einen Blick auf die blitzblank polierten Oldtimer werfen möchte, muss sich rechtzeitig einen Platz am Start in Brescias Innenstadt ergattern oder entlang der Strecke von Brescia bis Rom. Man sieht bei diesem Autospektakel aber nicht nur wunderschöne alte fahrtüchtige Karossen, sondern auch viele ehemalige Rennfahrer und internationale Promis. Die Restaurants entlang dieser Tour locken mit feinen Gerichten, damit sich Fahrer und Zuschauer auch genussvoll stärken können auf den 1000 Meilen bis Rom und zurück.

Bei dem Rennen geht es weniger um die Geschwindigkeit, vielmehr ums dabeisein und auch, um all die seltenen und schönen Automobile, garantiert noch ohne Hightech-Ausrüstung, aber dennoch absolut fahrtüchtig, zu bewundern.

Alle, die es nicht schaffen, genau zur Zeit des Rennens in Brescia zu sein, können ein wenig von der Atmosphäre dieses unglaublichen Spektakels im Museo Miglia nachempfinden.

MAL EHRLICH

EIN PARKPLATZ IST GLÜCKSSACHE

Sich in Brescia mit dem Auto zurechtzufinden ist nicht einfach. Ich bin schon ewig lange in dieser Stadt gekreist, bis ich einen passenden Parkplatz fand, nicht allzu weit vom Zentrum entfernt. So praktisch und super gelegen die Tiefgarage an der Piazza Vittoria auch ist, was nützt es, wenn es zu wenig Parkplätze gibt. Hinzu kommt, dass in der Altstadt seit Jahren ständig gebaut wird, was das leidige Parken auch nicht gerade einfach macht. Also entweder nimmt man einen längeren Fußmarsch in Kauf und parkt ein wenig außerhalb, oder man kommt schon relativ früh in die Stadt.

SEHENSWÜRDIGKEITEN

Museo Mille Miglia. Viale della Bornata, 123, 25135 S. Eufemia (Brescia), Tel. 030/336 56 31, www.museomillemiglia.it. Öffnungszeiten: täglich von 10–18 Uhr

Museo Santa Giulia. Via Musei, 81, 25121 Brescia, Tel. 030/240 06 40, www.bresciamusei.com. Öffnungszeiten: täglich 10–18 Uhr, Mo geschlossen. Für die wechselnden Ausstellung gibt es unterschiedliche Öffnungszeiten.

ESSEN UND TRINKEN

Trattoria Urbana Mangiafuoco. Für Vegetarier ist die hübsche Gewölbegaststube nicht geeignet, daliebhaber. Sehr abwechslungsreiche Küche. Freundlicher Familienbetrieb. Via Calzavellia, 3 a, 25121 Brescia , Tel. 030/29 30 29, www.trattoriamangiafuoco.it. Ruhetag: im Sommer So, im Winter keiner

Osteria La Grotta. Die Osteria zählt zu den ältesten in Brescia. Das Ambiente ist heimelig. Hier gibt es köstlichen Schinken von hoher Qualität und viel Schmackhaftes mehr. Vincolo del Prezzemolo, 10, 25121 Brescia, Tel. 030/440 68, www.osterialagrotta.it, Ruhetag: Mittwoch

ÜBERNACHTEN

Best Western Hotel Master **.** Das Hotel liegt nahe dem historischen Zentrum von Brescia, am Fuße des Castello. Sehr schön renovierte Zimmer und großer eigener Parkplatz! Via Luigi Apollonio, 72, 25128 Brescia, Tel. 030/39 90 37, www.hotelmaster.net

Hotel Cristallo Brescia *.** Das moderne Hotel mit den netten Zimmern liegt in der Nähe des Bahnhofs. Auch die die Altstadt ist nicht weit. Viale della Stazione, 12 A, 25122 Brescia, Tel. 030/377 24 68, www.hotelcristallobrescia.com

La Terrazza. Das familiär geführte B&B befindet sich im ersten Stock eines Gebäudes nahe dem Centro. Auf der hübschen Terrasse kann man sich vom Sightseeing entspannen. Viale Stazione, 33, 25122 Brescia, Tel. 030/401 34, Mobil: 0039/346-312 94 64, www.bresciabedandbreakfast.it

EINKAUFEN

Pasticceria Gianni & Claudio Zilioli. In der Traditions-Pasticceria kann man nicht nur verlockend Süßes kaufen, sondern es dort auch ausgiebig genießen. Aber nicht nur Süßes wird angeboten, auch Herzhaftes lockt den Gaumen. Via Cadorna, 1, 25121 Brescia, Tel. 030/454 32, www.pasticceriagiannieclaudiozilioli.com

Folli Follie. Eine schicke Auswahl modernster, vor allem auch ausgefallener Schuhe und immer den neuesten Modetrend. Via Gramsci, 52, 21121 Brescia, www.follifollie.it

Designer Outlet Franciacorta. Riesiges Outlet mit namhafter Designermode, Schuhe, Schmuck und Haushaltswaren. Piazza Cascina Moie 1/2, 25050 Rodengo Saiano, Tel. 030/681 03 64, www.franciacortaoutlet.it. Öffnungszeiten: 1. September–31. Mai: Di–So 10–20 Uhr, Mo 14.30–20 Uhr, 1. Juni–31. August: Sa, So bis 21 Uhr

INFORMATION

Touristisches Informationsbüro. Piazza della Loggia, 6, 25121 Brescia, Tel. 030/240 03 57, turismo@comune.brescia.it. Öffnungszeiten: Mo–Fr 9.30–12.30 Uhr und 14–17.30 Uhr, Sa 9.30–13 Uhr. Touristische Auskünfte über die Stadt., Informationsmaterial in fünf Sprachen, Veranstaltungshinweise in den Bereichen Kultur, Kunst, Sport, Freizeit, Wein und Gastronomie in Brescia und Umgebung, kostenloser Fahrradverleih. Audioführer kostenlos zum ausleihen, Souvenirverkauf

Café Italia
CUCINA BAR EMPORIO
BITTER
PANAREA

REISEINFOS

Vorangehende Doppelseite: Strandpromenade in Bardolino
Oben: Blick von Pai di sopra auf Brenzone
Mitte: Eisdielen verlocken rund um den See.
Unten: Kletter- und Abenteuerparks gibt es vor allem im Norden.

Anreise mit dem Auto

An erster Stelle steht die Anreise mit dem Auto. Hier bietet sich zum einen die Fahrt über den Brenner und weiter über die A 22 in Richtung Modena an. Wenn man an das Nordufer möchte, nimmt man die Autobahnausfahrt Roverto Süd, wer ans Ostufer will, verlässt die Autobahn in Affi. Wer das Süd- oder Westufer ansteuert, der fährt die A 22 bis zum Autobahnkreuz Verona und nimmt dann die A 4 nach Milano. Je nach Zielort fährt man bei den Ausfahrten Sirmione oder Desenzano ab. Die Autobahnen sind mautpflichtig, ebenso benötigt man eine Vignette für Österreich, und für die Brennerautobahn fällt Maut an.

Eine weitere Anreisealternative ist die Strecke von Stuttgart über Ulm nach Füssen. Vorbei an Reute, geht es über den Fernpass ins Inntal und dann weiter über den Brenner in Richtung Modena. Wer vom Badischen an den Gardasee fährt, der wählt am besten die Route durch die Schweiz (A 13 und A 2) über Lugano und Mailand. Von dort fährt man die A 4 in Richtung Venedig bis Desenzano oder Sirmione. Aufpassen: Hier gibt es eine Radarmessung, und beim Verlassen der Autobahn wird man sofort zur Kasse gebeten.

Wer sich Zeit für die Anreise nimmt und eine schöne Landschaft genießen möchte, der fährt über das Inntal nach Landeck und weiter zum Reschensee, Von hier aus geht es vorbei an Meran nach Bozen und dann weiter auf der Autobahn A 22 in Richtung Verona.

Anreise mit dem Flugzeug

Von einigen Städten in Deutschland gibt es Flüge mit der Lufthansa (ehemals Air Dolomiti) nach Verona. Am Flughafen kann ein Auto mieten.

Günstige Flüge gibt es zum Beispiel auch von Berlin oder Düsseldorf zum Flughafen Bergamo. Wer rechtzeitig bucht, zahlt wenig und ist dann mit einem Leihwagen rasch am Gardasee.

Anreise mit der Bahn

Von vielen deutschen Städten aus, z. B. Frankfurt, Stuttgart oder München, gibt es günstige Zugverbindungen mit der Deutschen Bundesbahn über Bozen, Trento, Rovereto nach Verona.

Apotheke

Apotheke heißt Farmacia, man findet sie in fast allen Orten, und sie ist immer gut ausgeschildert – erkennbar an einem grünen Kreuz auf einem weißen beleuchteten Schild.

Banken

Banken mit Bancomaten gibt es in allen Touristenorten rund um den See. Es kommt jedoch leider häufiger vor, dass sie nicht funktionieren.

Barrierefrei

In puncto behindertengerechte Restaurants, öffentliche Gebäude usw. ist Italien vorbildlich. Auch viele Hotels bieten barrierefreie Zimmer an. Behinderte bezeichnet man in Italien als disabili oder handicappata.

Badestrände

Die Badestrände am Gardasee sind genauso unterschiedlich wie die Landschaft. Von der steilabfallenden Bucht an der Westküste bis zu flachen Sand- oder Kiesstränden findet man alles. Es kommt darauf an, was man gerne möchte. Surfer und Segler fühlen sich am wohlsten an der Nord- und Westküste, weil dort auch ein stetiger Wind

Oben: Amore amore …
Mitte: Radfahren entlang der Apfelbäume
Unten: Baden und Flirten

bläst. Familien mit Kleinkindern zieht es sicherlich mehr an das Süd- oder Ostufer mit den flachen Stränden.

Bootsverleih

Der Gardasee ist DAS Revier für Motorbootfahrer – mit einer Einschränkung: Der trentinische Teil von Riva bis einige Kilometer nach Torbole in Richtung Malcesine ist für Motorboote gesperrt. In vielen Orten rund um den See gibt es die Möglichkeit, sich Motorboote auszuleihen, die man teils auch ohne Motorbootführerschein fahren kann. Aber für Motorboote ab 5 PS benötigt man einen Sportbootführerschein Binnen (Motor), egal ob man unter italienischer oder deutscher Flagge fährt. Es gibt genaue Regeln, die man einhalten muss, wenn man sich ein Boot mietet. Bei dem regen Verkehr auf dem See ist das auch sinnvoll.

Camping

Campingplätze findet man rund um den See in allen Preis-Kategorien. Besonders viele Plätze gibt es an der Südostküste und im Süden des Lagos.

Coperto

In fast allen Ristoranti, Trattorien und Osterien ist ein Coperto üblich. Das ist ein, je nach Restauranttyp unterschiedlich hoher Preis, der pro Person dafür verlangt wird, dass der Tisch ansprechend gedeckt ist und Brot und Grissini zur Verfügung stehen. In den meisten Restaurants rund um den See sind Stofftischdecken und Stoffservietten obligatorisch. Denken Sie daran, dass es in Italien üblich ist, rechtzeitig einen Tisch zu reservieren. In Lokalen, die stark von Einheimischen frequentiert werden, ist das sogar zwingend erforderlich.

Oben: Die Berge der Lombardia von Lazise aus
Mitte: Camper lieben den Gardasee.
Unten: Kraftwerk von Riva

Feiertage

In Italien gibt es wesentlich weniger Feiertage als bei uns.

Gesetzliche Feiertage sind:
1.Januar Capodanno, Neujahr
6. Januar Epifania, Heilige 3 Könige
April Pasquetta, Ostermontag
25. April Anniversario della Liberazione, Nationalfeiertag
1. Mai Festa del Lavoro, Tag der Arbeit
2. Juni Festa della Repubblica, Nationalfeiertag
29. Juni San Pietro e Paolo, nur in Rom gefeierter Tag der beiden Stadtpatrone
15. August Ferragosto, Mariä Himmelfahrt
1. November Ognissanti, Allerheiligen
8. Dezember Immacolata Concezione, Mariä Empfängnis
25./26. Dezember Natale, Weihnachten

Christi Himmelfahrt, Fronleichnam, Karfreitag und Pfingstmontag sind in Italien keine Feiertage. Vor allem wenn der 1. Mai, 15. August und 8. Dezember so günstig liegt, dass man eine ponte macht – also Brückentage nehmen kann – ist es ratsam, sich nicht auf die Straßen zu begeben.

Hunde und Katzen

Grundsätzlich sind Hunde rund um den Gardasee erlaubt, dennoch gibt es zahlreiche Hotels und Ristoranti, die keine Hunde akzeptieren. Das Gleiche gilt für Strände. Seit kurzer Zeit gibt es jedoch Strände, wo Hunde auch im See baden dürfen. Informieren Sie sich sicherheitshalber vorher bei ihrem Hotel, ob Sie Ihren Vierbeiner mitnehmen dürfen. Seit einigen Jahren wird es einfacher, mit Hund auch in ein Restaurant zu gehen, da die Italiener ihre Liebe zum Hund entdeckt haben.

Oben: Felsvorsprung bei Sirmione
Mitte: Kastanien-Sammeln ist in San Zeno die Herbstbeschäftigung.
Unten: Der Barriquekeller der Kellerei Armani in der Terradeiforti

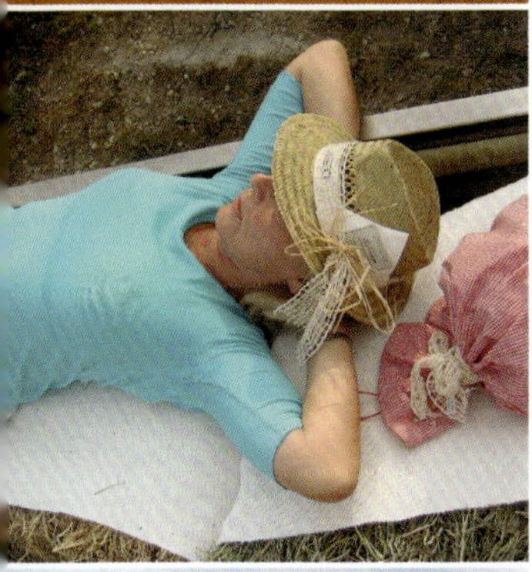

Oben: Dom von Trento mit Neptunbrunnen
Mitte: Urlaubsziel: Relaxen vom Alltag
Unten: Radpanne am Seeufer

Im Übrigen gelten die Europäischen Bestimmungen für Reisen mit Haustieren, das heißt:
Die Tiere müssen einen Impfschutz gegen Tollwut nachweisen. Die letzte Impfung sollte 21 Tage vor Reiseantritt erfolgt sein. Es ist laut EU auch ein Heimtierausweis, den man beim Tierarzt beantragen kann, erforderlich. Es besteht auf jeden Fall Leinenzwang.

Information

Das staatliche italienische Fremdenverkehrsamt hat seinen Sitz in Frankfurt.

Italienische Zentrale für Tourismus ENIT
Barckhausstraße 10
60325 Frankfurt am Main
Tel. 069/23 74 34
frankfurt@enit.it
www.enit.it

Für die Region Trentino findet man viel Wissenswertes unter: www.visittrentino.it/de
Für die Region Veneto findet man viel Wissenswertes unter: www.veneto.de
Für die Region Lombardia findet man viel Wissenswertes unter: www.rivieradeilimoni.it

Klima

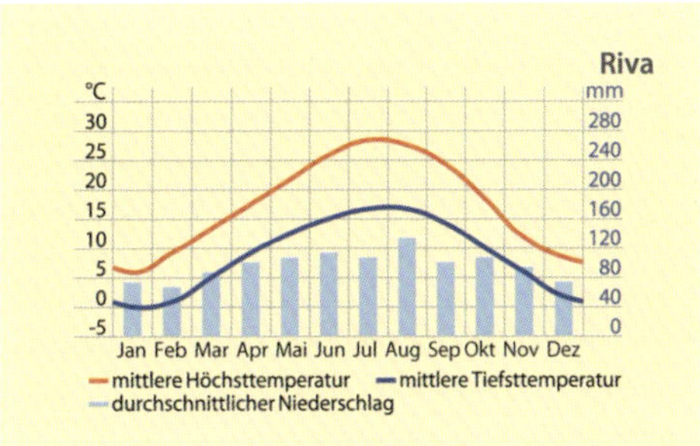

Durchschnittliche Temperaturen (in °C)

	Luft	Wasser
Januar	1-12	6-10
Februar	6-16	6-10
März	10-20	6-10
April	15-25	10-14
Mai	18-30	13-18
Juni	22-34	15-20
Juli	25-37	20-24
August	25-37	23-26
September	20-30	23-26
Oktober	14-24	16-22
November	5-18	10-16
Dezember	3-16	6-10

Kuren

Sehr anerkannte Thermalbäder gibt in Sirmione, (siehe Highlight 26) und in Colà bei Lazise (siehe Highlight 19), sowie in Pescantina die Therme della Valpolicella in der Villa Quaranta. www.villaquaranta.com/benessere

Krankheitsfall

Vergessen Sie nicht, Ihre Europäische Versicherungskarte (EHIC) mitzunehmen, denn damit haben Sie Anrecht auf eine kostenfreie Behandlung, entweder bei einem niedergelassenen Arzt oder bei der Notaufnahme (Pronto Soccorso) im Krankenhaus. Leistungen von Privatärzten werden von den gesetzlichen Krankenkassen nicht übernommen. Privatversicherte bekommen nach Vorlage einer Arztrechnung die Auslagen von ihrer Krankenkasse ersetzt.

Rund um den See gibt es auch viele deutschsprachige Ärzte und Zahnärzte. Fragen Sie in Ihrem Hotel nach!

Oben: Warten auf den täglichen Wind in Torbole
Mitte: Torre di San Martino
Unten: Musikantin während eines Straßenfestes in Brescia

Oben: Besonders reizvoll, das Ufer vom See aus
Mitte: Lasagnetten - handgemacht
Unten: Frische Ziegenmilch für feinen Käse

Märkte

Die Wochenmärkte finden rund um den See und im Hinterland immer vormittags statt. Um 13 Uhr ist das spannende Einkaufsvergnügen dann wieder vorbei. Erkundigen Sie sich am besten im Fremdenverkehrsbüro ihres Urlaubsortes oder im Hotel, wann und wo der nächstgelegene Wochen- oder Antiquitätenmarkt stattfindet.

Nachtleben

In den Sommermonaten ist nachts sowohl in den Dörfern und Städten, als auch auf den Straßen rund um den See, viel los. Verständlich, denn nach einem feinen Essen ist ein Bummel durch die pittoresken Gassen und entlang des Lungolago einfach himmlisch. Junge Urlauber und Einheimische fahren so gegen Mitternacht in die Discos, das bedeutet Stop-and-Go-Verkehr um diese Uhrzeit. Gefragte Discometropolen sind Desenzano und Bardolino.

Naturparks

Um den Gardasee gibt es wunderschöne Naturparks, einige davon sind:

Der »Parco Alto Garda Bresciano« am Nordwestufer begeistert die Besucher mit seiner interessanten Flora und Fauna sowie mit seinen zahlreichen Bächen und Seen.

Der »Botanische Garten Monte Baldo« ist ein wahres Erlebnis für Naturliebhaber: Eine faszinierende Pflanzenvielfalt auf 1200 Meter Höhe.

Der »Parco Giardino Sigurtà« in Valeggio zählt zu den fünf schönsten Parkanlagen weltweit und begeistert mit seiner, immer der Jahreszeit entsprechenden, Blütenpracht.

Der »Parco delle Cascate« – Der Landschaftspark von Molina bietet tosende Wasserfälle, Höhlen, Schluchten und vieles mehr, das man auf verschiedenen Rundwegen entdecken kann.

Den »Parco della Lessinia« erreicht man vom Valpolicella aus, und er bietet zahlreiche Fossilienfunde, faszinierende, natürliche Brücken und tiefe Abgründe.

Der »Parco Archeologico Naturalistico Rocca« ist auf der Landzunge vor Manerba angesiedelt, und von hier aus hat man zugleich einen schönen Ausblick auf den See.

Notrufe

Polizei: 113
Carabinieri: 112
Feuerwehr: 115
Medizinische Notfälle: 118
Abschleppservice: 116
Guardia di Finanza: 117

Öffnungszeiten

Die meisten Läden in den Touristenorten schließen mittags zwischen 12 und 13 Uhr. Nachmittags öffnen sie wieder zwischen 16 und 17 Uhr.
Am Abend haben fast alle Geschäfte bis 21 oder 22 Uhr geöffnet.

Wer nicht bis 14 Uhr in einem Restaurant einen Tisch ergattert hat, der hat meistens Pech gehabt. Die Essenszeiten in Restaurants und Trattorien sind traditionell knallhart, oftmals selbst in der Hochsaison. Warmes Essen gibt es von 12 bis maximal 14.30 Uhr und von 19.30 bis 21 Uhr. Restaurants, die durchgehend warme Gerichte anbieten, sind eher die Minderheit.

Oben: Adriano, der Patrone vom Ristorante Lido in Villa bei Gargnano
Mitte: Von Torri del Benaco nach Toscolano Maderno ist der Traghetto der schnellste Weg.
Unten: Romantisches Plätzchen in der Taverna Kus in San Zeno

Oben: Arbeit auf der Malga
Mitte: Vollreif ist die Kastanie, wenn sie aufplatzt.
Unten: Bunte Boote im Hafen von Torri del Benaco

Unbedingt bedenken sollte »Frau«, dass nahezu alle Modegeschäfte, vor allem in den Städten, am Montagvormittag geschlossen sind. Um keine Enttäuschung zu erleben, sollte man einen Bummel in Verona, Mantua, Brescia oder Trento daher besser auf einen anderen Tag verlegen.

Rauchen

Verboten an allen öffentlichen Orten. Auch in Cafébars und Kneipen. Aufgepasst: die Italiener halten sich an dieses Verbot!

Schifffahrt

In vielen Orten rund um den See gibt es Anlegestellen für Personenschiffe, die verschiedene Routen bedienen. Sehen Sie sich am besten den Plan an der Abfahrtstelle an oder informieren Sie sich unter: www.navigazionelaghi.it. Auf dieser Website finden Sie auch die Fahrzeiten und Preise der Autofähre von Torri del Benaco nach Toscolano-Maderno und zurück.

Taxi

In den umliegenden Hauptstädten Trento, Verona und Brescia gibt es natürlich Taxis, aber es sind nicht so viele, wie manchmal nötig wären. Auf dem Lande, und auch rund um den See muss man schon sehr rechtzeitig planen, wenn man mit dem Taxi fahren möchte. So auf die Schnelle finden Sie selten eines.

Trinkgeld

Die Italiener geben normalerweise wenig Trinkgeld, und das kommt daher, weil sie ja ohnehin ein Coperto bezahlen. Touristen sollten daher auch nicht übertreiben. Machen Sie es einfach abhängig davon, wie zufrieden Sie waren. Zwischen fünf bis zehn Prozent der Rechnung ist

völlig o.k. In einer Bar lässt man einfach ein paar Cents auf dem Tisch liegen. In Italien ist es nicht üblich, den Betrag aufzurunden. Man lässt sich das Wechselgeld herausgeben und lässt das Trinkgeld auf dem Tisch liegen.

Verkehr

Obwohl die Verkehrsbestimmungen im Wesentlichen so wie in Deutschland, Österreich oder der Schweiz sind, sollte man einiges beachten um keine »multe« Strafzettel zu erhalten.

Es gelten folgende Geschwindigkeitsbegrenzungen:
Innerhalb geschlossener Ortschaften: 50 km/h
Auf den Staatsstraßen: 90 km/h
Auf der Autobahn: 130 km/h
Auf der Brennerautobahn: 110 km/h

Die Strafen für das Überziehen von Parkuhren oder das Falschparken wird in Italien wesentlich höher bestraft als in Deutschland oder Österreich. Die Strafzettel werden auch in das jeweilige Land weitergeleitet und müssen – zumindest wenn sich die Summe über 50 € beläuft – auch bezahlt werden. Es kann nämlich tatsächlich passieren, dass Sie bei Ihrem nächsten Urlaub an der Mautstelle abgepasst werden und die Strafe, mit entsprechenden Zuschlägen und Mahngebühren abverlangt wird.

Wasserqualität

Rund um den Gardasee gibt es eine geschlossene Ringanlage für Abwässer mit gut funktionierenden Kläranlagen. Der Zustand des Wassers ist sehr gut. Fische aus dem See können daher auch bedenkenlos gegessen werden. Teilweise fühlen sich sogar Flusskrebse in dem klaren Wasser wohl. Weniger schön zum Baden ist es lediglich in der Nähe von Bootswerften.

Oben: Mal nachsehen, wie es weiter geht ...
Mitte: Schmackhafte Würste und Schinken findet man im Hinterland.
Unten: Mühevolle Olivenernte mit der Hand

Kleiner Sprachführer

ALLGEMEIN

Guten Tag. Buongiorno
Hallo! Ciao!
Auf Wiedersehen. Arrivederci.
Wie geht es Ihnen/Dir? Come sta/stai?
Danke, gut. Bene, grazie.
Ja Sì
Nein No
Bitte ... Per favore ...
Danke Grazie
Gern. Con piacere.
Wie bitte? Come dice?
Ich verstehe nicht. Non capisco.
Ich heiße ... Mi chiamo ...
Ich spreche kein Italienisch. Non parlo l'italiano.
Sprechen Sie ...? Parla ...?
Wie viel Uhr ist es? Che ore sono?

UNTERWEGS

links a sinistra
rechts a destra
geradeaus diritto
nah vicino
fern lontano
Gibt es in der Nähe ...? C'è ... qui vicino?
Entschuldigung, wo ist ...? Scusi, dov'è ...?
geöffnet aperto/a
geschlossen chiuso/a
die Touristeninformation l'ufficio di turismo
der Hauptbahnhof la stazione centrale
die U-Bahn la metropolitana
die Bushaltestelle la fermata dell'autobus
der Flughafen l'aeroporto
das Museum il museo
die Kirche la chiesa
das Hotel l'albergo
Hilfe! Aiuto!
die Polizei la polizia
der Arzt il medico

ÜBERNACHTEN

Ich habe ein Zimmer reserviert. Ho riservato/a una camera.
Haben Sie ein freies Zimmer? C'è una camera libera?
Ich suche ein Zimmer für ... Personen. Cerco una camera per ... persone.
das Einzelzimmer la camera singola
das Doppelzimmer la camera doppia
mit Bad con bagno
mit Frühstück con prima colazione
mit Halbpension a mezza pensione
für eine Nacht per una notte
für eine Woche per una settimana
das Gepäck la valigia

ESSEN UND TRINKEN

Haben Sie einen Tisch für ... Personen? Avete una tavola per ... persone?
Reservieren Sie bitte für 20 Uhr einen Tisch für 4 Personen. Per favore, ci riservi un tavolo per quattro persone per le ore venti.
Ist dieser Tisch noch frei? È libero questo tavolo?
Herr Ober! cameriere!
Fräulein! cameriera!
Die Speisekarte, bitte! La lista, per favore!
Ich bin Vegetarier. Sono vegetariano/a.
Ich möchte ... Desìdero ...
Guten Appetit! Buon appetito!
Die Rechnung bitte. Il conto, per favore.
Das ist für Sie. Questo è per Lei.
das Tagesmenü il menu a prezzo fisso
das Frühstück la colazione
das Mittagessen il pranzo
das Abendessen la cena

die Vorspeise l'antipasto
der erste Gang il primo
die Hauptspeise il secondo
die Beilage il contorno
die Nachspeise il dolce
das Gedeck il coperto
die Weinkarte la lista dei vini
das Glas il bicchiere
die Flasche la bottiglia
die Tasse la tazza
das Messer il coltello
die Gabel la forchetta
der Löffel il cucchiaio
der Teller il piatto
die Serviette il tovagliolo
das Mineralwasser mit/ohne Kohlensäure l'aqua minerale gassata/naturale
der Orangen-/Zitronensaft il succo d'arancia/di limone
der Tee il tè
das Bier la birra
der Weißwein il vino bianco
der Rotwein il vino rosso
der Essig l'aceto
der Knoblauch l'aglio
gebacken al forno
gegrillt alla griglia
die Butter il burro
die Zwiebel la cipolla
die Bohnen i fagioli
der Käse il formaggio
die Erdbeere la fragola
das Obst la frutta
die Pilze i funghi
das Eis il gelato
der Salat l'insalata
die Milch il latte
die Suppe la zuppa
das Öl l'olio
das Brot il pane
der Pfeffer il pepe
der Salz il sale
das Fleisch la carne
das Steak la bistecca
das Huhn il pollo
das Kalb il vitello
die Leber il fegato
das Würstchen la salsiccia
gekochter/geräucherter Schinken prosciutto cotto/crudo
der Fisch il pesce
der Tintenfisch i calamari
die Seezunge la sogliola
der Thunfisch il tonno
die Muscheln le vongole
die Garnelen i gamberi
die Meeresfrüchte i frutti di mare
der Spinat gli spinaci
der Kuchen la torta
das Ei l'uovo
die Kartoffeln le patate
der Reis il riso
die Tomate il pomodoro
der Zucker lo zucchero

EINKAUFEN

das Geschäft il negozio
der Markt il mercato
der Supermarkt il supermercato
die Bäckerei il panificio
die Apotheke la farmacia
Ich hätte gerne ... Vorrei ...
Wie viel kostet das? Quanto costa?
Das gefällt mir (nicht). (Non) mi piace.
Ich nehme es. Lo prendo.
teuer caro/a
billig a buon mercato
die Größe la taglia
bezahlen pagare
das Geld i soldi
die Kreditkarte la carta di credito
der Geldautomat il bancomat

ZAHLEN

0 uno
2 due
3 tre
4 quattro
5 cinque
6 sei
7 sette
8 otto
9 nove
10 dieci
100 cento
1000 mille
1/4 un quarto
1/2 un mezzo

Unser komplettes Programm:

www.bruckmann.de

Produktmanagement: Annemarie Heinel, Joachim Hellmuth, Stephanie Iber
Redaktionelle und grafische Umsetzung: mcp concept GmbH, Rosenheim
Kartografie: Kartographie Huber, Heike Block, München
Repro: Repro Ludwig
Umschlaggestaltung: Fuchs-Design, Sabine Fuchs, München
Herstellung: Bettina Schippel
Printed in Slovenia by Korotan, Ljubljana

Bruckmann Verlag
Postfach 40 02 09
80702 München
E-Mail: lektorat@verlagshaus.de

Textnachweis:
Alle Texte wurden von Monika Kellermann verfasst, außer:
Highlights 46–50 (Stadtrundgänge): Dr. Peter Prandke

Bildnachweis:
Alle Aufnahmen des Innenteils und des Umschlags stammen vom Fotografen Udo Bernhart außer:
Monika Kellermann: S. 5 u., S. 20 o., S. 21 u., S. 25 u., S. 32 M., S. 43 u., S. 48 u., S. 59 u., S. 63 u., S. 65 o., S. 71, S. 74 o./u., S. 78 u., S. 80, S. 81 o., S. 83 u., S. 86 o., S. 88 o., S. 90 u., S. 92 u., S. 95 u., S. 99 o., S. 102 M., S. 106 o./u., S. 118 u., S. 119 M., S. 121 o./u., S. 122, S. 127, S. 146 M., S. 148 u., S. 154 o., S. 155 o./u., S. 164 o./u., S. 166 u., S. 167, S. 174 u., S. 202 M., S. 223 M., S. 239 M., S. 241 u., S. 244 o., S. 250 M./u., S. 254, S. 259 M., S. 270 u., S. 277 o., S. 281 o./M.;
Shutterstock (www.shuttterstock.com): S. 83 (Clayhaus Photography)

Umschlag:
Vorderseite:
Ganz oben: Weintrauben gedeihen hervorragend am Gardasee.
Mitte links: Mountainbikerparadies Gardasee.
Mitte rechts: Keller von Romano Dal Forno.
Hauptbild: Blick auf Malcesine (Joachim Hellmuth, Eresing).

Rückseite:
Links: Spezialität des Restaurants La Terrazza in Torbole.
Rechts: Perfekte Bedingungen für Surfer.

Die Deutsche Nationalbibliothek verzeichnet diese Publikation in der Deutschen Nationalbibliografie; detaillierte bibliografische Daten sind im Internet über http://dnb.d-nb.de abrufbar.

ISBN 978-3-7654-5817-0

Gardasee

Zeit für das Beste

Highlights – Geheimtipps – Wohlfühladressen

»Ich saß und schaute auf den See.
Er war schön wie das Paradies,
wie die erste Schöpfung.«

D. H. Lawrence

BRUCKMANN